本项目成果由广西师范学院资助出版

网络环境下政府公信力提升研究

杨　军◎著

中国经济出版社
CHINA ECONOMIC PUBLISHING HOUSE
·北 京·

图书在版编目（CIP）数据

网络环境下政府公信力提升研究 / 杨军著.
北京：中国经济出版社，2016.12（2024.1 重印）
ISBN 978-7-5136-4461-7

Ⅰ.①网… Ⅱ.①杨… Ⅲ.①互联网络—应用—国家行政机关—行政管理—研究—中国 Ⅳ.①D630.1-39

中国版本图书馆 CIP 数据核字（2016）第 269306 号

责任编辑　夏军城
责任审读　贺　静
责任印制　马小宾
封面设计　任燕飞装帧设计工作室

出版发行　中国经济出版社
印 刷 者　三河市同力彩印有限公司
经 销 者　各地新华书店
开　　本　710mm×1000mm　1/16
印　　张　13
字　　数　240 千字
版　　次　2016 年 12 月第 1 版
印　　次　2024 年 1 月第 2 次
定　　价　48.00 元
广告经营许可证　京西工商广字第 8179 号

中国经济出版社 **网址** www.economyph.com **社址** 北京市东城区安定门外大街 58 号 **邮编** 100011
本版图书如存在印装质量问题，请与本社销售中心联系调换（联系电话：010-57512564）

前　言

2015年7月23日，中国互联网络信息中心（CNNIC）在京发布第36次《中国互联网络发展状况统计报告》，截至2015年6月，我国网民人数达6.68亿，互联网普及率为48.8%。我国手机网民数量达5.94亿，伴随手机大屏化与应用功能的不断增强，手机逐渐成为人们网络浏览的主要终端。

互联网为人类提供新的生活及交往方式，同时，网络成为政府形象的“放大镜”，部分政府部门工作人员面对网络时回应不当，使政府形象受损，政府公信力下降。提升政府公信力在实现“中国梦”征程中具有至关重要的意义。

互联网的快速发展不仅给人民群众提供了便捷、高效的利益诉求平台，而且还在一定程度上增强了人民群众的政治意识，调动了他们参与决策的主动性，使政府的办公程序呈透明化趋势发展。可以说网络媒介全面渗透，网络监督无所不在。特别是面对突发性危机事件，如果政府信息发布不及时、应对不科学，最终将弱化网络环境下政府的公信力。

本书系统研究了网络环境下政府公信力的提升路径，主要内容包括与网络环境下政府公信力提升有关的网络问政、电子政务、政府决策科学化、网络舆论事件应对、微博谣言治理、微博问政、危机事件处理等22章。笔者认为信息技术飞速发展，网民数量不断增加，网络载体更加复杂、多元化，政府公信力面临新的机遇和挑战。在新形势下，政府能否适应新形势，发挥网络给政府工作带来的便利作用，深入了解社情民意，进而不断提升政府公信力之重要性越发凸显。

网络环境下每个网民都是政府工作的监督者、评论者，人人都是

"小记者"，可即时发表对政府工作的建议。本书探讨了网络环境下政府工作模式与重点，进一步明确了网络环境下政府主体定位，提出运用互联网提高政府治理能力，并进行相应的风险分析和评价，最后提出相关对策建议，以期为新时期政府治理工作提供必要的理论支撑。本书选择有代表性的微博、电子政务等为切入点，选取危机事件、危机公关、电子政务、舆情管理、微博问政等较为代表性的工作进行论述。

本研究是以互联网为载体推动政府公信力提升路径的重要探索，也是探寻新媒体与政府治理结合方式的一种尝试。它揭示了网络环境下政府公信力提升的路径规律，对政府工作具有重要参考价值。

由于经验不足，阅历尚浅，书中难免出现表述不恰当、理论运用欠妥、对策操作性不强等问题，希望各位读者能够提出宝贵意见，以便在以后的研究中加以改正。

最后，感谢黄艳老师对书稿进行了最后审校和整理工作，感谢广西师范学院对本书出版予以经费上的支持。

笔者

2016 年 11 月

目 录

第一章 研究综述

人无信不立，国无信不强，政无信不兴，诚信是中华民族的传统美德。兑现承诺，是对人民负责，也是对历史负责。政府诚信一旦缺失，政令执行将难以畅通，民生将难以保障，公信力将大幅降低。所谓政府公信力，指社会公众对政府的信任程度，是一个执政党的执政地位、执政基础是否稳固的重要体现。良好的政府公信力将有力促进社会、经济发展。①

政府公信力是自20世纪末以来，各国政府都高度重视的热点问题。在世界各国纷纷开展行政体制改革的背景下，越来越多的国家开始通过多样化手段改善政府公信力。发达国家通过提供更加多元的公共服务，开展反腐倡廉等措施，获得了良好成效，而经济基础较为薄弱的发展中国家则较为注重发展经济，并在发展经济的过程中改善政府公信力。② 对于正处于社会转型关键期的中国来说，发达国家和发展中国家的经验都值得我们借鉴学习；但因国情有别，显然不可能全盘照搬他国的公信力建设经验。我们应根据实际，探索符合我国国情的公信力建设对策。

就目前整体情况而言，我国政府公信力正不断提升，但同时必须要看到，政府公信力建设还存在结构性问题，即存在“中央政府公信力高、地方政府公信力相对较低”的现象。而公信力较低的地方政府往往会出现下列问题：政府工作者失职渎职、政府未能履行承诺、公共服务不到位、政府信息不公开或是虚报瞒报信息等。③ 造成政府公信力较低的原因十分繁杂，可以概括为政府因素与公众因素两大块。要改善政府公信力，就迫切需要建立一个完善的政府信用保障体系，并在建立健全该体系的过程中不断降低政府因素与公众因素对政府公信力的负面影响。

一、国内研究现状

（一）公信力概念的研究

国内学术界普遍认为，政府公信力涵盖了政府的权威、信用等，不但含有意

① 张帆. 政府公信力问题探究 [J]. 北京科技大学学报（社会科学版），2008（4）：44-48.

② 胡明明. 反腐倡廉与社会公信力提升研究 [J]. 衡阳师范学院学报，2012（4）：171-172.

③ 奚玲. 关于提高党的公信力问题的思考 [J]. 理论界，2013（2）：48-49.

识形态、思想信仰及现实层面的因素，更涵盖了政府及政府工作者在广大人民群众眼中的观感。政府公信力的基础与源泉，是政府在政治上的合法性，政府的感染力与影响力则是政府公信力在现实中的具体体现，而政府在工作过程中的行为将直接影响政府公信力。这一观点可以概括为：广大人民群众对政府的信任程度便是政府公信力。有学者认为，政府公信力源于政府获得执政地位的合法手段及执政过程中的合法工作行为。西南政法大学教授邹东升提出，政府公信力不但包含了公众对政府的整体观感，同时表现在民众理解并支持政府工作上。① 成都行政学院教授陈潮生等人则在学术报告中指出，要评价政府公信力，所使用的指标应包括公共决策的科学性与可操作性、国家公共服务水平、公务员整体素质、政府在其他国家及地区的形象以及政治地位。② 政府公信力的本质，事实上就是民众如何看待政府的具体行为。浙江省委党校公共管理教研部主任何显明提出，政府要赢得公众信任，首先就要维护好自己的信用；国家行政学院前副院长唐铁汉则认为，政府获信于民的能力，事实上也是政府影响力、感召力的体现。政府公信力的评判指标包括了政府诚信、政府服务、行政行为合法程度、政府民主化程度四大类。③

近年来，有关政府公信力概念主要有以下几种观点：

一是政府以良好的信用价值及信用记录争取到公众对自己信任的程度，即政府各类能力的集中体现。国家行政学院前副院长著名行政管理学者唐铁汉指出："公信力集中体现了政府的感染力、感召力。政府行政工作的客观水平造就了政府公信力，同时也是政府行政行为民主性、服务性以及依法行政、依法管理的重要表现。"④ 华东师范大学的严小庆则认为，"政府公信力的根本源泉还是政府本身落实既有方针、政策、基本路线等工作。"⑤ 江西省委党校常务副校长龚培兴指出，所谓政府公信力，其实指的是政府通过信用价值争取到民众信任的程度。与此同时，龚培兴还指出，政府公信力本身涵盖了两个方面的内容：政府信用及政府信任。一方面，政府公信力作为信用主体，广大人民群众扮演着信任方角色，而政府的角色则是被信任方；另一方面，政府公信力涵盖了信任以及被信任两种行为。政府公信力是一种非常主观的评判，无论信任或是不信任都处于公众的主观感受及价值取向中；再者，政府公信力是一种程度，不管是信任政府还是对政府存在疑虑，都可以用量化指标表达其程度高低。最后，政府公信力本身包含一个最重

---

① 邹东升. 地方政府行政诚信检视：传统、失范与重构［J］. 江西社会科学，2005（8）：136－138.

② 陈潮升等. 政府信用的评价标准、现状及对策探析［J］. 四川行政学院学报，2006（1）：32－35.

③④ 唐铁汉. 提高政府公信力　建设信用政府［J］. 中国行政管理，2005（3）：10－12.

⑤ 严小庆. 政府诚信：社会信用体系的核心——政府诚信的合法性探究及初步建构［J］. 哈尔滨学院学报，2003（3）：52－56.

要，也是最基本的内涵：政府在行政工作中的表现是否与其承诺相符，是否取得了许诺的成果。①

二是公民对政府印象的好坏是评定政府公信力高低的重要标准。政法研究领域内的学者认为，政府公信力实际上是公众对政府的认可与接受；而其他研究领域内的学者则认为，政府公信力是政府行为在公众心中折射出的一种意识观念，是政府制定与实施政治决策的成效，两者相互联系、相互促进。

总的来说，我们可以将政府公信力的概念明确为：政府争取广大社会民众信任的能力，就是政府公信力；政府公信力直接体现出了民众在面对政府时的态度。政府公信力可以细分为行为公信力、政绩公信力、决策公信力、资本信用等。笔者按行政机关的等级来划分，把政府公信力细分为中央政府公信力及地方政府公信力两种。关于地方政府，早在 1982 年公布施行的《中华人民共和国宪法》第一百〇五条明确界定了它的概念：地方各级人民政府是地方各级国家权力机关的执行机关，是地方各级国家行政机关。从这个角度来看，我们可以把地方政府公信力明确为除了中央政府外的所有地方各级行政机关争取民众信任的能力，体现了民众对地方各级国家行政机关信任程度。与此同时，我们可以从政府公信力中解读民众对政府形象的具体观感。所以，政府公信力与民众是否满意政府、政府工作水平直接相关。

从广义上来讲，人们说的“政府”指的往往是管理行政事务的政府。除港、澳、台情况较为特殊外，我国政府级别划分通常为“省级、地市级、县级、乡级”四级，同时有“直辖市、县级、乡级”三级。本书指地方各级国家行政机关及其工作者。地方政府代表国家，是国家与社会事务管理、公共服务的落实者。政府公信力内涵可以阐述为：各级国家行政机关在开展工作中，以优秀的综合素质提高其被信任程度。行为的主体是政府，客体为广大人民群众。

（二）对我国政府公信力现状及成因的研究

有学者认为政府公信力削弱的原因有：第一，部分政府工作人员存在贪污受贿、以权谋私、公款消费等腐败行为，导致政府公信力降低。第二，公共政策制定脱离广大公众的实际需求，且缺乏健全有效的问责制度，公共政策难以正常、有序、规范地落实。第三，政府缺乏完善的信息公开制度，以至于出现信息不畅、谣言四起、民众情绪不安等情况。

有学者认为，政府的既有问题正损害其公信力。龚培兴在分析“非典”事件对我国政府公信力所造成的负面影响时提到，政府的管理思想、具体行政工作

① 龚培兴，等. 政府公信力：理念、行为与效率的研究视角——以“非典型性肺炎”防治为例［J］. 中共中央党校学报，2003（8）：36－40.

表现及其实际成效等与政府公信力有直接联系。[①] 若是未能确立“以人为本”的理念、深刻理解信用与责任的重要性、坚持服务态度，那么将在客观上对政府形象与公信力造成负面影响。在政府的具体行政工作中，存在服务职能不突出、评估指标不科学、政绩评价不合理等问题，这些问题伤害了政府的形象，导致工作实效降低，致使政府被大众质疑。与此同时，社会环境的变化也在不断挑战政府公信力。市场经济的发展带来了更好的生活和更强的发展推动力，但亦衍生了利己主义、金钱至上及实用主义等思潮使社会道德底线一再下降；社会发展使社会阶层间社会利益分配失衡；依托公权力衍生的“公职人员寻租群体”极大影响了公众对政府的观感。就目前情况而言，原有的道德标准体系已无法满足社会发展的需要，但新的道德标准体系仍未建设完善，事实上存在“道德真空”“诚信真空”，政府公信力不断受损便是这一问题的具体体现。

中国人民大学陶文昭指出，民众对政府的期望值及期望内容提高了。民众不仅要求经济快速发展，更要求社会、文化、政治等领域共同进步；不仅要求物质文明建设到位，更要求精神文明建设不断发展。

（三）对提升政府公信力的措施及途径的研究

现代公信政府的衡量标准：管好自己的“手”、创造实在的“绩”、协调多方的“利”、满足社会的“需”。[②] 如何提升政府公信力，一直以来都是学术界关注的重点问题。针对这一问题，专家学者们提供了一系列改善政府公信力的建议措施。就政府本身而言，改善公信力的重点是强化政府本身。

首先，打造服务型政府。学界普遍认为政府管理方式的调整与实施应从理念、执政方式、管理职能的转换等方面着手。

其次，决策要科学、客观。石荣广认为，公共决策的制定与落实反映了政府职能的实践程度和效果，加强监督与完善公共政策的制定程序，进而提高政治决策科学性与客观性，充分满足公众需求。唐铁汉则指出，公共决策应符合规范有序、参与群体广泛、内容涉及各阶层利益、决策结果公开的要求，政府应健全与扩大民众的参与平台，完善问责制度，提高公共决策的公开化。在进行行政决策的过程中，政府要始终做到依法行政、执政为民，拓宽信息公开渠道，实现公民在发言、监督、知情等方面的权利，并以建设和谐社会、服务型政府等理念作为指导思想，形成完善的绩效评价体系，全面调动公众参与政治、监督政府的积极性。

---

① 龚培兴，等. 政府公信力：理念、行为与效率的研究视角——以“非典型性肺炎”防治为例［J］. 中共中央党校学报，2003（8）：36－40.

② 杨畅. 现代公信政府的衡量标准［N］. 光明日报，2014－09－03.

最后，开展作风建设活动。充分结合现实情况，深入基层一线、深入到广大人民群众中去，及时了解社会最新问题并及时予以处理；坚决抵制、防治贪腐现象。不断强化广大公务人员的马克思主义信仰教育、思想政治教育工作，使广大公务人员树立起“立党为公、执政为民”的思想，成为克己奉公、廉洁自爱的道德榜样。厦门大学公共政策研究院博士生导师李德国认为，创建政府一个人合作伙伴关系及开展民意调查能够有效缓解政府与广大群众之间的矛盾甚至是对立情绪。发达国家建立的公私伙伴关系，事实上就是行政机构及个人（或社会组织）一同落实公权力、一同承担行政责任、一同在公共领域投入、一同分享投入带来的回报，通过频繁的公私活动建立起紧密的伙伴关系，优化资源配置、改善政府公信力。与此同时，发达国家的公众通常认为，民调是反映政府受信任度的“温度计”，也是民众提出利益诉求、与政府交流沟通的重要纽带。通过硬性制度开展的政府民意调查已经成为发达国家政府时刻关注的重要信息，这不仅是因为调查结果体现政府执政的实际成果，还因为能够帮助政府提升公信力。

（四）对于互联网时代政府公信力研究

国内学术界虽20世纪末才开始探索政府公信力问题，但取得了一定成果。

南京大学政府管理学院博士研究生王改清的博士学位论文《论互联网时代政府公信力的重塑——以华南虎事件为重点》可以说是近年来难得的信息时代政府公信力研究成果，他认为互联网参政议政正逐渐夺取公共舆论话语权，政府的舆论控制力已不如前；其次，互联网时代的到来使得政府的民意引导力呈现出扁平化趋势，这也是为何其强调通过互联网公开政务信息，并以此提高政府在信息时代的公信力。①

《网络时代政府公信力研究》一文指出，在信息时代背景下，唯有通过消除信息鸿沟、加强信息交流、公开政务信息，才能够确保广大人民群众实现知情权；政府必须要按照信息时代的特点及需求，通过电子政务来为广大人民群众提供便捷、广泛、有效的公共服务，唯有如此才能真正改善政府公信力。②《网络社会背景下政府公信力研究》一文中指出，当前要改善政府公信力，就必须充分运用好互联网传播学、互联网社会学等新兴学科的理论知识。互联网社会控制，是指通过出台法律法规等方式约束互联网行为，同时通过道德伦理教育使广大网民在表达意见的过程中主动约束自己，通过舆情引导手段将互联网舆论控制在政

① 王改清. 论互联网时代政府公信力的重塑——以华南虎事件为重点［J］. 山西高等学校社会科学学报，2009（5）：53－55.

② 涂燕子，孙巧珍. 网络时代政府公信力研究［J］. 内蒙古农业大学学报（社会科学版），2011（4）：273－274.

府和广大民众都能够接受的范围之内，既不能放任自流，又不能干涉过多。[①]

互联网社会治理的正途，是要通过规范的法律法规来约束互联网行为，规范互联网秩序。与此同时，网民自身要注意言行，主动自觉地约束自身行为。互联网舆论引导则是通过多样化引导手段，使互联网舆论始终处于政府与广大人民群众可接受范围内。

目前我国针对互联网环境下的政府公信力研究并不多，相关资料大多出自各高校的研究生论文，且观点、角度不尽相同，缺乏系统性，研究空间广阔。

二、国外研究现状

（一）国外关于政府公信力的研究

早在18世纪，孟德斯鸠开展国家学与法学研究、卢梭提出社会契约论时就涉及政府公信力问题。事实上，社会契约论与西方国家理论、法学理论皆为政府公信力研究的理论基石。[②] 20世纪初，西方学术界开始以社会资本为切入角度，开展政府公信力问题研究。

德国著名社会学家马克斯·韦伯在其著作《新教伦理与资本主义精神》中提出，政府公信力是政府存在的基本要素之一。而约翰霍普金斯大学教授法兰西斯·福山则提出，政府公信力是一种非常关键的社会资源。与此同时，还有不少研究者以政府诚信问题、政府信用度问题作为切入点开展公信力研究。

20世纪末，政府公信力课题逐渐成为学术界乃至社会各领域的焦点，如萨缪尔·亨廷顿的《文明冲突论》、法兰西斯·福山的《历史终结与最后之人》、罗德里格斯·M. 克雷默与汤姆·R. 泰勒合著的《组织中的信任》都是20世纪90年代西方学术界在政府公信力领域的重要成果。而西方国家在政府公信力理论的系统研究方面，首推哈佛大学肯尼迪政府学院教授约瑟夫·奈。

首先，为学术研究提供了理论基础。西方学者通过研究总结出许多重要理论，比如美国批判社会学宗师丹尼尔·贝尔的后工业社会理论、现代管理学之父彼得·F. 德鲁克的知识社会理论、未来学家约翰·奈斯比特的《大趋势》、重塑政府大师戴维奥斯本的政府重塑理论等，都为政府公信力研究提供了坚实的理论基础。约翰·奈斯比特在《大趋势》中就曾提到信息技术的发展必然会形成互联网社会，并预言信息将成为人类最重要的生产要素。认为此将成为公共领域“实现社会民主化的最强推动力”，无疑与互联网的特质有着一致性。麻省理工学院教授尼古拉斯·尼葛洛庞帝撰写的《数字化生存》对我们研究互联网政治

① 郭玲. 网络社会背景下政府公信力研究［D］. 吉林大学，2010：26－27.

② 卢梭. 社会契约论［M］. 何兆武，译. 北京：商务印书馆，2010：127.

提供了极大的帮助。而由“组织重塑”理论演变而来的“政府重塑”理论，则将新理念引入政府行政领域。

其次，体现了互联网对政府改革的影响。20 世纪下半叶，西方发达国家关于互联网背景下政府工作革新理论已初备雏形。彼得·德鲁克、A. 托佛、马克·斯劳卡等一批学者最早开展互联网与政府革新课题研究。20 世纪 80 年代，托佛就在其著作中提出，人类社会必将在未来出现互联网和政治活动紧密相连，这是人类第一次将互联网和政治联系在一起。而埃戴产业控股公司董事长、著名咨询家埃瑟·戴森则在《数字化时代的生活设计》中谈到，信息时代将是一个全新的世界，其蕴含的能量之大足以改变现有生活的一切。蒂姆·乔丹则在其著作《社会变革》（*Social Change*）中提到，互联网超越时间、空间以及社会地位的信息传播能力，直接打破了官僚体系把持公共决策的僵局。而马克·斯劳卡对互联网政治理论的出众贡献在于其编写《大冲突：赛伯空间和高科技对现实的威胁》一书时创造性地提出了“非真实性的政治”这一与互联网政治词义相近的词组，甚至预言了互联网将对政治活动造成革命性影响，进而启发研究者思考互联网时代下的政府重塑课题。而德鲁克在描述后工业社会时代时谈到，在信息时代，互联网突破了政府在信息资源上的绝对优势，一个政府不再依靠暴力及其他物质资源，而是依靠知识与能力，从而让传统政府至公众的单向社会治理模式成为交互式多元化治理模式。这些理论成果为后世学者在研究互联网时代政府公信力，推动社会民主化进程提供了重要帮助。

最后，使互联网这一技术研究课题和政府改革这一政治研究课题充分结合到一起。20 世纪 90 年代，西方行政管理学专家马克尔·哈默及詹姆斯·钱皮提出企业再造理论，该理论主要通过改革以往专职分工式组织结构、生产技术、生产管理，来保证企业能够持续提高生产质量、生产效率、经营回报率、风险抵抗力。

美国现代政府管理之父奥斯本将企业再造和创新公共管理理论充分融合，并最终创造出“政府再造”理论。最初，奥斯本提倡通过“企业再造”理论来重新构造政府结构。在奥斯本的理念中，所谓“政府再造”指的是通过新思想、新方式，使原有的政府行政理念、工作规范、工作行为有大的改观，以建设、塑造一个全新的、更有效率的行政管理体制，最终改善政府的行政工作效率与质量。[1]

约翰·奈斯比特认为，在互联网不断渗透政治领域的今天，民主化政府价值已经有了实现的可能性。法兰克福学派的次世代领军人物尤根·哈贝马斯的公共

① 邓晓海. 论西方国家的政府再造及其启示和借鉴［D］. 华中师范大学，2005：2.

领域理论也为笔者开展互联网时代政府改革研究提供了帮助。美国哲学家拉塞尔·M. 林登在《无缝隙政府》中详细描绘了改革政府的流程、手段，并提出许多建议。[①] 与此同时，新型公共管理理论、公共选择论、新经济学科理论以及委托代理理论、治理理论等，也为互联网背景下的政府改革研究提供了理论基础。

（二）国外对于互联网环境下政府公信力的研究

国外研究网络环境下政府公信力方面的著作较少，研究者通常是从经济、社会资本、政府诚信、政府信用等角度进行切入，但对互联网政府公信力缺乏深入理论探究。

迈克尔·海姆某种意义上说是互联网政治理论的奠基人之一，提出了虚拟现实的三大理论。[②] 他认为，互联网的普及彻底转变了广大公民参政议政的方式，同时也使民众能够以虚拟身份在“匿名保护”下与政府开展互动。说明在互联网背景下，以往通过掌握主流传统媒体引导公共舆论走向的方式的影响力逐渐减弱，政府唯有在与公众交流互动的过程中保持真诚的态度，才能获得社会各界的信任。[③]

马克·斯劳卡在其著作《大冲突：赛伯空间与高技术对现实的冲击》中指出，随着互联网与信息技术的不断进步，人类社会迟早要出现翻天覆地的变化，而这必然会对政治造成巨大影响。互联网民主有着广泛性、及时性、公平性、低成本等特点，这些特点在监督行政行为、推动公共决策民主化、表达利益诉求等方面起到了十分重要的作用。马克·斯劳卡认为，政府的自我建设需要充分结合社会环境的变化，绝对不能一直通过单一方式来开展社会治理工作；而要与时俱进地塑造政府公信力，给予互联网充分重视，保障与实现公民知情权，确保权力在阳光下运行。[④]

在哈贝马斯创设的公共领域理论中，公共领域是一种非官方、非民间的中间地带，负责承载公共意见。[⑤] 同时，这种承载于公共领域的公共意见可以真正影响到政府的行政行为。而我们在描述互联网的概念时，可以清楚地看到它与公共领域高度吻合，互联网不仅是公众表达对政府行政行为态度、看法的空间，而且可以通过不同意见分析政府公信力情况。与此同时，哈贝马斯还提出，互联网是政府与公众进行沟通交流、建立共同愿景的重要途径，这让我们在改善互联网背

---

① 邓晓海. 论西方国家的政府再造及其启示和借鉴［D］. 华中师范大学，2005：1.

② 呼和. 计算机网络技术对人的全面发展的影响［D］. 中国石油大学，2011：3.

③ 迈克尔·海姆. 从界面到网络空间——虚拟实在的形而上学［M］. 上海：上海科技教育出版社，2000：25.

④ 马克·斯劳卡. 大冲突——空间和高科技对现实的威胁［M］. 南昌：江西教育出版社，1999：110－112.

⑤ 王凤才. 哈贝马斯交往行为理论述评［J］. 理论学刊，2003（5）：38－40.

景下政府公信力的过程中有了更好的方法。①

格罗佛·斯塔林在《公共部门管理》一文中指出，政府在应对互联网舆论风暴的过程中过于被动，行动存在很大的滞后性，这是政府公信力下降的重要原因。斯塔林提出，在此环境下，政府要解决该问题就必须要明确问题的本质是什么，然后再提出解决问题的计划。政府不但要回应，更要在回应时充分向公众表现出政府的积极性、对问题的重视程度，以缓解公众在突发事件上的焦虑情绪，逐渐控制事态发展。该理论为政府提供了互联网大环境中解决舆论事件，改善政府公信力的方式方法。

从国外研究成果来看，学科跨度逐步扩大，研究方法逐渐丰富，研究范围逐渐拓展，但专门针对网络环境下政府公信力提升的研究较少。多半以民众参与政治决策作为切入点来探讨互联网与政治之间的关系，对政府公信力建设的研究尚未进入主流，政府公信力的定义与建设措施尚不明晰；仅是说明政府公信力与网络之间的相互关系，阐明网络技术对政府公信力的影响及需要注意的相关事项。

① ［德］哈贝马斯. 文化与公共性［M］. 上海：生活·读书·新知三联书店，1998：18 - 19.

第二章　网络环境下我国政府公信力提升

一、网络环境给我国政府公信力带来的影响

政府公信力的强弱取决于政府所拥有的信用资源的丰富程度。[①] 互联网的快速发展不仅给广大民众提供了便捷、高效的利益诉求平台，还在一定程度上增强了民众的政治意识，调动了他们参与决策的主动性，使政府的办公程序呈透明化的趋势发展。

（一）网络媒介全面渗透

随着我国经济社会的发展，民众利益诉求日趋多样化。而信息网络化则为这种日益高涨的参政议政热情提供了有效途径。相比传统媒体在时间与空间上的局限，网络媒体具有开放性、互动性等特点，使民众无论何时何地都能通过互联网快速地获取信息并参与其中。

随着时代发展，互联网逐渐成为民众讨论、交流的重要平台。在互联网中，论坛、贴吧、微博以及门户网站的注册用户与日俱增，网民不知不觉中成了公共生活的重要群体。互联网传媒（如门户网站、传统媒体在新型传媒中的认证账号等）将一些负面信息曝光后，在网络中负面效应易被放大。某些突发公共事件经互联网传播，会迅速吸引广大网民的注意力，易使事件发酵，进而发展为社会舆情问题。

近年来，我国政府及公务人员多数拥有自己的官方微博。政务微博作为传播党和政府意志的媒介，一方面为宣传政府管理理念、服务群众提供了便利；另一方面在危机事件发生第一时间及时发布澄清信息，预防因谣言散布而导致社会问题的发生。

（二）网络监督无所不在

在实现民主监督方向，互联网具有以下优势：首先是交互优势。互联网中，每一个网民都可以发表自己的看法，充当信息传播者、发布者及信息受众三种角色；其次是覆盖面广，无论哪个领域，互联网都能将该领域的动态信息及时上传、分享给广大网民；最后是其超越时空限制，服务器可以将信息保留，网民

---

① 卢汉桥，刘超，周巍. 提升政府公信力　建设公信政府［J］. 湖南行政学院学报，2004（4）：22－23.

的讨论互动不受时间、空间的限制，每个人能够参与到公共生活、民主监督当中。

伴随着网络技术的快速发展，公众的利益需求得到充分自由地表达，也提高了政府为人民服务的意识。促使政府积极回应民众的诉求，收集民意、听取民情，深入了解民众的诉求愿望，以此作为政府决策的参考信息，全面加快服务型政府的构建。

二、网络环境下政府公信力弱化的表现

作为新生事物，加强对互联网环境的管理与治理至关重要，特别是对互联网舆情的处理，稍有不慎便会损害政府的形象与权威。如何在互联网环境下优化政府形象，提升政府公信力，是亟须解决的重大课题。

（一）突发性群体事件

具有共同利益的人群集聚在一起，通过游行、集会等方式来表达自身的不满，从而对社会稳定造成不同程度破坏的现象，即为群体性事件。它是突发的危机事件，目的是争取自身利益。群体性事件具有突发性、自发性与破坏性特点。

群体性事件是当前我国政府公信力受损的关键因素之一。根据实地走访与互联网调查结果显示，大多数民众对党和国家的信任程度比较高，但却对某些地方政府持怀疑甚至是质疑态度。提升乡镇政府公信力，建立公信乡镇政府，是建设社会主义新农村的要求，是乡村民主政治的要求，也是依法治国的要求。[①] 从群众对个别地方政府的不信任态度可以看出，近年来群体性事件既是社会不同阶层利益矛盾的体现，也是某些地方政府处理方式简单粗暴的体现。

1. 利益问题诱发。如劳动保障纠纷，尤其是工伤、拖欠工资等；医患矛盾纠纷，多见于医疗事故当中；交通事故引起的纠纷；拆迁冲突等。

2. 群众维权方式不当。当前我国司法制度尚不完善，民众诉讼成本过高，判决执行力较弱，导致民众对法律的权威认知不够。表现在利益诉求表达上，往往使用违法甚至暴力极端手段，认为“事小无人理，事大有人管”。

3. 利益诉求表达机制不畅通。群体利益需求得不到及时回应，相应的诉求通道不顺畅情况下，便会加剧矛盾冲突，这是发生群体性事件的重要诱因。当前，我国公众利益需求表达机制亟待改进，存在诉求平台不畅通、公众参与性低等问题。

---

① 郑建艇. 提升乡镇政府公信力研究［J］. 中共福建省委党校学报，2008（12）：58－63.

（二）质疑政府的信息透明度

当政府在实际工作中出现缺位，某些别有用心者便会借助互联网，通过互联网舆论向政府施加压力；指责政府不作为、乱作为，导致政府的形象受到损害。

三、网络环境下政府公信力弱化的原因

网络环境下，政府公信力受到挑战，尤其是政府信息公开不到位，回应群众诉来效率低，法律不健全等严重影响政府形象及政府公信力的提升。①

（一）官本位等思想严重

“官本位”等官僚主义思想使一些政府官员在日常工作中，忽视人民群众的基本需要，民主意识降低，落实公共政策时往往将领导意志作为依据，而不是以人民群众的实际困难、实际需求为依据。这种管理理念难免使民众对政府产生怀疑。传统的专制集权思想、人治思想及“民可使由之，不可使知之”等观念根深蒂固，官职大小成为社会价值衡量尺度，误导政府官员的心理预期，“官利一体化”等思想，仍统治着相当一部分人的思想。②

（二）危机事件应对不当

互联网的快速发展使信息传播速度不断加快。政府是信息的主要控制者，是引导社会舆论的主要力量。对此，政府应做到信息的及时发布与公开，这不仅可以避免因信息不对称而导致危机事件，而且有利于加强公众对政府的监督，提高政府形象。处理突发事件过程中，信息的不透明性与群众情绪化是促使危机加剧的主要原因。政府应及时发布信息澄清事实，消除群众的误解，从而达到安抚公众情绪、缓和矛盾的目的。

（三）“塔西佗陷阱”

当政府的权威与公信力降至冰点时，即便再尽心尽力地做好公共管理与公共服务工作，民众也只认为是“作秀”。这种“有罪推定”已经在互联网社会成为常态，互联网舆论便是这一现象的有力佐证。正是由于民众这种惯性的“有罪推定”，政府的权威性才会日渐被削弱。要扭转社会舆论与民众对政府的“有罪推定”惯性，首先要以诚恳、亲切的姿态面对来自公众的意见和建议，并正视当前的社会问题；同时要与民众建立起良好的沟通交流机制，让民众明白公共管理是一项综合性强、繁杂的工作。当突发公共事件爆发时，政府要在第一时间抢占舆论制高点，发布事件的真实信息，让民众了解真实情况。网络是公众表达利益需

---

① 黄莉培. 新媒体时代提升政府公信力的对策研究［J］. 中国劳动关系学院学报，2012（2）：99－102.

② 陈振明. 公共管理学［M］. 北京：中国人民大学出版社，2005：340.

求的有效途径，也是公众宣泄情绪的场所。危机事件发生后，一些不法分子趁势造谣生事，肆意散播谣言，以此扩大危机事件的影响范围，鼓动更多的人加入，使政府与民众关系受损，甚至出现社会冲突。

四、网络环境下政府公信力提升的对策

在信息技术日渐发达的今天，政府必须紧随时代潮流，适应互联网环境。

（一）加快行政管理体制改革，建设服务型政府

政府公信力的提升需要长期的努力，政府公信力关系到多方面，其中，转变政府职能是提升政府公信力的有效途径。为此要做到理念公信、行为公信、制度公信。[①] 目前，个别政府官员仍然存在官僚思想严重、服务观念薄弱、领导能力不足等问题，对政府公信力造成了负面影响。为扭转这一局面，政府应以公众需求为导向，以马克思列宁主义、毛泽东思想、邓小平理论、“三个代表”重要思想、科学发展观为指导思想，增强自我学习意识，提高自身专业能力水平，提供更多、更符合群众利益的公共服务。

一般而言，政府职能主要有三项：管制职能、管理职能和服务职能。管制职能即保护国土安全、保护国家资源不受侵犯；管理职能是对经济发展进行宏观调控、维护社会治安与市场经济秩序等；服务职能则是提供教育、医疗卫生、食品药品安全、社会劳动等基本公共服务。就当前来看，我国政府的管制职能与管理职能履行得较为完善，但服务职能尚存在缺位，导致民众认为改革开放带来的经济发展成果未能全民共享，这是当前强调建设“服务型政府”的根本原因。相对于统治型政府而言，服务型政府最大的特点是以全心全意为人民服务为工作宗旨，是为民谋福利、维护社会稳定、保障民权的新型政府。

要打造服务型政府，就要提高公共管理工作效率，简化繁复手续，强化基层政府的服务职能。同时，还要完善政府公开制度，以公平、公正的姿态接受来自社会各界的监督与意见。此外，政府还必须从微观市场经济行为中抽身，政企分开，这也是我国市场经济体制得以正常发育的前提。最后，政府在行政管理工作中必须做到“依法行政”，避免行政行为越界甚至违法。作为现代公共管理的支撑，公共财政是政府履行各项职能的基础保障。就我国目前财政支出情况来看，公共财政支出依然存在宏观调控经济成本过高、公共产品供给支出不足等问题。因此，加快完善各级政府的财政转移支付体系，划分好各级政府的财权、事权，是当前公共财政体系改革的重点。强调政府的公共服务职能，为我国城乡居民提

---

① 刘雪华. 我国政府公信力提升问题探析——以政府职能转变为视角［J］. 理论导刊，2011（9）：29－31.

供优质的教育、医疗卫生、劳动就业服务及食品药品安全保障。

（二）政府信息公开透明，扩大公众参与面

1. 加强政府信息公开透明

网络信息技术的快速发展，为民众提供了利益诉求的平台，给政府收集民意、了解民情带来了便利。政府政务信息的公开化与透明化，不仅全面调动公众参与政治决策的积极性，还使公众的知情权与表达权得到充分发挥，维护了广大群众的切身利益。2007 年 1 月 17 日国务院第 165 次常务会议通过了《中华人民共和国政府信息公开条例》，并于 2008 年 5 月 1 日正式实施，规定政府必须做到除党内机密、国家机密以外的信息全部公开，不得隐瞒。相关政府部门若有意隐瞒势必会引发群众的猜疑，若有不法分子恶意煽动，公众必然出现惶恐、不安、担心的情绪，若处理不及时，必然会造成混乱。由此可见，做好政务信息公开工作，是可以提高政府的权威性与公信力的。《中华人民共和国政府信息公开条例》颁布与实施之后，各地方政府提高政务运作的透明性，促进了民众参政议政的积极性。而互联网作为 21 世纪以来最为抢眼的通信平台，是社会公众参与公共生活的重要聚集地，无论是门户网站还是博客、论坛，都是政府与民众进行沟通交流的纽带，是政府公开政务信息，赢得民众信任的重要工具。

2. 加强网络的法治化管理

加强网络监督对树立政府形象与建设服务型政府具有重大推进作用。加大对网络的监督管理力度，实行依法治网，不仅有利于提高政府部门的服务意识，防止贪污、以权谋私等腐败的发生，而且有利于推进民主与法治化构建进程，有利于建立健全有关法律体制，促进网络监督工作有序、规范化进行。“依法治国”“依法行政”是当前我国政府执政的基本要求。政府的权力是人民赋予的，缺乏对政府行使公权力的约束，就可能导致人民群众的合法权益受到侵害。政府应正视来自民间的监督意见，尤其是互联网监督。应将其视作政务公开的一部分，接受网民的监督。事实上，互联网监督不仅能够提高民众参政议政的积极性，提高公共决策的科学性、合理性，还能够让党员干部时刻谨记角色身份，规行矩步，自觉做好反腐倡廉工作。

3. 强化公众参与，建设网络沟通平台

作为社会公共生活的重要平台，互联网已成为公众生活的重要组成部分。这意味着，能否在互联网环境中与民众积极交流互动、建立起良好的沟通关系，决定了政府是否能够在互联网环境下赢得民众的信任，进而改善社会大众对政府的观感。

互联网经过多年的发展，已渗透到人民群众生活的方方面面，是一种便捷、经济的沟通方式，是民众参政议政优质、高效的平台。但同时必须看到，民众的情感表达与宣泄许多时候是十分主观的，尤其是在缺乏约束的互联网当中，其言论的真实性、客观性十分有限。当前，互联网中有不法分子通过造谣、传播虚假信息中伤政府，发泄对社会的不满，不仅损害了政府形象，更使得相关机构对网络舆论的采纳度有所降低，限制了网络民意的有效传达。网络平台是广大群众用于表达意见和诉求的途径，也是公众对政府工作进行监督的有效方式，通过建设网络互动平台，政府可以及时了解公众的真实需求、回复公众的疑问，从而最大限度地满足公众的现实需要，拉近政府与群众的关系，加快服务型政府的构建进程。

（三）构建政府电子政务体系

电子政务的优点在于信息整合，跨越部门、时空壁垒，致力于打造高效、简洁、公正、透明的公共管理体系。电子政务应用现代通信技术，政府的服务职能同样能够在互联网中完成。公众有某种需求，只需通过互联网就能找到自己需要的服务。公众通过沟通参与公共事务，在约束政府行使公权力的同时，也能维护自身的合法权益。改革开放以来，在各方的不懈努力与促进下，电子政务取得了长足进步，并逐渐朝稳定、有序、高效的方面发展。电子政务管理能力日益增强，对调整政府职能、优化部门结构起到了极大的推动作用，有效地提高了政府的办事效率与管理水平。但就目前来看，国内各级政府部门的电子政务建设尚处于起步阶段，对优化公共管理、公共服务作用相对有限。同时，欠发达地区、乡镇级基层政府的电子政务建设达不到既定目标，信息资源共享、部门协调治理等功能未能发挥，政府电子政务体系建设任重道远。

1. 均衡发展政府部门信息化水平

各级政府部门应加大信息化建设力度，加强群众网络知识宣传教育，扩大各年龄层、不同地区的网络普及范围，缩小城市与农村、青年人与老年人之间的信息差距，实现网络大覆盖、电子政务体系建设的宏伟目标。

2. 加快完善相关法律规章

目前，我国针对电子政务领域的法律法规尚不完善，立法进程较慢。事实上，改革或新政策推行必须有相应的法律法规体系保障。国外电子政务建设周期短、收效显著，主要是因为其有相应的制度保障。针对我国目前软硬件的实际情况，电子政务领域的立法应集中在版权保护、数据安全、信息监管、信息公开等级评定等方面。

3. 完善电子政务管理体制

电子政务建设与行政体制改革看似相对独立的两个方面，实际工作中，却是相互协作、相互促进的。电子政务建设为行政管理体制改革打下环境基础。现阶段我国电子政务建设重点是提高政务的执行力，根据实际需求与实际能力投入适量资金，避免过度建设造成浪费；避免各部门建设不均衡。此外，电子政务建设投入高，各部门应在立项之初就确定好项目负责人，确保任务顺利完成。人才缺乏是我国电子政务发展滞后的主要原因。因此，加大优质人才的培养力度是当前电子政务建设的重中之重。为改革开设相应的培训课程，制定相关政务与网络信息课程，着重提高人才的理论水平与专业技术能力，为推进电子政务的发展奠定坚实的人才基础。为适应经济发展、政府职能和社会运行模式转变，各级政府部门应转变传统管理理念，积极推进电子政务建设，创新政府管理方式，增强政府的执政能力与服务意识，树立良好的政府形象。

第三章　网络环境下网络民意的发展与政府公信力

近年来，各部门逐渐加强了对网络民意的关注。建立完善的网络民意整合制度，是民众的期许也是政府部门工作内容之一。各部门将网民意见进行整理、研究、分析，作为各级政府决策的依据，是民众意见得到采纳、利益得到实现的具体体现。对此，政府部门应构建完善的民意诉求整合体系，建立健全民意回应制度，设置专门民意处理部门，并对各部门的职责进行明确界定。与此同时，各部门还应加强与民众之间的沟通联系，提高信息筛选能力；对民众的问题及时回应、及时解决，做到民众满意，进而提高政府管理能力，提升政府公信力。

一、各部门要深入了解网络，积极应对网络民意

（一）深入了解网络民意

公信力是民意调查的重要因素。由于网络的开放性、公开性、平等性与时效性，网络民意具有复杂性、真实性与多样性，要深入了解网络民意，重视民意调查的作用。① 首先应对网络民意进行深入探讨与分析，清晰界定网络民意的内容与性质，认识网络民意涉及的政策、管理内容及性质。网民个体差异，导致网民意见的多样性。受主观因素的影响，网民言论常常带有偏激、愤怒的情绪，这既破坏了网络环境，又易被不法分子所利用，是舆论危机事件的主要诱因。鉴于此，政府部门应明确界定网络民意的属性，按照轻重缓急对网络问题进行相应处理。各部门不仅要了解民众的想法与期望，还要把握民意的发展规律与方向，将网络民意运用到政府决策中去。

互联网为政府部门了解民众意愿和基本需要开拓了新途径。网络舆情涵盖了大量有用信息，能够真实反映民众意愿和需要，有利于政府部门掌握社会的深层次矛盾和纠纷。政府部门通过互联网，不仅可以了解民众意愿和基本需要，还可以通过积极引导，推动网络舆情走向良性发展轨道。

---

① 曹刚. 民情民意与媒体公信力——当前我国民意调查报道中的问题及其对策［D］. 南京师范大学，2003：1－2.

互联网条件下，政府职能得以强化，行政成本降低，行政管理效率提高了，网络日益成为政府部门处理日常行政事务不可或缺的工具。

互联网推动了政府政务公开。互联网具有公共性、开放性和时效性，是政府开展政务公开的天然载体，有利于广大民众提出建议和进行监督，保障民众的知情权、建议权和监督权，增强了他们的自主意识，提高了参政议政的积极性和主动性；在此条件下，政府借助网络推动政务公开，促进了网络问政机制进一步完善，使政府行政行为更加人性化、透明化和规范化。

互联网为政府部门提供了更为宽广的交流平台。互联网作为媒体发展新形式，在舆论宣传中扮演着越来越重要的角色，为广大民众收集、分享和利用信息提供了极大便利。因此，政府部门开展宣传工作应重视利用这一有利平台，利用互联网聚焦功能增进人们对政策政令的深入了解，促进双方互动，进一步提升政府公信力。

（二）建立并完善网络舆情监控系统

互联网作为一种新兴的大众媒体，已经渗透到社会各个领域，而网络民意对公共舆论的影响更是达到了前所未有的高度。政府部门应高度重视公共事件产生的舆论影响，把舆论监督列入国家治理范围。树立人民主体地位思想，树立社会责任意识，依法监督，舆论监督自身也要接受监督，坚持舆论监督党的领导原则。①

所谓互联网舆情监控系统，是对互联网门户网站、BBS、微博、微信、IM 软件进行监控，并对各种信息进行收集、整理、归纳、分类，形成互联网舆情观察报告；以此为依据，针对网络民意、政府互联网回应、互联网舆论发展及互联网热门话题等互联网舆情问题建立全天候实时监控系统。该系统的作用是寻找并挑选出某个时段内的互联网热门话题，对其信息进行分类、归纳、分析；对已经成为互联网热门话题进行追踪；监控有关突发公共事件与重大社会实践的互联网信息，记录互联网舆论的现状及发展走向，等等。② 这一系统有助于政府部门正确认识互联网舆情的现状，并做出有针对性回应。互联网舆情监控系统应该拥有下列功能区间：首先，互联网信息收集子系统；其次，互联网特定舆情监控子系统，对某个特殊的互联网热门话题进行追踪；再次，突发事件监控子系统；最后，是敏感词过滤系统。

政府部门需要加强与网民的互动交流，加大互联网舆情监控系统的建设力

---

① 尹韵公. 舆论监督是国家治理的有效途径和依法治国的重要抓手［N］. 光明日报，2014-12-27 (5).

② 肖峰，袁素文. 论网络民意及政府对策［J］. 西部学刊，2013（12）：37-38.

度。通过互联网舆情监控系统，将相关职能部门采集的互联网信息，按互联网热度、互联网影响力及互联网影响范围、事件本身的复杂性进行分类归纳，并依据处理权限转移到相关政府部门进行处理。

（三）建立并完善网络舆情评判机制

政府部门应通过科学、客观、系统的标准进行归类筛选互联网舆论信息。既不能将互联网正面舆论作为改善政府公信力的唯一方法，也不能将互联网负面舆论视作一种可怕的事物。互联网舆情分析，是通过观察互联网热门话题的类型、网民对该话题的主流看法及舆论的发展走向等，对互联网舆情进行预测，并结合实际情况对互联网舆论进行追踪观察，最终形成互联网舆情报告。帮助政府了解舆情发展情况，并针对实际情况做出正确回应。

首先，政府部门应建立专职负责互联网舆情研判的专业机构，积极组建专业人才队伍，专门分析、分类、判断互联网舆论中民众的诉求、意愿及观点，并就此撰写报告，转交相关决策部门。其次，将互联网舆情分析工作交由专业机构、大型门户网站及商业咨询服务机构处理。在互联网的影响力渗透到社会方方面面，互联网舆论日渐被社会各界关注的今天，各级政府、企事业单位甚至是社会组织都要针对互联网舆情进行观察、分析。分析互联网舆情将有效帮助政府筛选出真正重要的重大舆情，掌握互联网舆情风暴的规律，引导互联网舆情向健康良性方向发展。

二、建立网络互动与回应机制

为有效处理民意的表达与回应问题，政府部门应构建一个畅通、联动的网络民意诉求平台，推动民意的规范化、正常化表达，在政府与民众之间构建和谐、良好的互动关系。同时，应构建完善、高效的信息反馈制度，针对民众的问题及时进行反馈与处理；引导网民通过合理、客观的方式来表达自身问题，加快政府电子政务的建设进程。

（一）建立网络联动机制

1. 构建并完善网络民意在线收集系统

构建并完善网络民意在线收集系统，有利于提高网络民意的监督与互动能力，真正提升公共决策科学化、民主化、客观化，促进社会和谐发展。许多地方在进行城市功能规划、城市发展计划、重大项目建设等公共决策之前，通过市长热线、互联网听证会、论坛主题讨论等方式征求广大人民群众的意见和建议①，这是政府部门积极应对时代发展的表现。构建并完善网络民意在线收集系统，就

① 尹卫国. 重视网络民意应成决策常态［N］. 中国人事报，2007－06－25.

要用制度固化政府部门对网络民意的积极态度。

首先，应完善政府部门与群众的互联网沟通平台。建立健全政府部门与群众的互联网沟通平台，建设专用于政府事务讨论的BBS，让群众能够直接与政府进行沟通，有助于各部门第一时间获取社会各阶层的利益诉求，迅速对政策进行调整，这对提高公共政策有效性、及时性至关重要。互联网沟通平台的建立健全，为政府歌部门与群众提供一个常态化沟通平台，让群众在与政府部门的直接交流中，逐渐消解其对政府部门的误解。

其次，建立健全针对公共政策的民意征集平台。电子政府与“政府上网”工程使大部分政府职能部门拥有其官方网站。下一阶段，各政府职能部门应基于上一阶段成果，建立政府公共决策民意征集平台，通过该平台征集各方面意见和建议，改善公共政策的针对性和实效性。

再次，建立健全公共政策互联网听证平台制度。公共政策只有接受人民群众的监督，才能够真正得到贯彻落实；只有汇聚社会智慧，才能够最大限度地避免公共决策出现失误，避免决策失误对公共利益造成伤害。听证会的形式可以使公共利益与各利益阶层诉求得到集中体现，通过听证会听取广大人民群众的意见和建议，是政府制定公共政策过程中重要环节。互联网扩大了与会人员的范围、加深了听证会的讨论深度，节省了费用和时间，让政府部门得以在第一时间收集来自各个社会阶层的意见和建议。听证会建设是社会公众意见、建议及价值倾向的集中体现，应成为政府制定公共政策遵循的价值倾向和权衡标准，以求实现政府公共决策科学化、效率化、合理化，避免公共决策出现定位错误，确保公共政策与社会民意相契合。

最后，健全互联网举报监督平台。随着互联网的普及，互联网举报已经成了举报的重要方式。通过互联网监督在近年来反腐工作中成效十分显著。互联网举报监督具有匿名性、安全性。举报人无须通过烦琐的程序，不必担心个人信息暴露招致报复。应健全互联网举报监督平台，为公众提供有效、便捷的举报渠道。①

2. 构建完善线上回应系统

构建完善的线上回应系统，不仅对公众热切关注的问题进行回应，也要对不易被关注却是部门职责范围内的社会问题进行回应。首先，要实行24小时全天候工作机制，时刻关注回应系统中出现的问题，收集、整理、分类公众提问，并移交相关职能部门。其次，相关政府职能部门原则上应在五个工作日内给予回应。再次，应建立问责机制，对未能按照规定时限回应的相关政府职能部门进行问责。最后，把职能部门在线回应的效率和质量与该部门的年度考核挂钩，促使

---

① 朱丽峰. 网络民意与政府回应问题研究［M］. 北京：中国社会科学出版社，2013：175－176.

相关职能部门积极回应民众的需求。

3. 构建完善互联网在线交流系统

无论是对公众的回应，还是与公众的在线互动，都应纳入政府与公众互联网在线交流机制，并将其制度化、系统化、常态化。政府部门要定期、定时、高频率地开展在线交流活动，并由职能部门的“一把手”或其他主要领导与民众进行在线沟通。公开政府部门下一阶段的工作任务、工作目标和工作规划，接受公众的询问甚至是质问。在线沟通不需要预先设置议题，也不需要限定内容，更不需要引导，只要遵循“网民问—领导答”的形式即可。这一形式让政府部门能够更流畅、更直接地收集来自互联网的民众意愿，并以此为依据调整相关政策内容，让公众能够及时地获得有关信息，了解政府部门的工作情况，有利于广大人民群众对政府部门工作监督与评价。

（二）建立网络回应机制

网络舆情日益成为左右社会舆论发展的重要因素，网络民意对政府政策制定与决策活动的影响日益增强。在此形势下，政府部门回应网络民意是构建和谐社会的要求，是关注民生的表现和提升公共服务能力的要求。①

1. 建立网络新闻发言人制度

互联网已成为问政、收集民意、凝聚人心的重要方式，只有让各级党政机关顺畅、全面、深入、高效地与民众进行交流互动，才能让互联网与现实世界融为一体。互联网新闻发言人制度是政务体系的重要部分，是一项硬性制度。互联网新闻发言人，顾名思义是代表政府在互联网中公布政务信息、政府工作动态，并针对互联网传媒与民众问题做出及时回应的工作人员。②

首先，要清晰界定互联网新闻发言人的权责范围。互联网新闻发言人虽然是政府发言人，但其仅仅代表其所属部门发布政务信息，其听取并做出回应的问题与意见、诉求也应仅局限于其所属部门的职能范围之内，对于超越自身职能范围的问题，发言人只能承诺将意见建议及时呈送上级主管部门；新闻发言人有责任将当地及其所属部门的社会公共事件、突发公共危机信息与后续发展等信息，迅速及时地发布，并及时回复相关疑问；互联网新闻发言人还肩负研判互联网舆情爆发、发展的工作，负责与互联网传媒进行沟通商讨。互联网新闻发言人制度的信息主体是政府，客体是社会公众，以发布、宣传政府的政务信息与重要动态，来实现政府部门与民众的交流互动，是政府与公众沟通的正式渠道。

其次，要明确互联网新闻发言人制度的价值取向与核心理念。互联网新闻发

---

① 张丽新. 当代政府提升回应网络民意能力及对策选择［J］. 辽宁行政学院学报，2011（6）：29－30.

② 朱丽峰. 网络民意与政府回应问题研究［M］. 北京：中国社会科学出版社，2013：185.

言人制度的核心理念是以迅速、积极、翔实的政务信息，来挤压互联网虚假谣言的生存空间，树立良好的政府公共形象。在互联网环境中，民众的问题种类繁多，党政机关领导干部不可能实时关注互联网舆论。专职互联网新闻发言人把民众提出的意见建议和各种诉求进行归纳整理，呈送领导干部，并交由一线单位落实，将落实情况反馈给广大群众。互联网新闻发言人的出现，使政府部门有能力收集来自民众的意见建议，并统一解决、统一回应；让民众的诉求能够及时得到回应，保障最广大群众的知情权，减轻舆论压力，贯彻“人本位”理念。互联网新闻发言人制度是政府与公众正式交流的开始，是引导互联网舆情的新工具，它以制度化形式体现了政府部门对互联网舆论的尊重。

2. 建立专业性支撑机构

网络民意，即公众对教育、工作、生活等方面提出的诉求与建议；政府部门对网络民意的反馈，是对公众问题回应与处理的体现。政府部门应深入了解公众的基本需求，针对存在的问题制定相应的解决措施，并对其进行优化调整，消除民众疑虑，解决民众困难。制订科学合理的政策方案，需要依赖具有丰富学识的专家学者，专家学者意见对引导舆论具有重要指导意义。

政府部门应及时回应民众诉求，重视专家意见，充分发挥专家学者的引导作用，建立健全政府与专家咨询互动体制，提高民众参与决策的积极性，增强行政决策的客观性与可行性。①

三、引导民众理性表达诉求

网络民意是现实民意在网络上的延伸，正确对待网络民意提升政府公信力具有积极意义。由于网络的虚拟性，少部分网民恣意妄为，发表不实言论甚至虚假信息。因此，政府部门、大众媒体和公民应理性思考和对待网络言论，引导民众理论表达诉求。

（一）强化政府公信力，规范网络言论

政府公信力是人民群众对政府的评价，体现人民群众对政府的满意程度和信任程度。人民群众遵守国家法律、法规，并充分尊重政府的权威性是政府公信力的具体表现。责任型政府要求政府公信力进一步提升，政府部门信息公开化，并在民众的监督下合法有效地进行。涉及国家重大决策时，应以人民的利益为先导，政策决议公开化、透明化。只有政府信息公开化，人民大众利益实现最优化，才能维持社会稳定，政府公信力提升。

引导网络民意的理性表达，首先要对谣言进行有力遏制。美国学者、教授桑

---

① 刘力锐. 论我国网络民意的特征与政府回应［J］. 求实，2009（6）：67－68.

斯坦曾说：消除谣言，不仅可以通过强制性法律制度和网络监督制度，也可通过获取社会民众对政府的信任，进而阻隔谣言的传播。政府公信力在遏制谣言传播方面有着重要作用。谣言是人们对情况缺乏了解，对事件的臆想和猜测。因此，政府信息要公开化、透明化，在谣言广泛传播前，第一时间把真相公诸众人、澄清事实，杜绝谣言。

民众虽有言论自由的权利，但并不意味着可以口无遮拦，恣意侵犯他人的合法利益。因此，政府部门应合理规范网络言论，通过制定相关制度，在保证民众利益最大化的前提下，合理规范网络民意，全面提升政府公信力。

（二）加强公共媒体的舆论引导作用

电视、广播、报纸期刊和网络等公共媒体，扮演着信息传播者角色，承担着信息传播载体的重任，有责任引导社会舆论朝友善化和多元化的方向发展。“大众媒体在社会舆论发展中扮演着重要角色，舆论观点和话题的广泛性、多样化是其发展的正确方向。”①

多元化互动是避免群体极端化产生的重要因素，可以缓解社会矛盾和冲突。因此，公共媒体应引导网络民意向正确方向发展，充当舆论监督者角色，确保政府公信力有效提升。

（三）公众应自觉培养公民意识

对网络民意的正确引导，不仅需要依靠国家政府、社会大众媒体和法律制度，也需要公民自觉意识。公民意识的形成和培养过程是公民在遵守国家相关法律、法规制度的前提下，实现群众利益的诉求过程。

培养公民意识，有利于其树立正确的价值观，形成积极的道德观念、集体合作意识，学会关心他人。当不合理的个人利益诉求遭拒后，学会理性思考，及时调整心态。培育公民自觉意识，是引导公众理性诉求，是全面提升政府公信力的基础和前提。②

四、善待网络民意，提升政府公信力

在互联网背景下，政府部门应给予网络民意充分关注，保证政策决策科学性、合理性与民主性，进而提高政府公信力。

（一）做好舆论引导工作

知识经济时代，技术的力量与影响力要比以往更大、更深远。计算机与互联

---

① 凯斯·桑斯坦. 网络共和国［M］. 黄维明，译. 上海：上海人民出版社，2003：52.

② 赫泉玲，肖剑. 网络民意的形成机制及其理性表达的引导策略［J］. 情报科学，2013（4）：94－95.

网是信息时代的技术基础，政府部门更应重视互联网，利用好互联网。一要关注互联网参政议政的发展，基于互联网，关注新媒体，如政务 BBS、政务微博等。二要灵活运用互联网，有针对性地开展舆论引导工作，创新沟通方式，做好网络民意的收集、研判、分类工作，将其转化为公共政策。公共决策出台前要广泛征求社会各界的看法，以便科学、合理地开展，得到公众的支持与理解。

（二）做好网络民意法治导向工作

党的十八大报告提出："提高领导干部运用法治思维和法治方式深化改革、推动发展、化解矛盾、维护稳定能力。"① 应在现有法律法规框架内开展合理合法的互联网活动。政府部门应在法治精神指导下，开展互联网舆论导向工作。通过互联网表达个人意愿、获取信息是每一个公民的合法权利，民众通过网络参政议政标志着我国政治民主化进程的推进，政府部门应尊重保障公民的知情权、表达权及监督权。

① 胡锦涛. 坚定不移沿着中国特色社会主义道路前进为全面建成小康社会而奋斗——在中国共产党第十八次全国代表大会上的报告［M］. 北京：人民出版社，2012：28.

第四章　网络问政：缘起、优势、问题、成因及对策

网络问政分为广义与狭义两个方面。从狭义的角度来看，网络问政是在政府部门主导下，以网络为平台，鼓励公众积极参与经济社会发展问题的讨论，进而推动政府公信力的提升；公众可以充分实现其权利与义务，政府部门通过网络问政收集民意，获得政策制定的参考依据。从广义的角度来看，网络问政不仅包括政府与公众就某一社会发展问题的讨论，还包括公众借助网络媒介提意见、发表看法。相对于狭义网络问政，广义网络问政更具公开性、便捷性与公平性。

一、网络问政的缘起

“网络问政”是在互联网技术不断发展，网络普及率不断提高的形势下产生的。

2015 年 7 月 23 日，中国互联网络信息中心（CNNIC）在北京发布第 36 次《中国互联网络发展状况统计报告》，截至 2015 年 6 月，我国网民人数达 6.68 亿，互联网普及率为 48.8%。手机网民人数达 5.94 亿，手机作为网络终端的趋势日趋明显。[①] 网络为人们发表意见、诉求、观点提供了开放性平台，网络问政应运而生。网络问政的发展，主要包括两个情况：第一，地方网络问政兴起，主要是应对突发事件与意外事件。例如 2001 年 5 月，湖南开设了“百姓呼声”节目，促进政府和民众网络交流，成为网络问政的先例。2006 年，人民网设置“领导人留言板”。同时，网络问政在危机事件处理中发挥了积极作用。第二，借助网络了解民意、汇集民众智慧，提高政策制定的科学性。2008 年 6 月 20 日，时任中共中央总书记胡锦涛同志通过人民网与网民进行沟通，指出网络是做事情、做决策，了解民情、汇聚民智的一个重要渠道，各地方政府应重视网络问政。网络问政在应对突发事件中的作用越来越明显。在不断完善网络问政渠道的过程中，网络发言人机制有了进一步完善，增强了网络问政的有序性与制度化。

---

① CNNIC 发布第 36 次《中国互联网络发展状况统计报告》［EB/OL］. http：//www.cnnic.cn/gywm/xwzx/rdxw/2015/201507/t20150723_52626.htm，2015－07－23.

2010年1月25日，网络问政被纳入政府工作报告，报告重点指出要促进参事参政咨询工作的开展，强化院士专家咨询研究机构与社会听证、网络民意在政策制定中的功能。2012年，人民网以“地方领导留言板”为媒介，开展了“两会来了，我托书记省长捎句话”活动，鼓励网民积极发表意见。2016年2月19日，习近平总书记到人民日报社调研，通过人民网演播室与福建省宁德市赤溪村干部群众在线交流。当前，网络问政已趋于常态化，民众参与积极性不断提高，一些政府部门已将网络问政列入绩效考核内容。

综上所述，政府部门日渐重视网络问政，充分认识到互联网对获取民情、汇聚民意的重要作用。互联网的迅猛发展，为民众提供了开放性渠道，也为政府政策制定提供了参考。各级政府逐渐加强对舆情的重视，将网络舆情监测作为网络问政的参考依据。官员上网成风尚，是党顺应网络时代要求执政为民、引领时代。今后，将会有越来越多政府部门利用互联网了解民意、汇集民智，进而促进政府执政能力的提高，增强政务的透明度，促使执政方式的调整与优化，全面推动社会主义和谐社会建设。①

二、网络问政的优势

（一）政府与民众之间的沟通更直接

互联网中表达意见不需要实名，网民的个人隐私与安全有保障。信息社会改变了交流方式，政府与民众只需要借助网络平台就能够畅通无阻地交流，避免线下沟通过程中可能出现的矛盾冲突。亲和对民，既能提高公众对政府的认可，又能加强政府部门与民众的交流。实际上，因为网络信息的多样性与复杂性，解决了传统信息传播受限制的问题。政府可借助互联网媒介来快捷、系统地掌握民众的生活情况与社会发展现状。此外，公众通过网络沟通媒介，可以自主地提出观点意见、诉求，很好地调动民众参与政策制定的积极性。

（二）政府与民众之间的沟通更便捷

互联网的产生与发展，实现了多媒体信息的快速、高效传播，解决了传统信息传播慢、不全面的问题，互联网是加强政府与民众联系、促进政府与民众和谐关系建立的重要途径。相对于传统公众参政议政方式，网络问政借助网络既提高了参政议政的便捷性与高效性，又提高了言论的自由性与广泛性。从公众的角度来看，之前参政议政渠道狭窄；互联网的发展，为其提供了公平、开放的平台，成为公众参政议政的新途径，有效弥补了之前参政议政方式单一的问题。

---

① 邹庆国. 应对“网络问政”党政干部读本［M］. 北京：人民出版社，2010：21-34.

（三）沟通主体更平等

互联网中，人与人之间都是平等的。政府公务人员可以平等从容地和群众交流沟通，而公众也不需要顾及对方的身份，在平等的条件下进行交流，气氛会更热烈。主体身份地位的平等，使公众的政治参与意愿高涨，互联网成为公众充分表达意见、对政府工作发表意见甚至质疑政府工作的一个渠道。通过网络问政来汇聚民众智慧，可以使政府工作越来越有前瞻性，应让公众可以通过正规渠道和政府进行对话，表达利益诉求，争取自身合法、合理权益。

（四）问政费用更低廉

相对于电话、短信等其他信息渠道，互联网显然拥有更大的优势，公众不需要花费多大成本就可以参与公共话题；比起传统的信访或实名举报，互联网的成本可以忽略不计，尤其是那些距离政府机关较远的边远地区群众。

（五）问政勇气更大

网络具有的隐蔽性、开放性与公开性，增强了民众在参政议政过程中的勇气。在网络上发表观点，提出诉求，更简单便捷；在互联网中，民众可以畅所欲言，倾诉内心最真实的想法。互联网的出现，为公众言论权与知情权的实现提供了平台，也给政府管理增加了无形压力。

信息网络技术的飞速发展，使得政府管理方式更加多元。要善用网络，在网络问政已成为大势的情况下，政府部门要更加全面地做好各项工作。政府要重视网络问政，学会运用网络问政查不足、集民意、改作风、促发展，紧跟信息化潮流。

三、网络问政存在的问题

（一）网络资源与硬件设施分布不均衡

首先，信息资源分配不合理，存在信息鸿沟问题。我国幅员辽阔，各区域之间的经济发展水平存在较大差异，这决定了不同区域信息化建设水平并不一致，资源分布差异较大。在这一背景下，信息化发展基础较好的地区群众可以通过网络问政，而信息化发展基础薄弱的地区，群众明显缺乏机会网络问政，但他们同样有利益诉求。其次，一些地区存在硬件建设过度的问题。因为缺乏前瞻性，重复建设导致资源浪费。

（二）公务员素质与网络问政需求不协调

互联网加强了政府部门与民众的关系，民众可以利用互联网媒介表达诉求。政府部门在获取民众诉求之后，各方认真快速回应民众关切，这对政府公务人员综合素质提出更高的要求。一些政府部门人员没有给予网络问政足够重视，相关能力欠缺，导致了一些问题，影响公众对政府的信任。因此，网络舆情及民意必须及时处理，避免不良后果的发生。

（三）网络问政的非理性导致应对的无序性

网络问政信息非常庞杂，来自不同地区、不同阶层的民众，有较高参考价值，也存有一些易造成负面影响的不良信息甚至是谣言或诈骗信息。这些不良信息随着互联网散播开来，易让居心叵测者有可乘之机。

（四）网络问政监督评估机制不健全

首先，是民众的网络问政功能没有充分发挥。近年来，网络问政虽得到快速发展，但成效不明显。民众、媒体与社会的网络问政监督作用不强，有些地方网络问政形同虚设；网络问政缺乏评价功能，政府部门不能了解民众的想法，不能有针对性地开展后续工作。其次，缺乏健全的网络问政考核评价体系。大部分政府部门虽然将网络问政作为政府部门绩效考核的主要内容，但落实过程中成效并不大。很多地方政府部门没能很好地将网络问政与部门人员绩效考核、晋升等挂钩。由于缺乏客观有效的考核评价机制，网络问政成效未达到预期。

四、导致网络问政问题的原因

（一）各地经济发展不平衡

在党的领导下，全国各族人民共同奋斗，特别是改革开放之后，我国社会经济发展迅猛，人民生活水平得到大幅度提升，社会主义现代化建设进程不断加快。但在社会经济得到快速发展的同时，贫富差距拉大的问题日渐突出，特别是东西部差距不断扩大，信息化建设水平也大相径庭，网络资源分配严重失衡，网络问政不能真实体现广大人民群众的意愿。

（二）价值取向的多元化使网络诉求多元化

改革开放后，各经济主体如雨后春笋般涌现，国有企业、民营企业、个体工商户多种所有制形式经营主体相互并存，在当前经济社会转型的关键时期，呈现出价值多元化特征。由于网络平台的开放性，主体的多元化价值取向使网络诉求呈现多元化，各主体按照其价值取向参与其中。由于立场不同，目标不完全一致，无疑加大了网络问政难度。

（三）部分地方政府对网络问政工作不够重视

网络问政尚处于起步阶段，公众还没有达到高度自觉、理智参与网络问政的阶段，大多数情况下网络问政由政府引导，公众配合参与。这种模式下政府部门的组织作用显得格外重要，是开展网络问政工作的关键因素。然而，现实中，政府部门对网络问政工作的重视程度不够，影响了网络问政的健康发展。一是网络问政尚未形成共识，一些领导不愿意网上办公。二是不能积极应对网络舆情强烈的问题，拖延严重。三是害怕网络问政，惧网心理较为普遍，认为网络办公弊大于利，轻视网络问政，对公众的意见采取视而不见的躲闪态度，有的还想方设法删帖。这种网上“堵”“删”“封”等做法，只会使问题更加复杂、严重。

（四）网络问政平台未统筹并预设好统一的开发标准

目前，仍缺乏系统、完善的网络问政法律规定。各地区网络问政存在发展无序与不平衡问题，无法为问政平台开发提供统一标准。各地区在问政程序、意见反馈、监督管理等方面缺乏系统的标准，不利于网络问政的有序进行。

（五）对网络文化环境的监管不到位

网络文化环境会影响网络问政的健康发展，由于缺乏对网络文化环境的优化、监督，网络问政过程中产生不少问题。公众通常很难正确辨别网络信息的真假，极易形成跟风热潮，易被不法分子煽动，导致危机事件发生。近年来，群体性事件频发，危害我国社会和谐、公共安全及经济利益。① 危机事件的发生，是网络环境监管不力的集中表现。

首先是缺乏互联网信息监管措施。在信息庞杂的互联网时代，一些地方政府部门未能有效引导与监管网络信息。其次是缺乏互联网信息监察机制，对虚假、反动、黄色信息没有及时通过屏蔽等方式进行遏制，使网民免遭不良信息的荼毒。最后是缺乏对互联网失范与违法行为的惩戒措施。当前网络中知识产权侵害、信息诈骗等时有发生，与极低的违法成本是分不开的。

（六）网络问政监管的法律法规不完善

随着信息化高速发展，网络问政有了长足进展。但网络问政监管法律法规尚不完善，法律法规的滞后影响了网络问政的健康发展。20 世纪 90 年代初，我国就出台了第一部与互联网相关的法律法规，但直到今天，互联网舆情领域，仍没有一部切实、有效、完整的法律。无论是对于互联网失范行为的界定还是对互联网违法行为概念的诠释，都因为技术性难题（互联网庞大的信息量与匿名性）及危害隐匿性的特点而变得滞后。虽然当前也有一些相应的法律法规，比如《互联网信息服务管理办法》《中华人民共和国政府信息公开条例》等，但总的来看，这些法律法规仍不能满足网络问政发展的需要。可以说，法律法规的不健全给网络犯罪、网络侵权等非法行为以可乘之机。②

① 中国行政管理学会课题组．中国群体性突发事件成因及对策［J］．北京：国家行政学院出版社，2009：1.

② 彭未名，邵任薇，刘玉蓉，等．新公共管理［M］．广州：华南理工大学出版社，2007：135.

五、网络问政科学发展的对策

随着网络技术的飞速发展，我国公共管理已经进入新的历史时期，适应网络问政发展形势是当务之急。要积极运用网络，实现公众问政健康、快速发展，让网络问政在全面建设小康社会的关键时期发挥更大作用，推动科学发展和社会和谐，实现善治目标。

（一）整合网络资源是实现网络问政科学发展的基础

首先是对网络资源进行优化配置，构建完整的网络问政系统。构建过程中，要重视政府部门与公众的沟通交流，使网络问政更接地气，实现政府部门与公众的有效沟通。同时，突出网络问政平台的服务功能，在网络问政平台上设计政务服务、政务咨询及政务举报功能，引用互联网信息技术的便利性吸引公众参与到网络问政中来。

其次是引导公众有序参与网络问政。公众参与网络问政的动机或许并不一致，政府部门要注意引导公众有序参与网络问政；正视自身存在的问题，理解公众的诉求，实现良性互动。

最后是提高互联网普及率，让更多的人能够成为网络问政的一分子。政府部门必须通过各种措施提高互联网普及率，尤其要在弱势群体中普及互联网。这既是实现“全国人民共同享有改革开放发展成果”的必然要求，也是时代发展的大势所趋。一是逐步改善信息硬件建设，提高覆盖率，让更多人享受到更廉价的网络信息服务。二是要加快电视、电脑、手机三网融合工作，提高现有信息硬件设备的使用效率。最后，要着重提高互联网在农村地区的普及率。通过在农村普及互联网，构建农产品营销网络与农业生产技术交流平台，推动农业现代化。

（二）问政平台功能设置完善是网络问政科学发展的前提

首先是推行实名认证。近年来，常有不法分子利用网络隐蔽性、直接性及廉价性特点，发布不实信息，迷惑不明真相的公众，损害政府公信力。因此，要加强网络身份审核，优化网络问政平台注册界面，设置用户名和密码，登录者需仔细阅读承诺书及相关信息，填写真实姓名及身份证号码，有条件的可在后台在线进行身份核查，验其真伪。网络问政系统必须有能力获取用户的真实身份信息。网络问政平台的账户与用户身份证绑定，不能拥有两个或更多账户，避免别有用心者利用网络问政平台恶意炒作。用户账户的信息变更，需要通过审核，同时注意保护问政者的隐私及其身份信息安全，预防用户个人信息被泄露。

其次是实施经验等级机制。网络问政平台上，用户及部门的账户可设置 100 分的起始经验值与起始等级，由网络问政活动来决定分值与等级，将结果运用到政府部门考核中。一般咨询不会获得分值，而公众建议或意见一经认可，即可获得分值，对政府部门的投诉或举报一旦成立相关部门即被扣分，同时降低评级，最终实现“责任落实到人”的目标。

再次是增设微博等网络终端交互工具问政功能。当前，微博等网络交互工具越来越多地影响着政务开展，通过微博发声成为众多网民网络问政的选择。微博等交互工具作为网络问政的新途径，其作用不可忽视。在推进网络问政过程中，要捕捉互联网技术发展趋势，积极主动参与，做到与时俱进。现实生活中，微博等交互工具在网络问政中的载体作用越来越明显。所以，政府部门应对政务微博等建设给予足够重视，营造公众参与网络问政的热烈氛围。

（三）规范网络问政主体行为是网络问政科学发展的任务

规范网络问政主体行为对网络问政的发展有重要影响。如果网络问政主体都能围绕经济社会发展大局，真诚沟通和交流，共同参与、协同解决，就能提高社会建设的效率及质量。网络问政平台是公众参与社会建设的现实载体，要努力构建政府、公众、媒体及其他社会组织共同治理架构，让各网络问政主体相互监督，共同构建一个积极且具有良好氛围的网络问政平台。①

首先，要实现行政行为规范化、制度化。在互联网背景下，要构建服务型政府、提高政府服务能力，就要不断提升通过网络问政倾听民生百态的能力与意愿。要亲近民众、深入民众，坚持“从群众中来到群众中去”的群众路线，对公众的意见和建议给予充分尊重与重视，利用公众的智慧改善政府工作。必须去除官僚主义作风，对来自公众的疑问、建议或投诉不能敷衍了事，更不能置之不理。应坚持自我提高，了解现代互联网的基本常识及信息传播的基本原理，与网络民众深入交流，规范制度化政府行为。

其次，净化网络环境，提升公众对有关法律条例的认识，强化其法律观念。网络的匿名性、开放性等特征，决定了网络是一种相对自由的平台，为政府网络办公提供了方便，但也方便了犯罪分子的违法行为。因此，在相关法律法规尚不健全的情况下，应加大对网络环境的建设力度，引导公众文明、守法、有序地使用网络。激发公众参与到政府主导的社会建设中，尤其是参与到与自身利益关系密切的民生工程中，使公众的积极性与创造性得到充分发挥，增强其社会责任感与认同感。要建立和谐有序的网络环境，把权利与责任联系在一起，明确网络问政的原则与要求，将网络问政置于法律框架内。建立网络问政问责机制，根据原因、运用与危害程度来进行责任界定。

最后，充分利用公益团体，壮大网络问政力量。公益团体在社会建设中的作用越来越明显。互联网是政府部门与公众之间的媒介，它既能传播政务信息，又

---

① 连玉明. 中国社会管理创新报告［M］. 北京：社会科学文献出版社，2012：173.

能将公众意见传达政府部门，是促进政府部门与公众交流，加强政府部门与民众联系的重要平台，有效推动网络问政的发展。要充分、有效地利用公益团体，建立网络问政促进小组，吸纳公益团体好的建议，促进网络问政的发展。

（四）良好的体制机制是实现网络问政科学发展的保证

其一，建立健全网络问政的管理制度。党员领导干部，要充分认识网络问政在新时代的作用，并对网络问政提供充足的人力物力，推动平台建设，有效了解民意、倾听民众诉求、汇聚民间智慧，集结社会方方面面的智力资源。各级政府部门应按照自身情况落实网络问政的具体工作方案，紧随时代发展，把网络问政作为一项重要的政府职责来履行，充分发挥网络问政平台提高政策制定科学性、全面性、客观性的助力作用。要建立网络问政的专职机构，收集、整理互联网舆情，配置充足技术力量，研究网络舆情危机技术反制措施。

其二，构建网络舆情预警制度。网络问政平台毕竟架设于互联网虚拟空间，其中不可避免地存在虚假信息、过激言论。这些信息若被无序转发、评论，存有相当的舆情危机风险。因此，构建网络舆情预警及回应制度有很强的现实意义。依据现实条件，建立一支网络舆情观察团队，在信息流量较大的论坛、贴吧、微博等平台观察舆论走向，定期向上级主管单位递交舆情观察报告。网络舆情观察团队应具备敏锐的洞察力、坚定的政治立场及互联网等现代信息传播技术的专业知识。

其三，构建网络问政线上、线下联动对接制度。网络问政加强了政府与公众的联系，增强了公众对政府的了解与认可，但网络问政是基于网络之上的虚拟形式，要使政府与公众意见达成一致，还需要在现实中开展工作。因此只有将网络问政的措施与做法与线下工作配合才能完成整个网络问政工作。政府与公众间的相互信任，是政府部门全心全意为人民服务，与公众坦诚交流的结果。各地方政府应按照当地情况适时开展交流会，把探究问题在网络上公布，鼓励民众积极参与，通过微信、微博等方式促进政府与公众之间的沟通。

其四，完善重大决策与政策公开制度。通过网络公布政务信息，调动公众参与政策制定的热情，以“网络表决”的形式鼓励公众发表意见看法。政府部门参考公众意见，将改进措施及时公布，使公众真正感受到参与的重要性，提高“网络表决”的严肃权威性。

其五，完善网络问政管理与考核制度。对于问政事项，要做到及时实施、及时上报，将责任落实到各部门、相关负责人，保障问政事项取得预期成效。监察部门要做好对网络问政的监察工作，公众对问政事项存在疑问或不满，监察部门要及时告知有关部门，并监督有关部门及时回应。把网络问政纳入考核内容，借助部门内部互评及社会满意度调查等途径，增强网络问政的成效，提高公众对政府部门的认同感。

结语

网络环境下，公众的各种需求不断提高，需要政府与民众形成合力共同推进社会建设。社会转型期，利益冲突及社会矛盾凸显，是社会发展过程中不可避免的，政府部门有必要利用网络提升执政水平、提高政务效率。要对网络舆情高度重视，加大网络基础建设，建立健全网络法律法规。通过网络倾听民意诉求，汇集优秀民智，通过政府与公众的常态化交流，激发公众政治参与和社会建设的热情，拉近政府与公众的距离。政府部门应以谦虚、开放、包容的态度接受公众的意见和批判，及时做出回应，制定解决措施，不断提高政府部门工作水平。

第五章　创新地方政府电子政务建设提升行政效率的对策探究

随着信息技术的发展，电子政务有效提升了地方政府的行政效率。但是，地方政府电子政务系统建设还存在不少问题，需要各地方政府根据发展实际，完善立法；加快行政管理体制改革；推进电子政务资金多元化；为地方政府电子政务建设提供经济支持；完善电子政务服务体系标准化、集约化建设；强化信息公开和更新；推广基层公开综合服务平台建设；提高电子政务技术支持；重组和优化电子政务流程；推进协同办公；提高公务员素质，从而让电子政务在政府工作中发挥应有作用。

一、电子政务对提升地方政府行政效率的作用

（一）电子政务对提升地方政府信息交换效率的作用

政务信息在政府行政系统传播过程中，其传递的效率、传播的广泛程度及保真度都会对其传播的实效性有深刻影响。对于地方政府而言，采集信息的保真度及采集信息及时性将决定政府决策能否全面、客观、可靠，更决定政府决策能否贯彻，这和政务工作的实效、效率存在深刻联系。

过去，政府及职能部门将政务信息及命令转达基层，需要通过层层过滤与筛选；基层政府及部门上传信息到主管部门或政府也需要一个复杂而漫长的流程。换言之，传统的政务信息传递耗资大且效率低，传输过程过于繁杂，信息失真率高。事实上，政府部门作为社会信息资源最充足的机构，其内部信息的传递效率高、真实度高才是正常的，但在传统行政系统下，政府部门并没有体现其信息资源优势。

通过电子数据实现政务信息在行政系统中的传播，意味着不管政府部门层级如何、职能为何甚至是公务人员职级如何，都可以利用网络政务平台短时间内实现信息传输目的。基层政府不需要通过复杂流程就能够将信息传递给目标上级单位，而在传递的过程中，工作人员只需确定两点：传递信息的正确性、传递目标的正确性。操作简便易行，工作流程简便，不需要耗费大量人力物力，极大地节约了行政成本，同时让政府部门的工作效率越来越高。不仅如此，由于实现了信

息的点对点传递，信息的保真度明显得到提高。实施政务处理信息化，打破了部门和部门之间传统的行政壁垒，信息资源的整合作用得到了充分发挥，部门之间的配合更为默契。在互联网信息时代，政府部门架设信息平台，能够让行政工作突破时空界限，改善政府部门决策的科学性，使政策贯彻得更彻底、权责界定更清晰，使民意收集工作变得更便捷、更有效率。不仅如此，在提高效率的前提下，使行政资源耗费进一步缩减，政府机构精简、流程简化有了可能性。

电子政务的发展，政府部门工作水平与效率到了明显改善。政府部门与群众之间的联系更为紧密，政务工作更为高效，政府的职能定位更为清晰，政府部门责任与权力更为明晰，避免了权责不明确，使各部门的配合及任务拆分更精确、默契，政府资源利用效率实现最大化，改善了政府政务工作实效性。通电子政务系统，政府部门能够有效向公众发布信息，公众可以便捷了解政府部门工作情况、政策细节。效率上远胜于传统政务信息宣传方式，节约了有限的资源，更有利于打造公平、公正、公开的现代责任型、服务型、创新型政府。

（二）全面提升地方政府行政效率

电子政务系统是在信息技术基础上形成的高效行政系统，具有快捷、方便、高效的特点，全面提升了政府的行政效率。地方政府工作量大、政务种类繁杂，可以运用电子政务系统来提升处理日常事务效率。

提高政府执政水平。传统管理模式下，政府各个部门间职能划分明确[①]，各部门由于信息不对称、信息处理效率低等产生拖拉、推卸责任的问题。政府传输政务信息主要介质为纸张，但纸张传输速度慢，信息储存量小，传输能力弱，无法快捷获取有效信息，导致各部门之间的信息传递效率较低。对此信息化政务系统应进一步健全与优化，有效弥补纸张在信息传递上的不足，优化政府部门信息处理方法，全面提高政府部门行政效率。互联网技术的迅猛发展、网络的不断普及，为政府部门快捷、有效地处理政务工作提供了条件。行政程序更为简化，资源浪费问题得到有效解决，政府部门拥有更多的决策时间和更科学的决策基础。[②] 此外，信息化行政系统在短时间、低成本条件下获取更多民意，便于高效决策，及时回应、调整。

降低行政开支。行政成本是政府部门在提供公共服务过程中所花费的成本。按照传统管理模式，政府部门的职责与其管理范围成正比，管理区域越大，行政开支增加，政务边际成本随之加大。而电子政务的运营成本会随着管理范围、政府工作量的增加而降低，虽然电子政务系统建立之初成本高，但随着效率逐渐提

---

① 何增科. 政府治理现代化与政府治理改革［J］. 行政科学论坛，2014（2）：1－13.

② 张锐昕. 电子化政府绩效评估系统的角色和功用初探［J］. 江苏行政学院学报，2013（1）：107－112.

高，成本会逐渐下降，行政效率则不断提升。

提高公共决策质量。信息化行政系统是现代政府开展决策、进行公共管理的重要臂助。[①] 随着网络技术的不断发展，行政系统会发生相应的调整，可以有效解决传统管理模式存在的一系列问题。[②] 对电子政务系统进行完善，有利于政府部门科学决策。信息的高效传输，使决策者能够全面、系统地获取决策信息，提高决策者制定政策的客观性与有效性。此外，公众还能从信息化行政系统中快速查询到所需信息，快捷办理各种事务。

（三）电子政务对提升地方政府工作人员办事效率的作用

电子政务不仅是提高行政系统运行效率的有效工具，也是公务人员优化工作、提高工作效率的利器。公务人员合理利用电子政务系统，不仅为广大人民群众提供了更便捷的政务服务，而且使政务服务过程变得更为简化，极大降低了成本。同时，电子政府系统作为现代行政工作的基础工具，可以优化当代公务人员的政务工作理念，令其树立起服务理念，建立分享信息的意愿。电子政务系统成为不同职能部门之间的信息枢纽与交流渠道，各职能部门在同一政务目的下齐心协力，尤其是单一部门不能独立处理的政务工作，该系统能协调各方力量，迅速完成工作。有了电子政务系统，公务人员不再需要耗时耗力地奔波于各部门之间，只需在电脑前轻触鼠标就能够获得各方确认，从而使行政人力资源得到科学合理使用。

不仅如此，电子政务系统的出现，还让基层政府的工作变得简便。基层政府一般工作有政务信息处理、工作进度编排、工作流程控制、政务信息公开、政务档案录入调用等。在以往的政务管理过程中，下列问题最常见、最棘手：第一，由于工作流程复杂、工作量庞大，加上各职能部门之间需要走完流程才能处理相关事务，一份文件需要多次反复过目才能入挡，工作实效性、效率都不尽如人意。第二是部门权责设置不合理，存在冲突与重叠。各部门权责分配模糊，部分公务员责任心不强。第三是职能混乱，工作流程复杂。许多程序甚至在不同部门重复多次，却没有任何部门愿意负责，“踢皮球”现象见怪不怪。第四是政务审批耗时过长。多部门共同参与的确是一个稳妥的选择，但由于流程过于复杂，很多紧急事项得不到及时审批。通过落实电子政务，政府部门能够突破时间与空间的局限，不需花费太多时间与人力，极大节约了议事成本。电子政务可以通过关键词将文件自动归档并传达各个部门，使各职能部门在实践过程中获得有效指导。通过实施电子政务，政府部门拥有更便捷的工具，建立了更科学合理的

---

① 陈婧. 政府公共决策支持系统构建研究［J］. 情报资料工作，2012（5）：61 - 66.

② 王海稳. 论信息技术在权力制约中的优势与局限［J］. 人民论坛，2012（11）：28 - 29.

权责分配机制，便于权力和责任落实到人，杜绝推诿责任等现象。

二、当前我国地方政府电子政务建设中存在的问题

近年来，我国许多地区电子政务系统建设取得了巨大成效，优化了地方政府的行政效率。但由于各地区发展差距过大，基础建设落后等原因，当前我国各级地方政府在构建电子政务过程中出现了一些问题。

（一）各地电子政务缺乏统一规划

在运行电子政务过程中，要注重对电子政务的规划，充分掌握电子政务的特征与发展方向，掌握信息化发展特点。在统一规划的前提下，加大保障力度，制定科学可行的政策。

加强电子政务平台的建设与实施，有效提高各部门信息传输、工作对接的效率，各部门电子政务要建立统一信息格式、门户接口，使信息能够在大范围内传播。当前，各地方政府部门重叠、分类不合理等问题较突出，原有的管理制度无法满足电子政务发展的需求。各地方政府、政府部门之间缺乏适时交流，各地方政府注重对地方利益的维护，在决策制定、政策落实方式等方面各不相同，加大了建立联动管理机制的难度，导致各部门工作重叠，资源浪费。此外，各地方政府尚未制定联动、系统的政务规划与标准，导致多种问题的产生，主要体现在：

信息资源闭塞，无法实现共享。各地方政府缺乏及时沟通交流，资源难以实现共享，加之基础设施建设滞后，没有专业技术团队，在一定程度上了降低了政府整体资源的利用率。虽然政府部门构建了门户网站，但有关业务平台亟待进一步完善，政务信息安全性低，各机构的工作效率受重视程度与投入力度的影响较大。

尚未建立地方政务信息处理系统。当前，各地政府在建设电子政务过程中，各地方政府往往以地方利益为考虑基点，建设过程中缺少必要的交流，缺乏合作与联系。由于各地方政府财政经费差距较大，设备所属部门不同，从而导致各部门在信息共享、资源分配上缺乏统一性。

在构建电子政务的过程中，没有统一机构专职协调、促进电子政务建设。一些政府部门对于电子政务系统建设与实施持保留意见，很难强行推动电子政务系统建设。加上各部门并没有就传输标准及格式达成一致，共享信息资源无从谈起。

建设电子政务系统，必须具备完善的法律保障。截至目前，国内尚未专门针对电子政务系统的法律法规。许多政府部门在建设电子政务系统时因为缺乏法律条文参考，而存在诸多困难。虽然一些地方已经就电子政务建设出台了专项法律法规，但这些法律法规因为缺乏国家性法律指导，一旦需要异地协调、跨部门合作，就会出现困难。缺乏整体性法律法规的指导已经严重阻碍了我国电子政务系

统建设。加上一些职能部门因为电子政务建设而出现工作流程需要重组等问题，对有关部门推进电子政务系统建设的建议落实不到位。

（二）基础设施不完善，各地、各部门基础设施建设不均衡

要让电子政务系统更完善，就要打造完善的通信基建体系。因为通信基建体系关乎信息数据的传输速度，而良好的用户体验必然会改善政府部门的工作效率。在通信基建体系建设上，许多地区都取得了非常不错的成绩，但仍然有一些地区，特别是边疆地区及西部山区由于通信基建体系不健全，连电子政务系统运行的基本带宽都无法满足，更无法构建以政府需求为主的政务光纤系统。所以我们既要看到有的城市已经完成了“智慧城市”的建设，在电子政务系统方面达到了世界一流水平，同时也要看到一些城市连最基础的政务局域网都没有的现实情况。加上当前以 TCP/IP 协议为基础的信息传输系统在安全性上无法满足政务信息的要求，更需要下一阶段通信基建体系建设面向业界采购先进的信息处理方案。不仅如此，当前一些地区电子政务系统建设存在“重上线、轻实用”的情况，没有认真利用电子政务系统；过于注重电子政务系统对政务处理的便利性，没有充分考虑面向百姓的政务服务；一些地方虽然通信基建体系比较完善，但却没有充分利用好。从目前情况看，大多数县级甚至以下政府部门都拥有了官方网站，但页面中往往仅有领导班子成员介绍及联系方式，工作人员甚至无法通过官方网站进行在线政务审批工作，这和电子政务系统建设的初衷是不匹配的。

不同区域、不同部门、不同层次的政府及部门电子政务系统建设水平严重失衡。如上文所述，广东东莞已经完成了“智慧城市”建设工作，东部发达地区在电子政务系统建设上与其他地区拉开了较大差距。当前各地区、各级政府部门虽然都响应中央“政府上网”的号召，建立了官方网站，但网站的建设情况却千差万别。一些地方政府及其部门官方网站建设水平之低，使得发达地区的政府及部门根本不可能通过电子政务系统与其合作交流。在通信基础较差的地区电子政务建设往往需要解决更多技术层面的困难，一些地方政府部门尚存有官僚主义作风与“官本位”思想，对于服务至上、效率第一的电子政务系统存在抵触情绪。

目前，一些对互联网安全重要性认识比较深刻的政府部门注重电子安全体系建设，甚至对互联网舆情具有一定的预警能力。但某些部门，不仅保密信息暴露在外网，甚至连最基本的网络防火墙建设都没有完成。当前许多政府部门不重视培养电子信息技术方面的人才，一旦出现信息安全问题，连最基本的防御工作都无法完成。在没有专门信息安全团队，无法短时间内完成信息安全团队建设的政府部门首先要做的工作，就是将内网设备与外网设备分离，有保密要求的信息数据必须在内网设备上操作，不允许接入外网设备，外网设备则不能与内网设备有

任何数据连接；同时要对包括领导干部在内的部门全员开展信息安全教育。

（三）部门间运转不协调、数据公开不及时

不同层级的政府部门和不同区域的政府部门缺乏交流，彼此信息资源不能共享。当前，不同区域的政府部门虽然各自建立了电子政务系统，但电子政务系统之间没有任何信息联系，数据反复备份既浪费空间，也难以充分运用好各级、各区域政府部门的信息资源。即使同一区域不同职能部门，也存在缺乏沟通的问题，政府和公众之间的交流成果得不到充分利用。尽管当前大部分政府及职能部门在工作中都利用到互联网的部分功能，但因为各级政府、不同区域政府、不同政府部门之间电子政务系统仍然存在缺乏实用性、统一性的问题，不但实践过程中没有实现方便公众获得信息资源、获得政务服务的目标，反而加大了跨区域跨部门工作难度。具体到网站来看，许多政府部门的官方网站没有标准域名。不仅如此，当前许多政府部门既有将网页架设在民间商业服务器的，也有架设在其下属单位服务器的。内容也不一致，各政府网站的页面设计没有统一设计，最基本的部门联络方式、政务在线审批及在线服务窗口的页面位置都不一样，公众在进行多部门文件查阅时需要不断适应不同风格的页面布局。一些政府部门为降低成本，将政务公开信息放在商业云服务器上，减少自身运行压力；而另一些政府部门则直接连接到本部门 FTP 设备为网民提供数据下载。这两者虽都不可取，但却苦于没有一个专门为政府部门提供服务的专业数据库。

政务信息公开不完全、内容更新慢。我国政府电子政务系统建设的时间晚于发达国家，基础设施建设不完善，信息技术水平与信息传播理念都较落后，尤其是政务信息公开以及政务服务层面，还有许多进步空间。许多地区的政府部门直至今日只知道在电子政务平台上发布一些新闻信息，或是将出版物上的信息重复发布到电子信息平台上，没有太大的现实意义。一些部门直接将法律法规条文放在网站上，连本部门的政策变动都不及时公告。电子政务系统的作用不能够得到完全发挥。如今，有些电子政务系统信息公开程度较高，对与政府有关的信息更新较快，但对政府部门的工作流程、调研数据公布工作比较落后。应该看到，各地区、各层级政府部门都应该加强电子政务系统中信息公开的完整性与及时性，尤其是对群众关心的热点问题进行全面公开，为公众提供一个更完善的政务信息获取渠道。从当前情况来看，许多地方电子政务系统没有及时显示政府部门的最新政策动态。

（四）缺乏专业人才，工作人员电子政务水平有限

建设并推行电子政务时，必须充分考虑到当前部分公务人员信息技术水平较低的现实，这也是电子政务系统不能充分发挥作用的原因之一。对于那些 20 世纪七八十年代入职的人员而言，让他们通过培训来掌握信息技术与互联网的基础

知识的确有些强人所难，青年人员有基本的信息技术常识与操作能力，但真正拥有专业知识水平，又在管理方面具备潜力的青年人却比较少。当前政府公务员群体信息技术知识结构、平均操作水平与时代的要求有较大差距。在处理政务工作中，许多人或因为怠于思考，或因为能力局限，往往采用传统的思维模式来开展工作，收效不理想。其次是实践操作能力较低，对现代信息传播理论与互联网缺乏基本理解。政府公务人员信息技术水平普遍不高，这一点在计算机应用及操作水平、电子政务系统理解上可以看出。一些技能水平较低的公务人员，仅能通过互联网收发邮件、读新闻，很难完成利用电子政务系统进行信息筛选及大数据分析工作。一些公务人员既没有深入了解信息技术与电子政务的意愿，也没有学习的动力。一些公务人员对电子政务存有偏见，认为下级甚至是群众只要贯彻自己的意愿就行了，电子政务将对自身权力、权威造成损害，从潜意识中有对抗电子政务的意识。

三、创新地方政府电子政务建设，提升行政效率的对策建议

（一）改善地方政府电子政务发展的外部环境

首先，加大电子政务立法力度，优化法律环境。制定相关促进电子政务开展的法律法规，将电子政务开展纳入法律框架内。此外，还要制定协调各地方政府之间的信息互通条例，颁布《电子政务实施条例与规章制度》，这个规章制度包括电子政务建设、政务规章制度、信息安全标准等内容。不仅要增强法律条文的可行性，还要扩大法律的优化空间。从基层政府电子政务的运用层面上看，加大立法力度的主要作用在于为电子政务建设提供指导。同时，各地方政府要按照自身情况制定具有可行性的电子政务评价标准。法律法规要明确电子签名和信息证书具有的法律效用，各部门拥有调整本部门法律的权利，从而为电子政务提供广阔的发展空间。制定落实细则与电子政务信息标准，解决电子政务建设中出现的信息闭塞、各自为政的问题。

其次，促进服务型政府建设，推动各级政府行政管理机制创新。促进电子政务发展，提升政府行政效率，对行政体系进行深层次完善，建立创新、合理的行政制度，从根本上化解政府内部机构重叠、资源浪费等弊端。在发展电子政务时，先对各部门进行整合，促进各部门的合作联系。政府还要建立电子政务管理部门，负责对电子政务有关事项的监察与处理，协调各部门事务，化解部门之间的纠纷，加快电子政务的建设进程。创新政府执政思想，完善决策体系，增强服务意识与法律观念，全面掌握与认识社会发展特点与方向，进一步优化与完善政府管理方式。根据电子政务的实际发展需求，对政府部门进行改善与优化，全面提升政府行政效率；优化部门工作程序，提升政府工作水平；简化部门，放宽权

利，加大监管力度。

再次，开展项目外包，促进电子政务资金多样性。为减少政府在财政上的开支，促进信息技术发展，应促进电子政务资金来源的多样化。开展电子政务建设，就要发挥好市场资源的配置作用，使电子政务成为政府管理的主要内容之一，提高政府政务处理效率，从而从整体上推动信息技术产业的发展。① 利用市场化来凸显各自的定位，发挥各自的功能；政府是用户和建设者，但系统建设者、系统运营团队、电子政务项目监理都要以公开招标的形式来确定承担方，优先考虑对象是独立单位。丰富投资融资方式，借助社会力量来增强政务建设的资金储备，防止出现政府单独出资的困难。受条件与政策环境的限制，要增加电子政务建设主体仍很困难，社会投资人无法从建设项目中看到收益，但相关部门不能因此放弃。反之，相关部门要借助多种方式，积极研究一条以政府为主、社会各界共同努力的电子政务发展路径。比如在政府门户网站的运行上，政府要做好内容监管与政务办理等工作，与运营团队联手促进门户网站的管理。大多数门户网站都是利用网站广告来增加流量，从而获得经济效益，但政府门户网站属于公益类型，在网站页面铺设广告是不允许的。因此，各地方政府应加大对承接企业的扶持力度。

最后，加强对各地区、行业、城乡的协调管理，加大对地方政府电子政务建设的扶持力度。由于自然环境与社会环境的影响，东部沿海与内陆地区在经济发展水平上有很大的差别，区域发展失衡，从而影响到政府建设水平。党和国家极其重视西部地区的发展，由此实施了各种优惠政策，投入了大量人力财力等资源，为西部地区发展奠定了坚实的基础，为西部地区政府行政、部门建设提供大量人才资源与技术保障。与此同时，国家还鼓励东部沿海城市优先发展电子商业，对内陆地区政府发展电子商务提供资金支持，以发达城市带动落后地区，为落后地区提供资金、人才、物质等方面的支援。各地方政府则要根据自身情况加大对电子政务的建设力度，建立全面、联动的电子政务发展体系。此外，还应构建完善的电子政务项目监管机制，对采购、招标、评估等工作环节进行优化，促进电子政务的有序发展。

（二）完善地方政府电子政务发展的内部建设

第一，在标准化指引下开展电子政务系统建设。要打造完善的电子政务系统，就应始终坚持标准化建设，应该和当代计算机与互联网发展接轨。可以看出，标准化是电子政务系统得以有效发展的前提条件，也是电子政务系统建设能够统一的基础。在标准化理念下开展电子政务系统建设，软件的编写、文件的生

① 张勇进. 我国电子政务服务外包建设模式比较［J］. 中共浙江省委党校学报，2008（2）：29－35.

成格式都将实现一致，意味着所有部门、所有区域的电子政务系统都可以实现互联，从而改善了电子政务系统建设的协调性，并为电子政务系统建设内网部分的建设提供良好的技术支持。若是在软件编写、文件生成格式上存在标准不同，那么各区域、各类型的政府部门很难真正落实信息资源共享。事实上，目前我国的确存在着电子政务系统建设标准不一致、缺乏权威标准指导的情况。国家应该在近期出台电子政务系统建设的规范标准，同时按照不同区域、不同类型政府部门在实际工作中的需求，在某些特殊领域一定范围内采用特殊标准，但特殊标准仍需要与国家标准兼容，也就是说国标系统必须能够不经处理直接使用特殊标准下的数据。政府应该鼓励民间有技术能力的个人或企业共同制定电子政务系统标准，使电子政务系统建设与时代更贴近。与此同时，还需要在标准化实施过程中考虑直接使用已经过实践考验的标准。目前来看，许多地区的政府部门都已经为电子政务落实建设了局域网，但这种建设是完全独立、没有协调联动的。无论是从硬件设施还是从采用的软件、数据格式来看，都存在较大差异，甚至出现教育医疗系统多使用免费的 Linux、工程建设系统多使用苹果公司的麦金塔（MAC）系统、财会部门多使用兼容性更强的 Windows 系统等情况。

第二，将内网行政系统与互联网协同工作，加大政务信息公开的落实力度。一是要打造信息化政府，提高政府的信息服务水平、信息服务理念，使得政府提供的信息服务能够突破时间、空间与经济、文化的藩篱，让那些欠发达的地区也可以享受来自现代政府的信息服务。要尽快构建并完善电子政务系统，通过电子政务系统的建设来推动信息化社区建设工作，使得广大人民群众能够享受更廉价、更高质的互联网接入。要始终坚持通过信息化建设来为广大人民群众提供更优秀的信息服务，按照当地的现实环境，构建更有实际意义的信息服务平台，从而为广大人民群众的政治参与提供可靠途径。从目前情况来看，我国很多地区的基层政府都按照《国家信息化领导小组关于我国电子政务建设指导意见》来开展了专门文件网络以及内部局域网、外部互联网的建设。这一建设模式从 21 世纪初开始成为地方政府在建设电子政务系统的标准，但这一标准并不是所有地方政府都需要遵守，而是省级、直辖市政府才需要遵照；对于城镇级别的政府在构建电子政务系统时应该采取什么模式，并没有一个明确规定。在这一模式下打造的电子政务系统，虽说因为各个网络的物理性分隔使得安全性提高，但由于三类网络同步建设需要耗费更多的成本、更多的人力，很难推广到县市级政府。这意味着，县市级政府应根据现实需要，以较为廉价的方式，为公众提供更便捷的政务服务、政务信息供给途径。

第三，建立基层公开综合服务载体。提高电子政务的利用率，是建设服务型政府的有效方式，也是推进公共管理现代化进程发展的重要路径。关于深化电子政务方面的行政体制改革，实际上就是加大行政服务制度建设与信息监督制度建设力度。对省、市、县、镇、村电子政务的标准、信息协议、信息库进行统一，提高政务信息的透明性。各级政府要以新型媒体与传统媒体为媒介，改善公共服务水平，提高各级政府的工作效率、决策能力与管理水平，在建设电子政务过程中优化各级政府的互联网应用能力与信息技术能力。

第四，加大电子政务技术扶持力度。各地方政府要增强信息安全观念，提高抗杀病毒的信息技术水平，为信息安全提供保证。保护电子信息安全的途径主要包括：一是技术方式，以信息技术来增强政府的信息安全能力，比如防火墙、信息证书等；二是将电子技术应用于非重要工作上，涉及机密类的工作通过线下开展。

第五，对电子政务程序进行优化与调整，促进协同办公。各地方政府在实施电子政务时，要对相关信息部门进行整合与协调，联合起来构建联动电子政务管理部门，包括各部门的上级领导、技术人员、信息应用分析专家、知名研究者、企业家、社会普通人群在内。对各地方政府、各政府部门的电子政务发展进行规划，特别是乡镇、社区级电子政务的发展规划。此外，应将各地方政府、政府各部门联合起来，就电子政务发展过程中的问题进行讨论、研究解决方案，全面推进基层政府电子政务的发展。各地方政府要对行政体制进行深层调整与优化，各部门之间加强合作交流，促进部门之间信息共享与传播。对行政体制进行深层次调整与优化，虽然会对电子政务的发展产生一定的影响，短期内加大了地方政府的工作量，但深化行政体制改革能最大限度地促进资源的共享，提高信息资源的利用率与政府工作效率。加强各部门之间的合作与信息共享，各部门要主动共享本部门的信息，对信息进行整合，形成系统的行政信息资源。实施过程中，可先对公众最为关心的信息进行分享，比如地区医疗保险信息、社会保障信息等，使公众真正享受到信息共享的成果。

第六，增强公务员综合能力。强化公务员对信息化的认识，提升公务员运用信息技术的能力，使公务员认识到“信息能够左右事态发展”“信息是科学决策之源”。认识到信息资源基于政府行政管理和服务的积极意义，在日常工作中理会信息的重要作用，使公务员自觉根据政府指导强化对资源应用，给民众提供更多更好的信息服务。未来的政府管理模式应是基于信息的管理，必须注重提高公务员信息技术能力，进一步提升公务员信息水平。随着信息类工作与技术在行政系统中占据越来越重要的位置，公务员作为信息的采集者与应用者，更需要具备较高的信息道德水平。公务员必须遵守相关法律条例与道德标准，保障公民个人信息安全和企业商业信息安全，这关系到政府公信力，以及社会的安定有序。因此，在构建电子政务系统时，各地方政府务必重视公务员信息道德教育。

第六章　政务微信发展对策探究

随着网络的普及发展，使用微信等网络媒介进行社交活动的公众数量急剧上升，这给政府部门处理事务提供了一个新的有效平台。在此背景下，掀起了微信政务热。许多政府机构、社会组织、主流媒体等纷纷进驻微信平台，形成了微信舆论圈。各级政府部门应充分利用网络问政平台改善公共服务，增强用户体验，有效推动政府职能的转变，创新管理和服务关系。[①] 总而言之，在网络飞速发展的条件下，政务微信是政务发展的必然选择。

一、政务微信的发展现状

（一）政务微信发展速度快

政务微信发展异常迅猛，各地政府微信公众号数量直线上升，说明政务微信发展迅速。政务微信不断发展，表现为微信订阅号、微信服务号数量的增加，如广西县级以上政府单位开通政务微信号的总数已超过 150 个。这些政务微信号的关注量也在逐渐上涨，影响力不断扩大。至今，政务微信已是政府部门向外发布信息、提供公共服务、开展政民互动的重要方式。

政务微信正向多层次、多区县、多部门方向发展，广州、上海等一线城市的政务微信已发展渗透到基层单位，呈现立体化格局。在政务微信的层级分布上，区县为主体。由政府统一开通微信账号数量少，大多数集中在政府各职能部门。这些职能部门大都是公共服务、社会管理等功能性较强部门，需要面对面与公众沟通交流。职能部门的创新与探索精神为政务微信的拓展积累了宝贵经验，最终形成多层级、多区县、多部门集群联动。但目前职能部门开通的政务微信多数都是建立在自身职能特点上，没有形成部门跨职能合作的政务微信号，这对政务微信的发展提出了新要求。

涉及部门多。政务微信发展至今，已渗透到了交通、纪检、司法、文化、气象等多个部门，极大地拓展了政务微信的发展空间，微信功能得到了扩展。目前，政务微信账号最多的是公安机关。由于公安政务微信运用起步早，规模比较

---

① 蒋天民，胡新平．政务微信的发展现状［J］．现代情报，2014（10）：88－91.

大，影响在不断扩大。除此之外，在医疗、交通等公共服务性较强的行业，政务微信也得到了有效推广与运用。如交通行业，公众可通过关注当地交通部门的政务微信获取出行信息，为广大人民群众的出行提供了方便。随着政务微信面向的行业越来越广，各个部门的管理方式将得到了创新与优化。

（二）政务微信功能、内容实用性日益增强

大多数政务微信账号都已具有自定义功能，大大改善了用户体验，且这些政务微信经过了权威认证，有利于用户搜索、识别。政务微信功能的完善，有助于改善政府形象，一定程度上使政府的公众亲和力得到提升。根据目前政务微信的情况分析，政务微信功能的实用性虽得到很大增强，但仍有一定的提升空间，需要政府相关部门与微信团队进一步努力。

内容方面，实用性得到增强。政务微信发布的内容有服务与活动推广，这些内容对改善群众生活有很大用处。但也有一些内容从部门自身视角出发，没能充分体现服务性。总体而言，大多数政务微信号发布的内容能从自身工作特点出发，根据用户需要、特性及关注点，从栏目设置到信息内容挑选、策划，体现了政府部门的良苦用心。只有发布用户关心的、实用的信息，才能真正赢得用户的信赖，比如“百警讲坛”“大家来找碴儿”等栏目，就能吸引群众关注。

（三）政务微信“三不够”

政务微信覆盖面广，但地区分布不够均衡。政务微信目前已覆盖全国多个省市，包括港澳地区，以浙江省与广东省为代表，但一些内陆省份政务微信发展滞后。由此可见，政务微信在东部沿海经济发达地区发展较快，政务微信的发展与地区经济水平、文化水平、公共服务意识等因素密切关系。

政务微信层级多样，但各方联动不够顺畅。政务微信发展至今，很多省市政府部门、乡镇政府部门都已加入政务微信大军。相关数据说明开通政务微信最多的行政层级是区县级以下政府部门，而中央机构开通政务微信的数量仅占总数的两成。虽然政务微信层级多样，但大多数政务微信只是“自顾自”，还没有实现跨职能、跨区域、跨部门相互交流与沟通，各部门、各地区间的联动不够顺畅，这不利于各地政务的交流与发展。

政务微信部门众多，信息发布不够权威。目前，很多政府部门都已开通政务微信，一些还没有开通也在准备当中。根据已开通的政务微信来分析，大多与民生问题相关，尤其是公安部门，正快速发展，取得了良好效果。公安机关是开通政务微博账号最多的政府部门，接下来是共青团组织、检察院与旅游部门。很多政府机关已开通了政务微信号，但由于受到“500个微信好友才能认证”这一条件的限制，导致政务微信账号不能及时得到认证，缺乏权威性。一些不法分子恰恰看中政务微信存在的局限性，抢先注册并认证虚假的政务微信号。虚假的政务

微信不仅欺骗了公众，还使政府部门公信力受到质疑，使得政务微信的功能无法得到充分发挥。

二、政务微信发展过程中存在的问题

（一）政务微信缺乏切实可行的内部运行机制

政务微信的重要功能在于发布相关政务信息并与公众用户进行交流互动，大部分政府机关确实将政务微信的这个功能发挥得淋漓尽致，但却疏忽加强政务微信内部运行机制建设与完善。目前，部分政府机关的政务微信并没有专门人员进行维护，只是安排本部门工作人员兼项管理，缺乏专门的运行管理机制。

政务微信的日常维护缺乏专职人员。政务微信作为重要的网络问政平台，其功能主要围绕政府部门的工作需要来设定的，理应有专门的、专业的工作人员对此进行运行及维护，但现实情况并不是如此。由于地区之间与部门之间的发展程度差异，对政务微信的观点也不尽一致，这使得政务微信的运行水平相差悬殊。运行管理工作不专注、不认真的现象依然普遍。即便具备完善的服务功能，也会因为缺乏后台客服的支撑而沦为摆设。①

政务微信管理人员工作时间不稳定。政务微信的运行与管理没有时间节点，需要工作人员时刻坚守，这容易让那些身兼政务微信运行工作的人员身心疲惫，造成其缺乏工作热情。

政务微信工作人员素质不高。目前，很多政务微信工作人员的素质相对较低，这对政务微信的运行及效果产生不利影响。表现为语言组织能力不强，工作人员的语言组织能力直接反映在发布的消息内容上，如用词遣句是否恰到好处、消息是否真实可靠、立场表达是否得当等。除此之外，很多人员没有从根本上了解政务微信，对当下流行的网络用语积累不够，从而限制了政务微信工作的开展。

（二）政务微信目标定位精准度不高

政务微信开通的最终目的是向公众提供政务服务，提高政府执政能力，但一些政务微信将重点放在向公众公示其政绩及政策要求；在地域定位方面，政务微信面向的群体应该是本地用户，但很多政务微信却将注意力放在全国用户身上。忽略了本地用户的需求，缺乏服务当地用户意识使得政务微信在本地没有形成影响力，自然不能为当地群众提供优质服务。功能定位方面，对本部门发展及工作特性没有做出科学合理的评估，对政务微信缺乏深度研究，只将政务微信作为发布新闻、宣传政策方针工具，没有重视其服务性与监督性。政府机关对政务微信

① 徐琦. “数读”首都政务微信的现状与问题［J］. 现代传播，2014（10）：61－65.

功能的开发不能从根本上满足大众需求，加上缺乏完善的内部运行制度，很多功能没有得到真正的发挥，这对政务微信的发展产生消极影响。

除此之外，大部分政务微信由于缺乏实名认证而给不法分子以可乘之机，在社会上造成了负面影响，损害了政府部门形象，公信力随之降低。总体看来，大部分政务微信没有系统规划，认为政务微信就是发发文章、图片，甚至有些政务微信号只开通不使用。很多政务微信发布的信息内容枯燥乏味，不注意呈现方式，甚至政务微信发布的内容与事项脱离，措辞不规范，极大地阻碍了网络问政发展，这一问题急需解决。

（三）公众感知价值与满意度不高

当前，部分政务微信号出于面子工程，形式大于内容，例行公事般发布或转发信息，使得政务微信的功能作用得不到发挥与体现，无法真正成为政府机关的信息传播平台，最终无法为公众提供便利的服务。有些政务微信号维护工作不到位，功能不完善，用户数量很少，有沦为“僵尸微信号”的风险。内容方面，单调、枯燥、生硬，很难引起用户关注，满意度无从谈起。①

政府回复用户不积极。部分政务微信号管理投入不够，缺乏制度化协调与保障。用户关注了政务微信号后，提出问题得到的回复大都是一些书面化形式内容，甚至不能及时回复用户，大大消磨了用户对政务微信的使用热情及信任度。除此之外，一些政务微信平台没有及时进行实名认证或没有投入精力去管理，导致虚假账号出现。不良信息被广泛传播，政务微信的价值得不到体现，用户的感知价值与满意度无法提高。

公众对政务微信不满。政务微信的宗旨是为人民服务，只有公众满意了政务微信号等网络问政平台才能得到长远、有效发展。部分用户对政务微信产生抱怨与不满情绪，主要表现为，用户对政务微信的有效性产生怀疑，认为政务微信每天只是发布一些官方文件，内容也是复制粘贴而来，枯燥毫无创新；着重点体现在咨询、投诉、建议等功能性服务的政务微信号，但用户投诉与意见并没有得到回复，严重消磨了用户对政务微信的使用热情，满意度大大降低。

（四）政务微信与公众互动交流不足

很多政务微信平台都是自说自话，不能与用户形成友好、互动的关系。信息交流是政务微信的重要功能，通过微信平台扩大信息交流有利于提高社会管理质量，获得公众信赖，塑造良好的政府形象。信息交流是双向的，政务微信要求政府机关聆听公众呼声，及时给予回复、处理。但部分政府机构没能正确认识政务信息的积极意义，仅在政务微信平台上发布一些不痛不痒的新闻，忽

---

① 陆南．政务微信应用现状研究——以河南省为例［J］．新媒体，2015（2）：63－65.

视政民互动的必要性。加上有些政务微信的功能相对单一且内容更新频率不高，这种单向的互动也是公众对政务微信满意度下降的原因之一。

政务微信最核心的功能就是提供公共服务，实现手机办理政务的目标。换言之，如果政务微信没有体现双向互动，其手机办理政务的目标就无法实现，政务微信也毫无价值可言。但部分政府机关将重点放在发布消息上面，维护工作不到位，不能切实关注回应公众反馈。

由于受政府机关内部管理、人力及技术等因素影响，很多政务微信无法做到与用户一对一即时互动，对用户的留言不及时回复，对用户投诉不受理、对用户的意见建议不接受。这些问题都是政务微信发展过程中急需解决的问题。

三、政务微信的发展对策

（一）建立良好的政务微信运行管理机制，激发政务微信发展活力

完善的政务微信运行管理机制，是政务微信功能得以充分发挥的基础。在其运行的每一个环节都需要运行机制严格把控，只有这样政务微信才能在一个有序环境中健康、有效发展。按照网络问政平台的发展趋向，未来的政务微信，从推广到运作，从新闻发布到互动服务，必须形成一套高效化、规范化、常态化运行机制。①

成立专门的政务微信运行部门。政府部门可成立专门的政务微信运行部门来对政务微信进行日常维护，只有专门的工作人员对之进行管理，政务微信才能有效运行。该部门的首要任务就是选拔专业人才，对政务微信及网络问政平台有全面的认识，具备较高的职业能力与素质。选拔专业人才，可以从部门中挑选，方面协调，职能也能得到明确划分。这种分工明确、职责指向性强的政务微信运行部门，可以使政务微信更为高效与合理。除此之外，还应制定考核评估制度与奖惩制度，便于提高工作热情及工作效率。

合理安排政务微信运营时间。政务微信的运行需要 24 小人员在线，第一时间了解社会动态与回复用户，即使是节假日时间，所以政务微信号运行管理要科学制定值班制度。根据情况进行排班，确保 24 小时在线，为用户提供及时有效的服务。制定考核评估制度，对那些工作出色的人员给予奖励，以便提高他们的工作积极性。

制定政务微信内容制作发布流程。政务微信发布的内容包含三个方面：便民服务信息、非敏感议题、危机事件。政务微信运行要有科学合理的工作流程，逐渐形成从话题搜集、内容审核、定时发布、信息反馈到线下解决的工作模式，以

① 吕律．中国政务微信运行的现状、问题与对策研究［D］．保定：河北大学，2014：1-42.

提高内容质量与服务质量获得更多用户的关注。

提高政务微信工作人员的素质。政务微信是政府部门与群众对话交流的重要渠道，代表的是政府。对话过程中，公务人员语言表达能力及服务态度等素质至关重要。政府部门可以通过高校与专门从事媒体的专业人士对工作人员进行培训，主要包括政务微信管理理念、传媒理论方面知识，重在提高网络问政平台的管理、运行能力。除此之外，提高工作人员的语言能力十分必要，提升其词汇掌握与运用能力，确保其与公众交流时保持良好的态度，恰到好处。

（二）对政务微信进行正确定位

在网络飞速发展的今天，政务微信已成为政府信息传播的重要渠道。服务性是政务微信的特色，但发展过程中，很多政务微信号并没有突出其服务性，定位不准确不利于政务微信长远发展。

政府机关要对政务微信做好定位工作。政务微信是政府在网络时代传播信息、树立形象的重要手段。作为信息传播媒介的政务微信，政府必须重视。政府应转变管理理念，认识政务微信服务功能的重要性并落实到位，掌握好网络科技并善于运用，端正与民众对话的态度。遗憾的是，仍有部分政府机关的观念比较陈旧，并没有有效利用政务微信来服务群众。

政务微信号应充分结合本地区实情，建设具有本地特色的政务微信。政务微信号应将服务的目标定位当地群众，体现政务微信的地域特色，了解本地群众的真实诉求。只有目标受众定位准确才能制定出满足群众需要的政务微信运行方案，优质的本土政务微信有利于打造良好的政府形象。

打造具有自身特色的政务微信。并不是所有的政府部门都适合利用政务微信办理公务。因此各级政府应客观分析各自的工作特点与性质，考虑本部门是否适合开通政务微信号。那些有重要信息发布并需要与群众形成互动关系的政府机关比较适合开通政务微信，如气象局，可满足群众的出行需要；可通过政务微信平台满足公众办事需求，既可以节约部门的运营成本，又能方便群众，将过去需要现场办理的事务向网络转变。政府机关在打造具有本部门发展特色的政务微信时，应根据自身定位，分析是否需要开通政务微信号，结合本部门的职能进行分析，总结出既有自身特点又能与公众形成良性互动的运行方式。政务微信除了考虑目标受众外，还要充分考虑各政府部门实情，只有这样才能打造出适合本地政务微信平台。

微信运营商应规范政务微信的申请、认证工作。防止不法分子抢先申请政务微信号等情况发生。微信运营商应加强审核工作，对审核资料严格审核，确保真实性。加强政务微信认证、确保定位正确，要求微信运营商制定严格审核标准，注册单位必须出具权威性证明资料，确保注册单位身份真实合法。有效防止“山寨政务微信”的出现，为政府网络问政营造一个安全、可靠的环境，更好地为群众服务。

（三）提高公众感知价值与满意度

政府微信的宗旨是为民服务，其服务质量直接影响公众对政府的评判。因此，政府部门发展政务微信应重视群众需要，认真为群众解决困难。

内容设定要满足群众多方面需要。通过走访了解群众需求，坚持服务型政务微信的发展方针，功能设定上做到多样性，尽可能地满足群众需求。可以开发自动回复与信息查询功能，使政务服务向自动化、个性化方向发展。尽可能开发服务性功能，将线下的政务服务发展成为线上服务，通过位置服务、预约、业务受理、线上支付、在线查询、投诉、评价、监督等功能。扩宽微信办事渠道，方便群众随时随地获得政府服务，提高其对政府的满意度。

在与公众互动方面要做到及时、有效。只有响应迅速、互动及时、操作程序简便易上手的政务微信，才能真正得到公众的赞赏。政府部门要加强对政务微信运行管理的监督，每一个运行环节都要确保有人员在线，强化功能开发，只有这样才能与公众展开及时、有效的互动。

优化微信办事模式，给群众提供便捷服务。政务微信并不是单纯将政府事务由线下转到线上，如果不将线下的服务流程优化，政务微信很难让群众满意。要使政务微信事务办理更为便捷，就要进行运行模式与机制创新、精简流程，改变传统办事模式及服务流程，使之与现代人的生活与工作习惯相符。办事流程烦琐直接影响公众的使用热情与满意度，对政务微信办理事务的流程进行简化、优化十分重要。

政府要重视群众的反馈意见。政府只有重视群众的反馈意见，提高工作责任心与积极性，真正站在群众的立场来思考问题，才能使公众的感知价值与满意度得到提高。政府机关要通过政务微信平台多向用户询问，掌握他们的观点与建议，不断创新选题、丰富内容。通过政务微信平台可以实现信息公布、公众咨询、政务评价、民意获取等，有利于推进政府改进工作、提升政府公信力、占据舆论制高点。

（四）加强政务微信与公众的互动

政务微信发展过程中，只有加强与公众互动交流，提高活跃度，才能避免出现“僵尸微信”，才能更好地维护政府与民众的关系。

提高问题回复的效率。政务微信的回复形式主要分为人工回复、自动回复和人工自动回复相结合的形式。[①] 政府只有及时回复群众的疑问并为之解决，才能

---

① 郑磊. 上海市政务微信发展报告：现状、趋势与启示［J］. 电子政务，2014（9）：16－28.

真正树立好政府形象，获得公众信任。在这方面做得比较成功的政务微信号有“平安肇庆”“晋中公安”等微信号，它们及时为群众解决问题，赢得了较好的口碑。政务微信得到较好发展的表现之一是拥有大量的用户，随着用户数量的增多，如何进行信息交流、互动是政府部门急需解决的问题。可通过开发自动回复功能、优化自定义菜单、建立完善的咨询数据库，为群众提供自助、即时的服务。在自动回复功能方面，应根据公众需要不断更新、丰富关键词，这样可以减少工作量。对于那些比较少见的关键词，政务微信号运行部门应及时向提问者回复。常见的关键词包括天气、户籍、医保等，只要在政务微信平台提到相关词语，就能马上获得相关回复，可提高公众的使用热情。除了完善关键词自动回复功能以外，还要设置好视频、文字、图片、语音等回复形式，这是当下微信用户乐于接受的互动方式，使政务微信的互动更为生活化。

把握好政务微信信息推送频率与时间。政府加强政务微信与公众的互动，要严格把控好信息推送的频率与时间。信息发布的时间要符合公众的作息规律，最好是早晨、下班时间、晚上，这些时间段都是公众上网高峰期，此时发布信息可使信息得到有效传播，易引起公众的关注，激发并提高互动热情。

第七章　政府信息公开与政府公信力提升探究

当前，“公开为常态、不公开为例外”已经成为服务型政府、法治政府运行的基本原则和公众普遍心理诉求。[①] 随着《中华人民共和国政府信息公开条例》的实施，公众的基本信息需求逐渐得到满足，政府信息公开制度不断完善，增强了公众的主体意识，激发了公众参政议政的热情。

一、信息公开对政府公信力提升的积极影响

信息公开化是建设服务型政府的必然选择。增强政府信息的透明性，切实保障公众的知情权、参与权等民主权利，调动民众参与政治决策的积极性；加深公众对政府信息的了解，实现对政府的监督，提升公众对政府的满意度，为建立服务意识高、责任观念强的新型政府努力。

（一）有利于塑造政府形象

目前，部分地方政府存在信息公开落后、回避民众呼声等情况，激发了公众不满情绪，政府形象受损。

增强信息的透明性是防治腐败问题的重要途径。信息不公开容易导致腐败。解决信息失衡性问题，就应增强政务信息的公开性，全面保障民众的知情权，增强民众对政府信息的了解与认识。从普遍意义上讲，掌握信息的一方更具有发言权与管理权。伴随社会现代化程度的不断提高，公民意识不断强化，信息公开不仅能调动公众参与监督的积极性，还能对公务人员起到警醒，提高政府公信力。

推行政务公开既能和谐政府与民众关系、维护政府良好形象、加快服务型政府的建设进程，又能全面保障公民的民主权利。信息公开制度建立以来，我国在保障公众知情权、加强政府监督上成效显著。在信息技术不断提高、社会经济不断发展的新形势下，广大群众参与决策、监督的意识不断增强，要求政府依法执政，推行政务公开、满足民众诉求的愿望愈发强烈。

建立责任型、阳光型、透明型政府是提高政府公信力的重要途径。要实现这

① 李少军．让政务公开成为常态［N］．学习时报，2014－12－1（1）．

一目标，政务信息公开很重要。通过政务信息公开，公众实现了知情权，及时了解政务信息，充分满足了广大人民群众的信息需求，有助于政府赢得社会各界信任，是提高公信力的重要工作。民众对信息的需求越高、越多元化，政府就愈要提供高质量的公共信息。只有向公众提供更多、更高质量的公共服务，政府的公信力才会不断提高，才能在工作过程中赢得广大人民群众的支持。①

（二）有利于制约和监督行政权力

通过政务信息公开，公众有效监管公权力运行，亦能有效督促政府及公务员依法行政。经济发展状况较好的东部沿海城市，很早便意识到政务信息公开的重要性，在20世纪90年代末开始通过信息技术手段公开政务信息，但更多的地方未曾开展政务信息公开工作，直到2008年《中华人民共和国政府信息公开条例》的施行，才使这一制度确认下来。

应始终坚持依法执政理念。要始终坚持依照法律法规开展各项工作，包括立法、执法、司法，以依法治国的理念推动中国法治化进程，通过法律法规确保党的方针政策落到实处。新的环境下，为了提高党的执政能力，就要坚持依法治国、科学决策、民主执政，这是社会主义民主政治发展到一定程度后的必然结果。民主执政与科学决策需要坚持依法执政。依法行政是党多年来的执政经验总结，是根据当代国家社会及政治发展做出的重大创新，也是公权力正确运行的原则依据之一。我们必须从提高党的执政水平、夯实党的执政基础、确保中国特色社会主义事业等方面，深刻认识到依法行政理念的重要性，通过多样化的工作手段，持续改善各级政府的依法行政能力。

增强政府信息的透明性是保障民众知情权的集中体现，也是调动公众参与政府决策积极性的有效措施。只有公民的基本民主权利得到保障，政府才会严于律己、依法行政；在法律合理范围内行使政府职能，增强政府行政的有序性与规范性，有效遏制贪污腐败问题的发生，从源头上杜绝政府官员在思想、工作上的不良行为。

政府信息公开作为一种“阳光行政”机制，将有效遏制滥用公权力行为。在信息高度公开的背景下，社会公众、司法机关以及公共媒体能够随时跟踪公权力动态。在公共权力运行背离公共利益时，能够立即引入监督、问责、追责机制，不仅有效监督政府行使公权力行为，最大限度地避免贪腐造成的各种社会问题②，更能够对公务员产生足够的威慑力，净化公务员队伍，使公务员能够依法、依程序行使公共权力。

---

① 蒋录全，吴瑞明，王浣尘. 电子政务中的政府信息公开［J］. 情报杂志，2004（4）：53－54.

② 任慧敏. 信息公开对政府公信力建设的影响研究［D］. 中南大学，2012：28－32.

信息公开制度是在相关法律法规制度的前提下建立起来的，该制度主要涵盖了公共权力运行的范围、行使规则等。英国经济学家弗里德里希·奥古斯特·哈耶克认为，政府无论采取何种强制措施，都需要建立一整套健全的、程序明确的法律法规系统来确定该措施的范围和性质，该系统应该能够确保人们能够在制定计划的过程中，以信任政府工作为宗旨。

（三）有利于提升公众对政府信任度

政府决策与官员行为在广大民众心目中的影响力与号召力，以及公众对政府的认可度与信任度，即为政府公信力。政府应加强与民众的联系，深入到群众中去，增进相互之间的了解与认识，加强政府与民众之间的沟通与合作，以推动和谐社会的建设进程。

政府公信力包含两个层面上的含义，一是政府信任，二是政府信用。政府是人民反映意见、提出诉求、自身利益得到满足的主要实施对象，政府形象的高低实际上是民众对政府态度与信任度的折射，政府官员的言行举止是政府形象的具体表现，民众对政府评价的好坏决定了政府公信力的高低。政府具备良好的形象，不仅有助于提高政府工作效率，还能从整体上保障社会的长治久安。

与此同时，政府公信力赋予了政府行使公权力的合法性。虽然公共权力与公信力并不是一个维度，但两者间存在着紧密的关系。一旦政府的公信力受到了损伤，那么政府必然难以顺利行使公共权力。因此，政府需要在群众中树立积极的政府形象，为广大人民群众提供良好的公共服务，使广大人民群众信任政府、支持政府，唯有如此，才能进一步促进政府工作的有效展开。政府公信力是现代公共治理结构中的连接点。当前，政府、社会组织以及公众三大主体已然成了新型公共治理的“关键支点”。政府与民众之间精诚合作、相互认可、相互信任的社会氛围，让现代社会不再将经济、政治、文化、个人领域以及公共领域泾渭分明地划分开来，而是有机整合成为新型公共治理结构，最终超越了地域、领域的界限。政府作为最权威的社会主体，承担着调整社会分配的重要任务，但在事实上，社会资源的最优配置是市场调节。许多社会组织主动在市场中传递各类信息，这也体现出了基于诚信的公共治理结构已经真正建立在市场、政府、社会组织三者之间。唯有在政府公信力完备的背景下，与当代社会环境契合的公共治理结构方能形成。①

信息时代的到来，让信息成为社会发展与社会关系调节的主要力量，信息不仅能够促进市场经济效率的增长，还能有效调整社会各阶层的利益关系。以媒介作为传播平台，在突发事件发生之时，政府第一时间对外公开澄清信息，使民众及时掌握事件的来龙去脉，了解政府的政策动向，消除民众疑虑，抚慰民众情

---

① 吴威威．良好的公信力：责任政府的必然追求［J］．兰州学刊，2003（6）：24－27．

绪，同时还能增加民众对政府的谅解与宽容，减少政府实施新政策的阻力，提高政府公信力。由此可见，推行政务信息公开制度，是全面保障公众知情权的举措，更是构建政府与民众信任关系的桥梁。

（四）有利于促进政府行政能力提升

2008年5月1日施行的《中华人民共和国政府信息公开条例》意味着政府需要对自身的信息资源使用及治理工作进行变革，并建立健全一整套符合该条例要求的行政治理流程。事实上，对于政府来说，各地各级政府之间的信息流通，将有效改善政府决策的科学性、合理性，确保政令的统一性、全面性、整体性。与此同时，统一的信息资源管理将有效整合信息资源，避免对已有信息进行二次处理，从而浪费其他资源。

若是政务信息不公开，那么即便政府出台的公共政策本身是正确的、科学的，但因为普通大众缺乏对其依据的了解，就很难真正认可政策，更毋论配合政府落实好公共政策——这也意味着政府在落实政策的过程中，需要付出更高的代价，但效果不见得更好。反之，在政府主动公开政务信息的背景下，广大人民群众就能够深入了解决策的初衷、制定过程、科学依据，那么公众在面对问题时就会更为客观，即便是有异议也会按照程序提出，而不是通过不合作态度抗议。这样一来，就能够提高各地行政机关的工作效率，让民众更深入地了解公共政策的重要性，提高他们对政策的认可度。与此同时，再积极合理的政策，也会与现实问题存在一定的差异，或是在实践过程中出现突发状况，这就需要政府收集社会反馈后，才能够针对现有政策中存在的问题进行适当调整。①

政策的透明度与稳定性对一个现代国家来说，是发展政治、经济、文化、社会的基础，只有在政策信息透明化和稳定化的前提下，公众才能够深刻理解公共政策目标，并做出正确的预期。此外，一个明确的预期将有效遏制市场上的短期投机行为，推动经济长远发展。若是政策一直处于不公开或是半公开状态，其预期受益者只有政府或公务员，这也导致投资者难以相信能够通过长远投资获得更丰富的回报。在实践中我们可以看到，越是政务信息公开工作做得好的地方，政府公信力也就越强，也就越能吸引投资和项目，发展得也就越好。

二、我国政府公信力建设中信息公开存在的问题

（一）政府信息公开制度不够健全

美国学者诺斯说："制度是一个社会的游戏规则，更规范地说，它们是为决

---

① 易晓阳，罗贤春. 电子政务信息资源共享的法制保障研究——基于《政府信息公开条例》与《政府信息公开条例专家建议稿》的比较研究［J］. 图书情报知识，2008（2）：20－24.

定人们的相互关系而人为设定的一些契约。”① 只有遵照这些契约，才能使政府和社会沿着良性循环的轨道运转。制度建立的局限性也是导致政务公开难以实施的主要因素之一。2008 年施行的《中华人民共和国政府信息公开条例》，这项条例是政务公开制度建立的开端，目的是加大对政府及部门人员的监督管理，但就现实而言，实践成效并不符合预期，未能充分满足群众的基本需求。部分地方政府在应对公众诉求、政务公开的事项上，往往以“信息不便公开”等作为推卸的理由。与此同时，由于没有建立畅通的沟通平台，政府部门之间缺乏应有的交流联系，协作能力较低。制度本身的局限性抑制了政务公开机制的发展，影响了公众对政府的评价，降低政府公共形象。

（二）政府信息公开的保障力度不够

政务信息公开在许多方面还有待完善，而其中最重要的方面，就是实现公众的知情权。我国在 2008 年开始施行《中华人民共和国政府信息公开条例》，将信息公开明确为各级政府的义务工作，但在实施过程中在不同的地域和部门却出现了较大差异。某些地方政府及其职能部门喜欢搞形式主义，信息公开花样繁多，内容却不尽不实；部分地方政府及职能部门认为只要解决了群众的切身利益问题、让群众满意就行，却忽视了信息公开的制度建设。

从目前情况来看，政务信息公开在落实过程中带有较大的随意性，公开的信息内容由信息公开主体自行决定，这导致公众迫切希望得到的信息始终难以获得；广大群众没有自主选择的权利，更不要说深入到政策决策过程中。与公众生活、公共利益息息相关的信息始终难以从政府处得到；即便是公众能够得到政务信息，这些信息事实上也只是行政结果，行政决策到行政落实的信息往往不会向公众透露。

（三）对信息公开存在认识偏差

政府部门是公共利益、公共权力的掌控者，这就意味着政府在公共权力过程中扮演着统筹者角色，使得社会各个阶层能够保持一种平衡、稳定的状态。民众从政府获取信息后，存在主观性和客观性偏差，容易造成对政府的误解，形成沟通隔阂，从而影响对政府公信力建设。② 政府可能会在各种外部因素以及思想观念的影响下出现决策失误，而少数公务人员在思想上根本没有服务大众的意识，眼中只有仕途，追求个人私利的最大化。在这一背景下，政府自然无法正确界定自身的角色以及权力范围，从而影响了政府的公信力。与此同时，政府扮演的角

---

① 道格拉斯·C. 诺斯. 制度、制度变迁与经济绩效［M］. 上海：生活·读书·新知三联书店，1994：3.

② 祝小宁，白秀银. 政府公信力的信息互选机理探究［J］. 中国行政管理，2008（8）：118－120.

色将直接影响信息传递情况，影响公众满足自身的信息需求。

政府之所以能够成为社会公众共同推举、委托的代言者，是因为社会公众认为只有在权力集中的情况下，个人才能够通过集体的力量获得更多的利益。然而在现实中，我们却常常可以发现，因为决策制度、监管制度以及信息公开制度上的缺位，未能落实到位，加上政府及公务员本身的行政工作缺乏程序性和规范性，所以公众有时很难通过正常途径满足自身利益诉求，导致了公共危机爆发。与此同时，部分地方政府及官员在公共危机爆发时，未能及时寻找解决方案，回应民众需求，而是想方设法地封锁，避免对自身仕途造成负面影响。这种消极的应对方式显然难以满足公众的利益诉求表达，甚至会激化矛盾、酿出更严重、影响更大的群体性事件，最终导致政府公信力受损。除此之外，随着全球化、信息化的不断深化，公众的诉求也呈现出多元化发展态势，公众对政府提供公共服务、政策科学性、行政事务效率的要求也越来越严苛。在这一背景下，政府若不能及时满足公众的需求，也会导致公众对政府的认可度降低。

三、基于信息公开下提升政府公信力路径选择

政府信息公开，是政府积极推行政务公开、维护公众权利的具体体现，也是促进政府信息制度建设、提高信息透明性的有效举措。推行政务公开制度，有利于加强对政府官员的监督力度，防止腐败，在很大程度上保障了公众的切身利益，提高了公众对政府的信任度与认可度。由此可知，实行政府信息公开制度在政府管理过程中扮演着重要角色。

（一）提升政府信息公开关注度

转变执政理念，树立正确的政府信息公开观念，加强政府信息公开。[①] 强化政府信息公开工作，需要把转变观念和改革思路作为工作的基础和关键。根据马克思主义基本原理，行为本身是思想观念在现实世界的客观体现，唯有积极而正确的思想观念，才能够指导人做出正确的行为，进而提高群众对政府的认可程度，最终不断提高政府公信力。思想转变指的是要彻底转变以往对政务信息公开不科学的、偏激的、片面的认识，从“官本位”、官僚主义思想向民本位转变；而政府的职能从管理、管制逐渐向服务转移，政府本身也将从全能型政府逐渐转变为有限型、责任型政府。历史上，农奴制度和封建专权主义长期占据着主导地位，“官本位”思想正是这种封闭式组织结构下诞生的产物。以官僚式组织结构形成的政府，采取封闭式管理模式来治理社会和维护自身利益，在其看来，只要将社会治理得井井有条，就算是履行了职责。如果所有信息都要对外公开，那么

---

① 杨春宇. 政府信息公开与政府公信力建设问题研究［D］. 吉林大学，2009：30.

工作将很难开展。我们在建设透明政府过程中，难免受到这种观念的阻碍。领导干部和公务员应该彻底转变观念，建立“权为民所用、情为民所系、利为民所谋”的思想，将“全心全意为人民服务”作为根本宗旨。在进行决策制定、公共产品生产时，保障政务处理的公正性与高效性，提高公众对政府的满意度。

与此同时，各地各级党政机关中仍不同程度地存在官僚主义等问题，希望通过垄断信息，将手中的权力变成谋求私利的工具，导致政府公信力受损。

（二）增加政府信息公开透明度

积极公布政务信息，将有效推动政府公信力发展。鼓励公众参与到决策制定中来，是政府提高形象、增强公众满意度的有效方式。而要确保广大人民群众能够真正参政议政，就应让其获得足够的信息，使广大人民群众了解政府的工作与公权力运作。让公众参与到公共政策制定、公共热点问题讨论，集思广益，形成建设性意见，让广大人民群众从观念上接受公共政策与体制机制改革。要强化政府信息公开，建设透明型政府，就要清晰界定信息公开尺度与范围。诚然，《中华人民共和国政府信息公开条例》界定的政务信息公开范围包含除国家机密、商业秘密、个人隐私以外的所有信息，但对于公开的程度，条例却未详细论述，“国家机密、商业秘密、个人隐私”这样宽泛的概念很容易让一些人找到借口。所以，可以将信息公开的范围明确为除法律法规规定不应公开的信息，其他一切政务信息原则上都应该公开。现今，科学地界定政府信息内容的界限，是政务信息公开工作中亟须解决的重点工作，政府需要加大信息公开力度，提高公众对政府的信任度。

（三）增加政府信息公开时效性，提升政府公信力

提高信息公开的时效性，政府尽可能在有效的时间内及时对民众公布信息，提升政府公信力。①

与此同时，政府还应主动回应来自社会的各类诉求，满足公众的合理需求，使公众切身体会到政府为民服务的宗旨，在实时了解政府信息的过程中，提高对政府的信任度。

（四）加强政府信息公开力度与监督

政务信息公开将有效改善政府与民众之间的关系，政府与民众之间的沟通能否得到实质改善，取决于政府公开信息的真实度、准确度。从目前情况来看，我国社会主义市场经济仍或多或少地受到计划经济体制的影响，许多职能部门信息工作采取自主收集、自主处理和管理的方式，导致政务信息割裂，无法形成科

① 敖翔. 信息公开对政府公信力影响的实证研究［D］. 电子科技大学，2013：39-40.

学合理的信息系统。信息本身的可信度大打折扣，民众很难判断信息的真伪，无法真正了解信息。

部分政府或官员为了维护个人仕途，选择隐瞒公共信息甚至是虚报、误报信息等，导致政府信用受到损害。

政府信息公开的准确程度还可从信息主题及信息接收者回应中看出。政府应积极公开信息，注重公开信息的实质、对象及实际收效。通过各种方式来收集公众对公开信息的看法，以便进行调整，保证信息公开的全面性与深度，从而更好地将政策落实到位。

从思想层面上来看，政府信息公开工作需要广大公务员提高自身思想水平；从现实层面上来说，积极的制度约束将有能力保证信息公开的合法地位，从而让信息公开更为及时、更为准确。诺斯认为，制度本身是一个社会运行的基础，也是人们彼此之间确定相互关系与活动方式的规定。制度使人类在社会、政治、经济、文化互动的过程中逐步形成了思维定式，从而能够更为规范地进行交流。我们可以看到，制度对社会的发展有着深刻影响，而政府公信力建设需要一个积极和完善的制度来保证其顺利地展开。

首先，应建设确保政府信息充分公开的新闻制度。政府信息公开应拥有一个独立的法律法规，这是世界各国建设透明型政府实践的宝贵经验。政府信息公开的主体不应该仅仅是政府本身，还应包括民间监察机制。

其次，建立健全的行政问责追责制。针对政务信息公开不全面、迟缓、瞒报、错报等问题，必须追究相关职能单位及其领导干部、负责人、操作者的责任。行政问责的本意，是要政府及领导干部慎重行事、慎重言论，时刻警醒。该制度在一定程度上约束政府的行为，约束公权力的运行轨道，同时避免官员通过不正当手段来操纵公共权力，提高公共权力的透明度。该制度不仅让政府的自我约束有法可依，也让群众有能力直接对政府进行监督。

最后，是监督管理制度，也就是从制度上确保信息的公开化程度。问责制度想要贯彻落实，必须依靠监督制度。由于受“官本位”传统观念的影响，部分政府公务人员缺乏对公众负责的意识，不喜欢面对人民群众和传媒，尤其在出现危机的情况下，一些官员更是将媒体和公众的信息诉求视为洪水猛兽。所以，我们应通过制度来规范政府及其人员的行为。通过包括专职监督部门、传媒、公众三大主体组成的监督网络体系，让政府能够始终在制度的约束和激励下开展政务信息公开工作。

第八章　政务公开背景下政府形象塑造探究

政府形象是政府在服务公众、推动发展、提升国际竞争力等方面在公众心目中综合性的反映。[①] 政府形象是政府的行政软实力体现，是政府组织系统在运作中，即在自身的行为与活动中产生出来的总体表现与客观效应，以及公众对这种总体表现与客观效应所做出的较为稳定的公认的评估。[②] 推动政务公开，从而提高政府形象，汇聚民心，促进经济社会又好又快发展具有重要影响。

一、优化政府信息传播机制是政府形象塑造的重要保障

（一）努力贯彻执政为民的行政价值理念

信息技术的飞速发展，政务环境发生重大变化，政府部门必须更新理念，适应发展和变化。由传统的管制型政府向服务型政府转变，使政务更加公开透明，创新思路谋发展，树立具有公信力的政府形象。

一是践行公共服务取向的行政模式。依托个人与社会管理部门的联合而加以创新与提升的行政模式，异于传统政府管理的一种行政模式，不仅注重服务数量的多少，更注重服务水平的提升与最大限度地满足民众的需求，以及公众基本权益的实现。

二是突出“以人为本”的政府管理理念。要时刻将民众放在最重要的位置，实现民众的诉求，这需要政府做到：在工作理念中植入服务观念，将服务大众作为工作核心。明确政府权责分配的同时，增强官员的责任感。拥有的权力越大，背负的责任也就越大；无论做什么工作时，必须是公众为先，切忌为了所谓政绩罔顾公众利益。加快民主化进程，满足公众知情权，进一步公开政务，使公众得以监督政府工作。

（二）完善政府信息公开机制

政务公开可以加强政府与公众的联系，提升政府形象，保障公众在社会政治中的参与权得到全面维护，民主权益得到真正实现。为健全信息公开制度，政府要从以下几点来着手。

---

① 陈胜利. 政府形象塑造：动因、价值和路径［J］. 湖北社会科学，2011（12）：23－26.

② 胡宁生. 中国政府形象战略［M］. 北京：中央党校出版社，1998：18.

1. 要扩大政务信息公开内容，完善信息公开形式

随着民主化进程不断推进，公众维护自身权益以及参与公共事务的愿望也在不断提高；政务公开及公共参与有利于民主化进程的发展，也是有效的社会管理方式。在这种情况下，政务公开的范围要扩大，内容要丰富、详尽，方能有助于政府良好形象的树立；反之，敷衍、含糊，只会使公众出现负面情绪。

一是公开什么样的政务方面，政府需要将政府的组织结构、各部门权责分配、流程详尽介绍给公众，以便公众了解政府运作，根据实际情况提出意见，实现参政议政的目的。

二是公开政务的手段方面，各地方应结合地方特点，以多元化手段公开政务，并加以改善。定期在各单位派发党报，在各部门办事处的显要位置开设政务信息栏公布最新政策方针；对政府的官方站点架构多下功夫，用信息化手段处理政务，建设网上政务处理系统，提高工作效率；定期召开座谈会，让社会各界及时了解最新信息。

2. 实现政府信息发布的制度化和法治化

对于信息公开及相关制度，政府应构建完善的配套法律制度来予以保障，使政务公开有条理、有秩序的发展。

一是形成相应的制度。政府要摆正心态，将公开政务视作满足公众知情权的服务。政务公开工作要始终保持“公正、公平、公开”，将维护公众权益作为政务公开的核心理念。要保证这一理念得到贯彻，就有必要架构相关规定对政务公开进行约束。虽然目前有不少政务公开规范使这项工作得以有法可依，这些规定的出发点确实是为了更好地做好政务公开工作；但我们也要看到，落实过程中执行者出于政绩等因素，往往会“上有政策下有对策”，将制度架空。为维护政府良好形象，必须正视这些问题，不断完善制度，加强制度的执行力度。

二是配置相应的法律机制。政务公开是建设法治社会的主要内容之一，要建立相配套的法律机制来促进政务公开的全面落实，将其纳入到法制规范的范围内。应制定发布相关的法律法规来保障政府政务的公开，保障公众知情权的实现。

二、完善政府与公众的沟通机制是政府形象塑造的重要基础

沟通是平等的，也是相互的。在政府提供政务信息的同时，公众也可以及时对信息的态度进行反馈。因为政府需要依据公众态度调整政务工作。传统的行政思维下，公众通常只能被动接受政府提供的信息，意愿无从表达，这使得公共参与政务无从谈起。长此以往，不利于政府树立良好形象，工作也难以得到民众的支持与配合。为避免这一局面，我们需要从下列几点入手。

（一）提高政府与公众互动式沟通意识

随着民主化进程的推行，民众的自我意识增强，意味着政府需要放低姿态树立与公众平等交流的观念，改变传统的行政工作方式。

就政府部门而言，需要将传统行政工作思维转变为公众服务思维，将工作的出发点定位于民生；改变“一言堂”的政策制定方式，收集民众意愿，给予公众公共事务参与的权力，以此促进依法行政进程。就民众而言，要学会以法律手段为自己争取权益，主动参与公共事务决策。

（二）搭建政府与公众互动式沟通平台

在当前政务公开已蔚然成风的形势下，需要为双方交流营造有利的氛围及环境，政府应创建互动式合作交流机制。

为搭建互动式交流机制，应朝下列方向努力：首先，利用媒介如出版社、报纸杂志、广播电视网络等定期公布最新政务消息。其次，面对面与公众进行沟通，开展街道茶话会，与基层民众进行沟通。各企事业单位定期开展公共事务讨论活动，以党支部为基地，收集社会各界的意愿。最后，应建立在线公共事务决策系统，宣传我国民主化进程，唤醒公众参与公共事务的意识与积极性。

（三）拓宽政府与公众沟通渠道，拉近距离

公众民主观念不断增强是国家政治民主化进程发展的体现，政府与民众之间的交流机制亦变得更为顺畅。为保证公众的知情权与参与权，政府应更多地就规划等政策制定咨询相关专家，听取公众意见。吸取社会各阶层建议，接受社会大众对政府的监督，如此才能更好地做好本职工作。

政府与民众常常被烦琐的程序所阻碍。由于传统行政流程仍未完全改变，政府与公众之间的沟通难以顺畅。政府应尽量简化办事流程，使交流顺畅。

（四）创新政府与公众互动式沟通方式

政府要更为优质、高效地管理社会，与民众的沟通方式非常重要，这是保证政务顺通的关键。在以往行政工作中，各部门通常会以会议、文件或其他方法与民众沟通；在通信技术及互联网成熟的当今社会，复杂的社会环境要求政府与时俱进，开拓更多的沟通交流手段。

当然，开拓更多的手段不能武断地将原有方式彻底淘汰，而应在保有原方法优点的情况下，结合新手段，多样化发展。利用原手段的优势，优化与公众的沟通方法。

三、提高公职人员公关意识和责任意识是政府形象塑造的重要前提

政府部门人员的行为能对政府形象造成直接的影响，因此，加强政府部门工作人员职业道德建设是树立政府良好形象的主要内容，政府部门工作人员的政治道

德水平的提高一定程度上会提升政府对民众的服务意识。可见提升政府部门工作人员形象基于服务型政府建设的重要性。

（一）提高公务员队伍素质，强化廉政建设

政府部门工作人员对外代表政府，政府的形象从政府部门工作人员的日常行为举止中表现出来。由此可见，政府部门工作人员的素质水平对树立政府形象的重要性。

政府部门工作人员的综合水平大致可分为道德水准与工作水准，而道德水准具体而言，又可以划分成为政治素养、思想水平以及道德水平。就政治方面而言，政府部门工作人员一定要具备较高的思想觉悟和坚定的政治立场。思想水平上，政府机关工作人员必须要有崇高的使命感；道德水准上，一定要两袖清风，忠直为本；工作能力上，能够高效完成本职工作，精益求精；进行社会管理工作时，注重依法行政，从而提升政府的公信力。

当前，反腐倡廉虽取得了一定的成效，但从严治党惩治腐败不是一日之功。特别是在经济社会急速发展的今天，反贪腐形势不断变化，反贪反腐不是一朝一夕的事情。不仅需要政府的努力，还要依靠民众雪亮的眼睛进行监督，不断进行反腐反贪教育，培养公务员的自制能力。

（二）强化政府公职人员公关意识和服务意识

良好的公关意识和服务意识对政府部门工作人员的行为具有积极的导向作用，引导他们以正确的思想态度来和公众进行沟通交流，从而维护好政府形象。正确认识政府与公众之间的关系，提高为人民服务的责任感，培养公关意识与服务意识。

由于受“官本位”思维深深影响，部分公务员自觉高人一等。公务员一定要树立公仆意识，竭尽全力为公众服务，使群众对政府工作产生认同感，方能树立政府的良好形象。

（三）落实权责一致观念，提高政府公职人员责任意识

政府公务人员代表人民群众行使权力，权利与其承担的义务是对应的，即权责一致原则。各部门要加强培养“权力有多大，责任就有多大”的思想意识，遏制公职人员滥用权力的行为，进行社会管理工作时认真论证、小心实践，确保政府形象不受损。

四、建立健全政府与媒体之间良性互动机制是政府形象塑造的重要保证

政府与媒体有效结合，执政理念得以宣扬，公众在知情的前提下参与社会管

理。[①] 进入21世纪，由于新媒体的出现，政府与传媒的关系不可避免地产生了变化。在新形势下，我们必须在下列几方面持续提高。

（一）转变政府管理理念，充分发挥新兴媒体的宣传作用

在新媒体环境下，微博、博客等新型传媒一经面世就受到广泛应用。政府应该在巩固传统媒介影响力的同时，勇于尝试使用新型传媒。强化政府的正面影响力，将其与常规媒体结合，避免危机舆情的出现。

（二）改变政府媒体的传统沟通管理模式

面对传媒，政府的姿态与思路都需要改变：第一，应提高对新型媒体的关注度。第二，应对公众不理智的言论进行疏导，避免火上浇油。第三，各地方各部门应学习掌握一定的公关技巧，与媒体接触时不至于手足无措。

（三）正确处理政府与媒体关系问题

政府对传媒负有管制责任。新闻工作者要谨记专业操守，不偏不倚地报道客观事实，做好本职工作。

五、加强政府形象维护和评估工作是政府形象塑造的重要内容

随着全球化进程的不断加快，政府政务公开程度不断提高，政府要加强与公众之间的交流联系，重视政府系统内的公共关系学教育，重视政府形象维护与评估工作。

（一）强化政府形象设计工作

在网络技术日益发达的今天，政府的形象规划工作必须跟上时代。如何获得一个良好口碑、权威的政府形象，必须遵循信息传播的科学性，切忌急功近利。政府形象的规划关键还是核心理念：政府最终以一个什么样的形象为公众所熟知。

首先，确定核心理念。核心理念对公众而言是其理念的高度集中，用最简短有力的标语将政府的执政理念及工作方针阐释明白。

其次，确定具体工作方针。在确立核心理念后，就要根据理念规划出具体的工作方针，为日常工作做出规范，这一规划涵盖工作体系、公务员行为守则等。

最后，确定直观形象。政府形象不单通过公务员的具体工作体现，各地方各部门的办公地点与识别信息也是重要的传播途径。

（二）落实政府形象评估工作

良好形象的树立应该将设计、实施、评估三者有效结合起来。在形象设计与实施过程中要确定评估指标，并对其进行跟踪调查，便于反馈，及时解决

---

① 张庆洁. 全媒体时代的政府形象塑造与舆情危机应对［J］. 传媒，2012（2）：71－72.

问题。

如何对政府形象进行评价？主要针对四点：政府的公关能力、构建能力、软实力增长及与传媒的沟通。对政府形象的评价对规划工作来说非常关键，它能够全面提升政府形象规划工作的有效性，为其他地区的政府形象规划工作提供宝贵的经验，更重要的是，持续改善政府形象。

第九章 网络环境下政府决策科学化与政府公信力提升

进入互联网时代，政府所要面对的形势日益繁杂，政策制定影响因素趋多。客观、可行的政策方案能有效促进各项公共事务的开展，科学化与民主化日益成为政府工作的基本特征。政府政策制定的科学化水平与政府公信力的提升有重要关联性，而政府公信力的提升对于政府决策的科学化发展、顺利实施与目标实现有着重要的保证作用。

一、政府决策科学化的内容与意义

决策科学化是指决策内容与实践方式符合实际情况与发展规律的要求。政府应打破传统经验主义的牢笼，增强决策的科学性。

首先是放权。这项工作的重点，是要充分调动广大人民群众的主观能动性，积极推动政府职能转变进一步激发市场活力和发展动力，使改革红利惠及更多群众。其次是决策的外部环境出现了广泛而深刻的变革，政府在决策过程中需要面对更多因素及更大的不确定性，对决策本身的要求越来越高，决策过程中出现了大量前所未有的新问题、新现象。这些情况决定了必须坚决摈弃旧的决策模式，无论是决策方式还是决策办法都要及时更新。①

（一）行政决策科学化的基本内容

决策科学化，就要使决策模式、决策流程以及决策手段不断朝着科学方向发展。在建设决策系统的过程中，需要建立健全落实部分、信息收集部分、询问部分及监管部分，形成一整套完整的决策系统，最终实现政府决策科学化的目的。要按照决策本身的客观规律与决策对象的实际情况，一步一个脚印地开展决策工作。要充分运用自然科学和社会科学的前沿理论，帮助决策者开展相关工作，让决策能够如同其他工作一般，拥有一整套完善的理论可以参考，甚至成熟的政策模型帮助决策。通过上述工作，我们不仅可以判断决策问题的性质及客观规律，

---

① 余曙光，邓浪．我国政府决策科学化民主化的探索［J］．西南民族大学学报（人文社科版），2005（8）：165－169．

还能够以系统化的思维来解析复杂的问题；通过现象看本质，明确问题的中心所在，衡量价值高低，从而实现科学决策。

决策程序应符合法律法规的要求，通过科学、有序的决策环节，充分保障民众的政治权利。广泛搜集大量信息，在分析、整理、筛选、论证的基础上，按少数服从多数的原则，将个案探讨与整体研究联系在一起，进一步增强决策的准确性。

（二）行政决策科学化的意义

政府开展行政管理与科学管理的目标都是提高决策的科学性，而对行政决策进行理论分析与探讨的主要目的也是提高决策的科学化。提高行政决策科学化对理论探究与政策的执行落实都有着极其关键的影响。

1. 满足行政决策有效性的需求

就行政管理本身而言，大致可分为两大部分，首先是制定决策方案，其次是将方案贯彻落实，所谓行政管理即制定决策方案—落实方案—继续制定决策方案这一循环过程。作为一种实践活动，主要是将思想落实到位的过程，为了提高决策方案的成效，必须确保决策者及时获得有效信息，从而确保决策方案的正确性、可操作性与科学性。要确保行政管理工作的实效性，不但要强调贯彻落实，更要确保政策方案的可操作性。

2. 推动社会持续稳定发展的重要力量

当前，我国正处于社会转型期，这给政府的日常管理工作带来了极大的挑战。对此，行政决策过程中更需要政府部门人员具备强烈的责任意识及较强的行政执行能力，推动社会沿稳定、和谐的方向发展。

与企事业单位的决策活动相比，行政决策的级别较高，影响更深刻、更广泛。政府的行政决策在很大程度上影响着社会的方方面面，且影响力持久，对区域及国家有着重大意义，尤其是与国家、民族、社会发展息息相关的战略决策方案；其目标、落实手段及具体内容，都会直接对社会的稳定与公民的个人利益产生影响，一旦失误，负面影响深远。因此科学决策对行政决策有十分重要的意义——决策是否科学，直接决定了各级政府行政工作的成败。

当前社会所呈现的利益关系较之前更复杂，各种行政决策执行期限缩减，需要调整、更改的次数增加，政府决策工作难度增加。根据社会不同发展阶段的情况进行快速、有针对性的决策是政府的主要工作内容之一。

3. 降低非科学化行政决策带来的不良影响

存在失误的政策方案将会在贯彻落实的过程中对行政机构本身、国家、社会产生许多负面影响。第一，行政机构将在政策决策失误的影响下，公信力受损。第二，政策的失误容易导致社会不稳定，对社会的运行造成损害。第三，政策失误将对经济发展造成负面影响、阻碍社会发展。最后，政策失误将耗费社会资源。

4. 满足市场经济的发展需求

在中国特色社会主义市场经济体制下，政府亟须建立一套完整的、公平的、有效的调控机制。政策反映了行政机关对社会提供公共产品、公共服务的侧重点，也体现出当前行政机关对经济、社会发展的引导，对经济、社会、文化、政治等多个社会领域产生意义深远、范围广泛的影响。所以，政府在制定战略性政策方案时，往往存在较高的风险，稍有不慎，将使社会各领域遭受严重损失。从这个角度看，通过制度来确保政府决策科学化，是绝对必要的。

在社会经济不断发展、公众民主意识不断强化的情况下，民众参与政治决策、了解政府内部信息等方面上的愿望越来越强烈，主要目的是满足自身的根本需求。

随着社会结构的不断调整与利益格局的不断变化，政府需要面对的问题越来越复杂。对此，政府应始终坚持以公共利益为根本目标，深入到群众中去，了解群众诉求，认真倾听与采纳公众意见，以提高行政决策水平。依据法律要求，公民可以在合理范围内以各种方式和平台来参与国家经济、政治、教育等方面的事务管理，充分享受公民的民主权利。要确保公共决策民主化、科学化，就一定要正视广大人民群众参政议政方面的权益。

党的十八大报告中提出，科学的、民主的政策制定是推动中国特色社会主义民主化进程的重要内容，各级政府部门及领导干部要充分征求社情民意，并认真向专家学者咨询决策有关的理论知识，尽快制定好一整套完善的民主科学化政策制定机制。打造一个能够体现民众意愿、汇聚人民群众智慧的新型政策制定系统，改善政府决策能力与决策质量。

二、网络对政府决策科学化带来了新的挑战

电子政务的开展对政府管理而言有利也有弊，一方面，它提高了政府决策的科学性与有效性，增强了政府的管理效率；另一方面，管理过程中出现的问题有被放大的风险，进而影响社会的稳定和谐。对此，政府应加大对网络环境与科学决策之间关系的关注度，深入探究导致问题的根源，并给予相应的措施对策。

（一）政府科学决策面临网络信息真伪辨别的困难

要确保政府决策科学化，就必须收集大量的、真实的、客观的信息。互联网的技术条件可以帮助信息更快传递，使各界更好地沟通交流。然而，我们也必须看到，互联网同样存在许多严重的缺陷，如封建迷信遗毒在互联网中死灰复燃、垃圾邮件屡禁不止，甚至个别别有用心者在互联网中大肆宣扬虚假信息和谣言，

威胁社会和谐稳定。与此同时，海量信息的涌入对公务员造成非常大的压力，甚至出现针对政府公务员的恶意言论和人身威胁。随着广大人民群众越来越积极地参与到政务决策当中，人们对政府信息公开有着更高的质量要求。诚然，政务信息公开能够为反腐倡廉提供有效帮助，有效拉近政府和民众之间的距离，但同时也给政府部门带来更大的压力。

作为决策基础，信息的重要性显而易见。所谓的“霍布森效应”，是源自欧洲的一个真实故事：欧洲马贩霍布森让客户挑选放在马圈中的马匹，由于每一个客人都只能够选择最接近出口的马匹，所以购马人基本不可能选到自己真正属意的马匹。[①] 在我们的工作中，有些现象与“霍布森选择效应”相似。在信息并不全面的情况下，决策者基本上不可能做出正确的决策。

信息之所以存在问题，主要是收集信息的渠道和方式不同，对信息的全面性、真实性造成一定的影响。在收集信息的过程中，信息的真实性程度直接决定了信息的准确程度。广大人民群众辨识信息真伪的能力，和他们获得信息的准确与否息息相关——而信息本身是否真实，则取决于信息扩散者、发布者的初衷。在某种环境中，政府很有可能因信息真实性问题而受到一定损失。尽管舆论风暴有可能在博弈中逐渐平息，但初始信息的失真，让政府的科学决策和民众的参政议政无法得到最初期望的效果。

（二）政府科学决策面临数字鸿沟

通过互联网使民众参与到政府决策过程中，在理论上可以确保决策的公平、正义。然而，就现实情况来看，互联网在发展的过程中呈现出一定的信息鸿沟，这直接导致各地区、受教育程度不一的民众在参与政治生活时存在深度、广度上不一致的问题。近年来，我国互联网获得了突飞猛进的发展，但与此同时，出现了非常严重的信息鸿沟现象。互联网政治的高度发达，有可能间接剥夺一些公民参政议政的合法权益。互联网及相关信息技术的发展带来的影响是双方面的：一方面，部分民众能够充分利用互联网的便捷性，以更高涨的热情参与到民主政治生活当中，以更加积极的姿态行使自己的合法政治权力；另一方面，尽管互联网覆盖率不断提高，但仍然有部分地区因自然条件所限无法使用互联网，也有部分地区因区域经济状况不佳，民众没有能力购买上网设备——换言之，由于这些地区的大部分民众受各类主客观因素影响无法接入互联网，因此他们也就失去了通过互联网参政议政的能力。

近年来，我国农村地区网民总数已突破亿人大关，但仅是我国农业人口总数的小部分。这从侧面说明了，作为农业大国，中国的农民群体受制于较低的知识

---

① 王献波. 决策谨防“霍布森选择效应”［J］. 中国医药报，2008（7）：1.

水平，在通过互联网表达自身利益诉求及意愿方面，水平较低。当前，参与到互联网政治生活的网民群体，大部分还是以收入较高且较为稳定、文化素养较高、知识面广且结构完备的青年群体为主。这种结构上的严重失衡制约了互联网提升政府决策科学化。在中国，近九成的域名注册地点为经济较为发达的东部沿海地区。有调查显示，即便是在网民群体中，由于社会地位、价值观念、年龄、阅历、生活状态等因素的不同，也会导致不同阶层出现信息鸿沟。信息鸿沟的存在，直接降低了互联网参政议政的公平性、公正性，使政府难以通过互联网民意来实现科学决策。互联网参政议政成为政府科学决策重要基础，公众拥有利用互联网表达个人意愿的能力，这和民众的经济水平、信息技术运用水平等素质有紧密联系。事实上，经济能力越强的社会阶层，互联网的普及程度就越高，这是信息鸿沟出现的直接原因。少数有经济能力购买互联网设备及拥有较好信息技术水平的民众，就有能力通过互联网充分表达个人意愿，行使参政议政的民主权利。但对于无力购买互联网设备或是信息技术能力欠缺的民众来说，由于无法享受互联网参政议政的便利，慢慢就会失去对政治的兴趣，更由于无力争取属于自己的合法权益，渐渐选择放弃争取。①

（三）政府科学决策面临网络“民意”代表性的困境

在信息时代背景下，人民群众通过互联网参政议政过程中还会出现一个重要因素：互联网中的“民意”，是否代表着民众的真实意愿，能否体现公平正义。该因素将对政府决策的科学性产生重要影响。

事实上，网民意愿，只能代表其所在社会阶层的民意与利益诉求，却无法表达其所在社会阶层以外民众的意愿——换言之，在互联网中无法掌握话语权的社会阶层，就无法充分表达自身真实意愿。从这个角度看，政府在决策过程中通过互联网收集的社情民意，不能完全代表所有人的意愿，致使公共决策无法充分体现民主性与科学性。

据调查统计，七成以上的网民是35周岁以下、文化水平较高且多数生活工作于东部沿海地区的青年人，拥有稳定收入的白领阶层占据了很大一部分。然而，中国的人口结构仍然是以农业人口为主，鉴于农业人口的平均文化水平和信息技术应用能力普遍不高，往往很难加入互联网参政议政大军中。所以，互联网参政议政有一定的狭隘性甚至是不平等性。换言之，如果政府要通过互联网收集真正有代表性的、有广泛公平性的民意信息，就必须要建立健全一套为各阶层民

---

① 徐晓林，刘勇，赵刚. 软科学研究机构在政府决策中的功效、困境及对策研究［J］. 中国软科学，2006（5）：26－33.

众所认可的机制体制。①

“经济基础决定上层建筑”。民众通过互联网参政议政表现出一定狭隘性与不公性，要从经济发展入手，为西部与农村地区打下坚实的经济基础，摆脱当前城乡、东西部地区发展二元化的窘境，迅速提高农村与西部地区民众的信息技术应用水平。除此之外，健全相关制度，确保各社会阶层的民众拥有相对公平的维权环境。这是信息时代背景下实现政府决策科学化的必然途径。

三、加强和改进政府决策科学化提升政府公信力

电子政务的不断发展与普及，为增强政府决策的科学性提供了坚实的技术与组织保障。以电子政务的发展规律为参考依据，从下面几个方面来提高政府决策的科学性：

（一）提高政府的科学决策意识

思想是行为的先导，所以在促进政府决策科学性的过程中，必须彻底解放思想。正视互联网参政议政的发展，树立科学执政思想，使广大人民群众能够有序地参与到政治生活当中，使互联网民意充分体现出真实性、公正性，为政府决策科学化打下坚实基础。唯有在电子政务真正发挥作用的背景下，广大人民群众才能通过互联网参政议政，充分表达自身意愿，而政府才能够通过真实的互联网民意来增强公共决策的科学性、民主性、客观性。

在互联网参政议政不断发展的背景下，政府要确保公共决策科学化发展，必须要在主观意识与客观环境上下功夫。所谓的主观意识，指的是政府在决策过程中体现出的民主思想、科学决策思想、多元主体协作思想、服务思想等。对于政府决策而言，一个科学的主观意识，主要体现在结合马克思主义基本原理及其中国化成果、互联网信息技术及我国的现实情况，充分运用科学理论来开展动态化、理性化决策。

所谓的民主思想，指政府应该正视来自广大人民群众的意愿，并关注他们的切身利益，鼓励他们通过各种渠道参政议政；所谓的多元主体协作思想，指政府应该积极与包括普通民众与社会组织在内的公共治理主体开展合作，在沟通交流中了解民众的意愿，让广大人民群众提出的建设性意见能够及时反馈到决策者手中；所谓的服务思想，指政府必须始终坚持“以人为本”决策理念、“全心全意为人民服务”的宗旨，尽全力贯彻科学政策，使广大人民群众享受更多更好的改

---

① 徐晓林，刘勇，赵刚. 软科学研究机构在政府决策中的功效、困境及对策研究［J］. 中国软科学，2006（5）：26－33.

革开放成果。①

（二）建立适应电子政务发展的决策配套制度

由于制度的基础性与指导性，因制度不健全导致的缺陷，将对受制度约束的事物造成深远的负面影响，这也是为何我们在促进政府决策科学化时，先要健全决策制度的原因所在。

第一，建立一整套完善的民意反馈机制，以便在互联网广泛普及、信息技术高速发展的背景下，能及时与广大人民群众进行交流。该制度不仅让政府更深入地了解社会现实情况与民众真实意愿，更让广大人民群众明白党和政府对民生的重视。

第二，建立起完善的政务信息公开制度与听证会制度。任何关系到广大人民群众切身利益的重大决策，就必须坚持正面公开原则。通过互联网等渠道，使广大人民群众了解相关信息，并在广大人民群众普遍了解决策信息的情况下征求民意；在必要情况下应召开公共听证会，保证与会民众的代表性、公正性，使政府和民众之间能够面对面沟通，在沟通中找问题、解决问题。在信息技术高度发达的今天，听证会甚至可以网络为平台，从而降低会议成本、提高会议效率。

第三，政府应该建立一套完善的咨询机制。专家学者通过长期的深入研究，对政策有深刻的理解，专家学者的专业意见，往往是广大人民群众了解政策内容的重要途径。在信息时代背景下，我们能够就更多方面的政策咨询专家学者甚至是普通民众的意见，充分保障政策科学性。还应健全决策论证与决策评价机制。诚然，通过近年来的不懈努力，政府在决策过程中正体现出越来越强的科学性、民主性，但这并不意味着我们可以轻视针对决策方案的可行性论证与落实数据分析；相反，更需要通过便捷的互联网手段开展决策论证与评价工作。②

（三）建立适应电子政务发展的决策机制

就政府角度来说，科学决策系统是由多个机制组成，其中涵盖了信息管理机制、多元协作决策机制、决策落实机制、决策监督机制以及决策问责追责机制。这些科学决策系统，能够为政府决策科学化提供有效引导。所谓信息管理机制，指要在开展决策活动之前，收集来自不同社会阶层民众的声音，并筛选其中有效、真实、客观信息，确保决策使用的信息依据始终全面、真实、有效。

所谓的多元协作机制，指在制定政策、落实政策乃至评估政策等工作中，都要让包括社会组织与普通民众在内的多元公共治理主体参与其中，充分运用好民

---

① 吕俊杰．政府决策科学化和民主化的制度创新研究［J］．学术论坛，2013（1）：54－59.

② 陈涛，赖敏．电子政务促进政府决策科学化民主化的机制研究［J］．赣南医学院学报，2010（5）：132－133.

间智慧与民间经验，帮助政府实现科学决策。而决策落实机制也需要来自社会各界的积极配合，确保决策能够顺利落实到位。[①] 所谓决策监督机制，指政府的专职监管机构、司法机关及社会组织、广大人民群众都要广泛参与到决策的全过程中，严格监督决策行为，避免因错误决策损害广大人民群众的切身利益。所谓决策问责追责机制，其建立的初衷是为了有效降低决策失误风险，在决策中体现出更强的科学性。问责追责机制明确了决策者的职责、权利与义务，将责任落实到人，使得决策者在决策过程中能够始终以谨慎态度开展相关工作。

按照科学决策系统的核心理念，政府应加快互联网舆情应激机制的建设速度。该机制需要各级政府及所有职能部门始终对互联网舆论保持一定的关注度，在互联网舆情事件发生的第一时间，激活应急预案，以正面积极的姿态面对公众，以全面真实的信息取信于民。互联网舆情应激机制，使政府能够第一时间安抚公众情绪、澄清不实谣言，占领公共舆论的战略高地。

（四）改善政府决策中民主参与的秩序

诚然，近年来广大人民群众通过互联网积极参政议政，有效推动了政府决策科学化发展，但与此同时也出现了不少问题，特别是民众在通过互联网参政议政过程中表现出来的无序性问题。民众通过互联网参政议政需遵循科学、真实、客观、理性等要求。然而，现实生活中，受当前信息技术所限，信息在准确性与安全性方面难以得到切实保障，且由于互联网超越时空的特点，使得信息辨识更加困难。通过互联网散播谣言与虚假信息的现象日渐泛滥，导致正常的参政议政活动受到限制。广大人民群众也难以在海量的、繁杂的信息中辨识信息真伪，导致互联网参政议政活动因缺乏真实性、有效性，最终让政府难以通过互联网实现决策科学化。各级政府及职能部门要在管理互联网的过程中实现渠道畅通、回应及时、处置迅速，使政府能够在决策过程中拥有真实而全面的信息依据。不仅如此，还应建立政府与民众之间的长效互动机制，通过该机制规范广大人民群众通过互联网参政议政的具体行为，提高广大人民群众的媒体素养，从传播环节上消除虚假信息的生存土壤。而所谓“长效”，是指该机制必须拥有高度的持续性和稳定性，使得政府能够时时刻刻与广大人民群众联系在一起，及时调节各阶层民众之间的利益纠纷，充分利用好民间智慧。与此同时，我们还应该使用实名制来运行互联网参政议政平台，使得每一个网民在发表个人意愿、表达个人诉求的过程当中，都能够对自己的言论负应有责任，减少虚假、谣言等消息出现。所谓的实名制不需要网民在互联网中以真实身份发言，只是作为一种后台信息管理备份。网民在正常参与政治生活的过程中，其身份不会被泄露，但若从事不法情事

---

① 刘剑明. 创新社会治理机制：从单方强制到多元协作 [J]. 行政与法，2007 (11).

时，就能够通过后台信息备份中的实名身份认证，进行问责追责。[①]

（五）完善民主参与的法律保障

增强自我约束性是电子政务对公民的基本要求，公民要从道德与法律两个层面来规范自身的行为。公民在提高道德规范意识，强化法律责任观念的同时，政府应对其给予法律上的保障，制定与落实《中国公用计算机互联网国际联网管理办法》《互联网信息服务管理办法》《计算机信息网络安全保护管理办法》等法律文件。其中，《文明上网自律公约》重点强调了网民的责任，要求公民在个人利益与集体利益发生矛盾时，将集体利益放在第一位，不恶意散播谣言，不纵容网络舆论的滋生。法律在约束公民上网行为的同时也要给予相对的自由性，鼓励公民积极通过网络来参与政府决策，发表意见或建议，充分保障公民的民主权利。

四、为电子政务环境下政府决策科学化提供必要的物质条件

第一是人力。作为制定政策、落实决策的具体工作者，决策者的综合能力很大程度上决定了决策科学与否。决策者的综合能力涵盖收集信息、辨识信息与利用信息的能力，还包括对决策方案的理解能力、灵活掌握决策的能力等。对于负责贯彻落实决策的一线工作者来说，由于公共治理的侧重点不一，其决策重点也不尽相同。这就要求一线工作者需要深刻理解决策内涵、认可决策方案，并坚决贯彻落实到位。不仅如此，随着一线工作者综合能力的不断提高，他们更容易在落实决策的过程中发现决策内容的不足之处，迅速为决策者提供相关信息，确保决策体现出更高的科学性、灵活性与可行性，最终实现决策目的。所以，必须重视公务员队伍的教育培训工作，不断提高公务员综合素质水平。

第二是财力。任何缺乏财力支持的事物想要得到实质进步，都是十分困难的，互联网参政议政也不例外。政府要确保决策科学化，离不开互联网参政议政这一重要推动力，而互联网参政议政的发展需要信息技术基础，信息技术的发展需要稳定的财政后盾。从这个角度上来说，政府想要推动决策科学化发展，就必须对信息科技创新提供必要的财力支持，从而更好地引导互联网参政议政走向客观与理性，确保互联网参政议政始终为广大人民群众最根本的利益服务。与此同时，政府还应为互联网欠发达地区重点提供财政支持，尽力让全体民众都能够通过互联网表达意愿和诉求，推动政府决策科学化发展。

第三是物力。电子政务运行成本较传统参政议政渠道低，但并不意味互联网

① 陈涛，赖敏．电子政务促进政府决策科学化民主化的机制研究［J］．赣南医学院学报，2010（5）：132－133.

参政议政不需要物质基础就能发展起来；相反，唯有在设施健全、政策到位的情况下，互联网参政议政才有实现的基础，才能够确保政府决策始终朝着科学化方向发展。

第四是信息本身。政府应该确保决策过程中尽可能选用可靠、高效的信息作为依据。信息是科学决策的必要条件，但在实际工作中，信息不全面与信息失真是每一个决策者都必须要解决的问题。鉴于霍布斯效应的存在，决策者在信息不全面的背景下，只能够做出科学性极其有限的决策甚至是放弃决策。诚然，随着互联网的普及程度越来越高，决策者拥有了更为丰富的信息资源，但鉴于互联网毕竟和现实世界有所不同，决策者在面对海量信息时，必须面对辨别信息真伪这一难题。信息存在不全面与失真问题，归根结底还是因为信息收集中存在的差异性，通过不同途径收集的信息，其真实程度也不同。从这个角度来说，信息的真实程度与信息源有着十分密切的联系，而民众判断信息真伪的素养同样影响着政府信息收集工作的实效。对于一条信息来说，发布者本身的初衷很大程度上决定了该信息的真伪，政府应紧密联系广大人民群众，尽可能获得最真实、最有效的信息。①

我们必须要通过健全信息管理机制来推动政府决策科学化发展。对于决策体系来说，信息管理工作十分关键，政府的一切决策方案都应该通过信息管理机制来制定。唯有如此，政府才能够客观正视当前社会的现实问题，了解来自人民群众的真实意愿。应持续强化针对信息管理机制的建设工作，确保政府能够通过信息管理机制得到及时的、精确的、全面的数据。从这个角度来看，信息管理机制应具备收集信息、分类信息、归纳信息与总结信息功能，使决策者能够得到准确高效的信息依据，促进政府决策科学化发展。

---

① 陈涛，赖敏. 电子政务促进政府决策科学化民主化的机制研究［J］. 赣南医学院学报，2010（5）：132－133.

第十章 政府公信力提升视角下的网络舆论事件应对研究

当前社会处在转型期，社会各群体间的利益分化与矛盾冲突不断凸显和集聚。近年来，网络重大舆论事件增多，影响范围增大，影响程度深远，彰显了互联网对政府公信力带来的机遇和挑战。优化舆论事件应对机制、形成开放性对话机制、进行舆论事件议题管理和信息发布等是提升政府公信力的重要方面。影响政府公信力的因素众多，伴随着互联网的出现，网络舆论事件逐步成为政府公信力影响的重要因素之一。由于网络舆论传播快、波及面广，扩散迅速，容易成为人们讨论的热点。①

一、网络舆论事件的诱因

随着信息技术的不断发展，越来越多的网络舆论事件映入眼帘，频率越来越高，给我国的互联网环境乃至现实社会都造成了较大的负面影响。

（一）网络迅猛发展方便了民众交流

对于民众而言，互联网丰富了人们的舆论方式。可以利用计算机、手机、平板电脑，通过短信、彩信、视频、音频、微博、空间及即时交流软件进行公开或半公开的沟通、交流。信息技术的不断成熟，不仅使民众可以便利地表达利益诉求，而且使互联网成为公共舆论的主流平台。

（二）民主参与意识不断增强

随着改革开放逐渐深入、民主化进程推进，民众开始利用互联网参与政治生活、表达利益诉求。互联网的出现降低了民众参政议政的成本，使普通民众拥有了平等的话语机会。这种话语权的平等与民主意识的觉醒，很大程度上成了互联网舆情的基础。

（三）社会转型期各种矛盾的凸显

随着我国经济体制、社会体制改革持续推进，社会、经济、文化都有了长足进步。然而由于处于社会轻型期、市场的社会再分配功能减弱，贫富差距加大、

---

① 尚文静. 公共事件网络舆论发展态势与应对［J］. 社科纵横，2013（6）：88－90.

贪腐等社会负面现象等因素的刺激，民众往往会选择互联网发泄心中的不满。加上信息技术的不断成熟，人们往往会在第一时间将一些公共突发事件的信息通过互联网发布，吸引更多人的目光，从而扩大事件的舆论影响。

（四）缺乏畅通的诉求表达机制

随着我国社会转型的深入，不同利益主体之间的矛盾凸显，传统的利益诉求表达渠道因成本过高、耗时较长，无法满足民众日益增长的利益诉求表达需要。当长期累积的利益诉求遇到互联网这个相对自由、公平的舆论平台，就像一直积蓄着压力的气球终于找到了释放压力的出口，民众纷纷通过互联网表达利益诉求。在这一背景下，互联网舆情的出现也就不足为奇了。

二、政府应对网络舆论事件存在的问题

面对互联网舆情发生，各级各类政府部门虽然能够较有效地利用公共资源，但也存在内部交流不及时、信息传递不畅的问题，导致应对不力、决策失误。有鉴于此，面对互联网舆情时，各相关部门应将下列几点作为主要抓手。

（一）应对取决于行政裁量

所谓行政裁量，指政府部门在自己的法定权责范围，可以对某一件事情，根据自己的判断进行处理。而在处理互联网舆情时，各地方政府与相关部门的应对却值得商榷。第一，不少地方政府采取不正面应对的方式来处理互联网舆情：一方面是事发突然、反应不及所致；另一反面则是对民众意见的轻慢。第二，应对过于迟缓。按照传播理论，正面回应舆情的最佳时机是事发后的第一时间，然而不少地方政府对于舆情的回应往往并不及时，甚至过于滞后。第三，应对舆情的方式方法有误：不少地方政府面对辖区出现的舆情时，有一种“鸵鸟心理”，没能以一种正面、负责的姿态回应民众。相关部门这种互联网舆情的处理方面不仅得不到民众的认可，甚至会导致公信力下降、损害政府的形象。

（二）应对程序缺乏规范

互联网舆情发酵极快、爆发力与影响力极强，这就要求政府部门在应对互联网舆情时反应要快、方式方法要得体。在互联网舆情尚未发生前，政府相关部门应先行制定完善的应对机制，在舆情出现时迅速应对，平复事件。就目前情况来看，互联网舆情事发后的四个小时，是政府采取措施的黄金时间段。然而，不少地方政府及相关部门甚至会采取瞒报、虚报事件信息的方式处理互联网舆情，导致事态恶化。从制度上来看，当前缺乏一个负责监控、分析、预测舆情的专门机构，无论是硬件层面还是软件层面，缺乏有力的技术支持，很难形成行之有效的互联网舆情快速应对机制。如果等互联网舆情发展到某个临界点时，才开始介入，那么此时的舆论引导工作就会变得非常艰难，且收效甚微。

（三）信息公开不透明

从近年来互联网舆情事件我们可以看到，绝大多数舆情事件的诱因都是因为相关部门未能充分满足民众的知情权导致的。在信息时代之前，政府可以依靠资源优势封闭信息源，直到事态得到控制再选择性公布相关信息。但在“人人皆为自媒”的信息时代，这种突发公共事件处置方式只会导致政府的公信力下降、形象受损。换言之，相关部门在应对互联网舆情时的姿态，直接决定互联网舆论的情绪走向。因为利益诉求表达主体众多且立场不一，加上资源有限，很多时候政府很难做到完全的信息公开、透明。除此之外，部分地方政府认为对民众的回应只会造成猜忌和不信任，所以这种回应是不必要的，最终导致政府公信力受损。

（四）责任制度缺失

应对互联网舆情，首先要做的是确认责任主体。一些互联网舆情事件爆发后，作为第一责任主体的地方政府很多时候是隐报、瞒报甚至是封锁事件信息，这种“此地无银三百两”的处理方式反而会让民众误认为事件的背后有不为人知的因素，继而让各种各样的谣言、揣测出现在互联网当中，最终导致互联网舆情风暴。当事部门在互联网舆情事发后的沉默，一方面担心事态扩大，最终需要承担事件责任；另一方面则是试图用不回应的方式将事态平息。然而，在新兴媒体大行其道的信息时代，相关部门暧昧不明的态度反而会丧失互联网话语权。这时候就算相关部门愿意正面回应，往往也于事无补。我们可以看到，在一些互联网舆情事件当中，直接责任人往往不被问责，而这些责任人往往就是需要做出回应并平息事态的人。要知道，政府不仅要做好舆论导向工作、保证社会安定繁荣，更要履行信息公开、满足民众的知情权职责。但就目前来看，这方面的问责制仍然处于空白状态，个别地方甚至存在“此处下台、他处高就”的现象，问责制度落不到实处。

（五）相关法律制度不够完善

互联网是一个自由、隐秘的信息交流平台，其传播、发布信息的特性给互联网信息管理带来了极大的挑战。与此同时，日新月异的互联网技术更新，使得相关的立法工作变得更为艰难。在互联网舆情事件易发的背景下，我国政府早在21世纪初就设置了专职机构，为做好互联网舆论导向工作做准备。与此同时，工信部也颁布了一系列关于互联网信息审核、发布的标准、管理制度与法律法规，如《全国人大常委会关于维护互联网安全的决定》《互联网信息服务管理办法》等。各地方政府也根据本地区互联网发展的实际情况，制定并颁布了关于互联网舆论的一系列地方法规。然而，由于我国尚未出台针对互联网舆论的全国性法律，所以各地方政府颁布的地方性法规收效十分有限。我国虽颁布并实施了针对突发性公共事件的《中华人民共和国突发事件应对法》，但因为互联网舆情的导火索繁多、原因复杂，这部法律实际执行施用尚处于探索阶段。

三、政府应对网络舆论事件法治化的具体措施

所谓机制，是指各种机构组织内部的运作、发展。本节从互联网舆情事件的应对出发，探讨针对互联网舆情事件的长效机制，分析互联网舆情的化解手段、控制方法，为我国政府引导互联网舆论提供理论依据。

（一）建立网络舆情反应引导机制

1. 构建互联网信息监测机制

互联网舆论的变化是受舆论事件本身及政府应对情况影响的。唯有在舆情爆发之前，提前搜集互联网信息，方能确认当前民众最为关注的问题是什么，多数人持什么态度看待这些事的。建立一个公信力高的互联网交流平台，通过信息技术手段，筛选出最热门的关键词，与民众实时交流。满足民众的参政议政意愿，在交流过程中获取反馈信息，为决策方案的制定提供依据。政府应尝试将监测过程中某些节点的技术工作，交由民间的专业互联网企业完成。如此一来，既能够在舆论焦点出现时及时获得相关信息，也能减少政府在人力物力上的投入。建立信息分级标准，涉及敏感信息分级分类传达相关部门，利用交流平台进行回应；及时屏蔽明显不符合事实的虚假信息，在最短的时间内完成舆论引导工作。

2. 构建互联网舆情预警机制

通过收集、筛选、汇总、分析互联网信息等，对互联网中有可能成为舆情事件的信息进行预警。在舆论引导及回应等工作的配合下，该机制将有效减少互联网舆情爆发的可能性，能够在舆情爆发不可避免的情况下降低其负面影响。当然，互联网舆情预警是一个非常烦琐而复杂的工作，需要互联网、媒体工作者、相关专家学者及政府工作人员通力协作才能完成。要构建一个完善的互联网舆情预警机制，就必须吃透互联网舆情的爆发原理，在互联网热门话题中寻找可能成为导火索因素。同时，要针对不同层次、不同平台的互联网信息，建立专门的预警体系，通过初步判断、二次分类及深入研究等程序，完成某个热门话题的舆论走向预测，使得下阶段的工作能够有的放矢地开展。最后，政府应建立互联网舆情预警专职机构，组织培养专业的互联网舆情预警人才队伍，24 小时不间断监控互联网信息，以求在互联网舆情爆发时或是爆发之前及时将信息反馈到相关部门。

3. 构建互联网舆情应对机制

网络舆论虽然声势浩大、影响广泛，但却是可以引导的。虽然互联网当中，人人都有能力发布、传播信息，但大多数人还是更信任来自正规门户网站和政府机构官网的信息。所以，政府必须利用好主流网络站点的舆论导向功能，发布权

威信息、澄清不实传闻、回答民众的问题。做好信息公开工作，通过加快互联网法治建设、改善技术手段、加强新兴媒体自我管理、加大政府部门的监督力度等措施，建设回应迅速、客观公正的互联网舆论宣传阵地，以使在互联网舆情爆发后及时发布权威信息、引导舆论方向。提高媒体从业者的思想政治水平，促使传统媒体与新兴媒体从业人员自觉做好舆论把关人的角色。在重大公共事件发生时，正确处理好新闻报道与敏感信息之间的关系，坚决维护社会繁荣稳定大局。与此同时，要在舆论引导的过程中注意方式方法，避免粗暴的方式或语言，以免造成民众对媒体的反感。晓之以理、动之以情，感化民众，使公共舆论更加理智、客观真实。

（二）建立突发事件新闻发布机制

1. 进一步做好信息公开工作

要满足民众的知情权，就必须在制度上做好政务信息公开。《政府信息公开条例》就是为了通过政府信息公开，满足民众知情权而制定出来的制度。该条例实施 6 年来，我国在政府信息公开方面有了一定进步，但仍存在公开意识不强、缺乏明确流程等问题。这些问题不解决，将影响信息公开工作。要解决这些问题，首先要从观念上入手。政府及其工作人员必须意识到，一个透明、公正、公开的政府，才能够推动民主化进程，确保经济社会的可持续发展。因此，相关部门应本着“非国家机密信息一律公开”的原则，转变原有观念，做好信息公开工作。其次，要制定切实可行的信息公开流程。按照现有规定，政府信息可以分为可公开、可部分公开及机密信息。但在如何确认这几类信息的性质上，现有条例却没有明确规定。所以，相关部门应根据实际情况，抓好条例的细节，为政府公开信息提供制度依据；在满足民众知情权、参政议政权利的同时，构建良好的政府民众关系。

2. 完善现有的新闻发言人制度

早在 20 世纪 80 年代初，我国就实行了新闻发言人制度。对于民众来说，新闻发言人是党和国家政府的代表，具有极高的权威；新闻发言人制度在维护社会稳定、密切政府与民众关系上发挥了重大作用。必须坚持新闻发言人制度不动摇，并制定翔实的新闻发布预案，确定新闻发布的内容、方式、对象、人选等。其中，最重要的就是人选问题，新闻发言人必须要有坚定的政治立场、专业的媒体知识及敏锐的公共关系触觉，才能够在资讯发达的信息时代发出响亮的声音。与此同时，必须明确新闻发布流程，以便在公共事件发生后的最短时间内召开新闻发布会。必须坚持以事实为基础、在最短的时间内通过精炼的语言表达党和政府的态度和立场，并实时关注事件的最新情况，在适当的时机发布真相，澄清事实。最后，要根据上一阶段工作效果，总结工作过程中存在的不足，改善下一阶段新闻发言人工作。

3. 构建互联网新闻发布制度

在互联网舆论对公共舆论影响日渐加深的今天，政府要构建互联网新闻发布制度。就目前情况来看，国内现有的互联网新闻发布制度起到的作用相当有限，这主要归咎于互联网新闻发布者的权责不明确及相关法律法规的缺位。所以，政府应尽快制定并颁布针对互联网新闻发布制度的法律，给予发布者合法地位，明确发布者的权责及新闻发布流程等。此外，还应做好发布者与政府之间的协调工作，让发布者能够及时得到信息，沟通新闻发布方式与内容，避免沟通不及时产生不必要的误会。

（三）建立健全相关专门机构体系

1. 切实提高领导干部的网络知识储备与网络运用技能

领导干部是网络危机事件的主要应对者，领导干部的媒介素养、传播学知识及互联网专业知识将直接影响其应对互联网舆情事件的能力。在互联网面前，领导干部既是浏览者、发布者，也是受舆论监督的政府代言人，承担着推动新兴媒体健康发展的重任。所以，领导干部首先要加强自身的媒介素养。良好的媒介素养意味着对互联网及新兴媒体有一个清晰的了解，懂得如何利用新兴媒体与人民群众打成一片，懂得如何与新兴媒体交流，懂得如何化解互联网舆情事件。各级党政机关必须将加强领导干部的媒介素养提上工作日程，通过组织学习、培训等方式，改善领导干部的媒介素养，提高领导干部在互联网舆情事件中的应对能力，使各级领导干部清楚地意识到互联网舆情事件对社会稳定的威胁。其次，要将领导干部的互联网专业知识纳入个人素质考核项目，将其运用媒体与群众交流的能力列入考核结果并运用到提拔、升迁等评价中。同时，要科学鉴别网络舆情，保护“好干部”。被虚假信息污蔑的领导干部，我们要对谣言予以批驳并为其正名。如果有事实依据，就必须要谨慎使用，甚至查处，以免在互联网中引起轩然大波，最终损害政府公信力。

2. 培养一支高素质专业人才团队

要建立专门应对互联网舆情的机构。目前，中央政府及部分地方政府都设置了互联网信息办公室，该办公室最重要的几点工作任务为：切实做好互联网信息立法工作、推动国家互联网信息管理的发展、敦促有关部门严格管理互联网信息，取缔部分发布或传播不良信息的互联网站点、惩处有违法行为的互联网运营商等。该办公室自成立以来，多次为化解互联网舆情事件起到重要作用。所以，尚未成立互联网专职机构的地方政府可以尝试组建此类机构，帮助相关部门做好互联网方面的工作，在互联网舆情爆发时为地方政府及时提供有力的支持。互联网信息虽然变化万千，舆论也没有一个固定的方向，但归根结底，互联网还是人和人之间沟通交流工具，“人”才是互联网舆情工作的关键之处。因此，政府在设置专职机构时，要培养政治立场坚定、有专业传媒知识与互联网知识的高素质复合型人才。在这一点上，政府应坚持“不拘一格降人才”，既要从社会上高薪聘请人才，也要从各政府部门中抽调人力进行培养。与此同时，政府部门还要加强与地方媒体单位配合，建立一支分工明确、专业能力强、配合默契的互联网宣传团队。国内的互联网舆论引导工作主要由网警和特约评论员共同负责，但在当前互联网舆情易发的背景下，单纯依靠上述力量，不容易做好互联网舆论引导工作的。因此，政府必须组建一支思想政治水平高、有较强工作经验的互联网舆论监管、引导队伍，利用好信息技术这把双刃剑，为维护社会繁荣稳定贡献力量。

第十一章　微博谣言传播机制及治理研究

微博谣言传播快、影响范围广，危害极严重。有时微博谣言会演变成群体性事件，导致政府公信力下降。预防谣言的发生，必须建立良性机制，对其进行有效治理，尤其是要完善微博谣言的自我净化机制，引导构建健康理性公共平台。在网络日趋发达的今天，每个人都要加强自律性，用实际行动践行社会主义核心价值观，做到不传谣、不信谣，共同维护和净化微博网络环境。

一、微博谣言的传播动因

微博谣言是不法分子恶意散播不实信息，利用网络大肆传播，从而引发舆论危机的不法行为。它产生的原因主要有以下几个方面。

（一）微博谣言传播的技术因素

相对于传统媒体而言，微博使用者是信息传播的主体，每个人都可以利用微博来表达心声。用户只要进行简单操作，便可以发表、评论、传播信息。用户素质的参差不齐、识别能力低及缺乏相应的管理等因素都是微博谣言得以大范围传播的原因。

作为大众媒体，微博的信息传播呈现碎片化状态，必须阅览多条微博，才能获取信息的原意。经过不断转发、评论后微博本意很有可能被误读、曲解，这让谣言有了生存的空间。此外，微博本身有多媒体发布功能，可以用文字结合图片的方式发布，这使得一些图文并茂的谣言看起来可信度很高。

作为传播性极强的信息发布平台，微博一旦被关注，意味着其背后的社交圈、支持者甚至是微博广场的人都会看到；同时这些人亦拥有自己的社交圈，这条微博的传播将会以几何级速度爆炸性扩散。由于微博可以在移动终端上运行，只要有一部可以上网的手机，就能够随时获取微博信息并转播，用户黏度强，用户基数非常庞大。

（二）促进微博谣言传播的社会因素

相关部门常常不能在事件发生的第一时间发布澄清信息，也不对民众进行及时的思想引导，这就给微博谣言提供了滋生空间。特别是发生一些危及公众利益的事件时，公众的不满情绪与主观意识，以及相关部门信息的不公开，都是导致微博谣言得以大范围扩散的原因。因此，政府应在突发事件发生时做好澄清事实、安定民心、抚慰民意等工作，防止不法分子趁机煽风点火，扰乱社会秩序。

每个人都可以是微博信息发布主体，可以平等地参与微博内容的讨论；但大部分人缺乏对信息的识别能力，抱着不同的参与心态转播、发表、评论微博内容，受个人情绪波动的影响，一些人会恶意扭曲事情的真相，并将虚假信息大肆传播，造成社会恐慌。对此，有关部门应加强微博平台管理，推动微博公共平台的健康发展，提高人们的自律意识，减少谣言发生的概率。

（三）促进微博谣言传播的心理动因

心理因素对人类行为有着巨大的影响。在潜意识需求刺激下，谣言总会以最诱人的姿态出现。

谣言的实质是民众被重新建构的集体记忆，是民间对权力的不满和恐惧。[①]在马斯洛需求理论中，安全需求是人类除生存需求外最重要的需求。这就决定了在公共事件爆发后，人们总会竭尽全力从不同渠道获取资讯，以了解自身处境是否安全。从近年来政府应对突发公共事件的方式来看，很多情况下，政府未能以及时、准确的信息满足公众的安全需求。这让谣言有了生存的空间，并在恐惧心理的驱使下加速传播，这种“恐惧传播”近年来在微博上时常出现。

沉默的螺旋效应。在恐惧情绪的影响下，由于不想被孤立成为少数派，理智的、冷静的观点往往会被忽视或是不敢表达。特别是在微博当中，由于社交构成的一致性，更多的人会选择“大多数人”的意见作为自身观点。若是身处一个因恐惧而狂热的微博社交圈中，即使再理智的人也不会有表达观点的勇气，或者即使表达了也无人理睬。

实名认证用户的影响力。在微博世界里，只有名人、焦点人物等才能成为认证用户。这些人在现实社会中具有相当的影响力，他们的意见对整个微博社交圈的影响甚至更甚于现实社会。经过这些认证用户的转发评论，谣言的危害更大。

二、微博辟谣机制存在的问题

（一）失效拼图

要充分发挥微博的自我净化功能，就要多方面汇集各方的建议与观点，相互借鉴，共同进步，这是微博自我净化功能的实质。但就目前的情况而言，微博信息过于分散使得用户难以集中对某件事进行讨论，同时大部分用户缺乏参与讨论的主动性，从而加大用户意见汇聚的难度。用户对信息的接受度有先后顺序，用

---

① 李若建．虚实之间：20 世纪 50 年代中国大陆谣言研究［M］．北京：社会科学文献出版社，2011：12.

户先期接受了微博谣言，也就很难再接受澄清谣言的信息，这是微博谣言的转发量大于辟谣信息转发量的原因。在谣言影响力占据上风的情况下，微博的自我净化功能难以得到充分的发挥。

同时，微博用户常在公共事件发生时，从阴谋论的角度思考问题，这对辟谣工作来说是一个巨大的阻碍。由于相关部门以往处理公共事件的种种不足，加上信息提供的不及时甚至是封锁信息，微博用户通常以负面情绪面对政府在公共事件中的作为，对辟谣信息嗤之以鼻。在这种情况下，简单的辟谣信息甚至会产生反作用，使得谣言比辟谣信息看起来更接近事实真相。谣言越被认为真实，公众越愿意相信和传播谣言。①

（二）辟谣平台存在缺陷

目前微博舆论环境的改善主要依靠辟谣方式实现，但现有的微博平台不仅难以完成应有的辟谣作用，有时还会因方式方法的不当使辟谣工作遭到妖魔化，降低了公众对微博平台的信任度。

一是辟谣信息含糊不清。以新浪专用辟谣账号“微博辟谣”为例，辟谣信息对事件的概况、疑点解释不到位，可信度不够高。反观果壳网专攻辟谣的微博账号“谣言粉碎机”，对谣言信息解读、事实真相甚至是造谣动机都有详细论述，有理有据，令人信服。二是辟谣方式不合理。笔者观察微博辟谣平台的辟谣微博内容，其澄清范围几乎囊括所有的谣言类型。而针对一些重大公共事件的辟谣却只有只言片语，无法满足公众的安全需求，收效甚微。

同时，当前的辟谣微博大都不能针对谣言内容做系统的调查、研究，以全面、翔实的调查报告与事实理据进行辟谣，这也是为什么辟谣微博的转发量、评论数远低于谣言微博的一大原因。此外，辟谣微博平台往往针对谣言只辟谣一次，关注度极低，很快就会石沉大海，无法成功辟谣。

三、微博谣言治理对策研究

（一）完善微博谣言的自我净化机制

一是微博运营商资源整合。作为信息产品，微博是应用信息技术运行的，微博谣言治理也可以通过技术手段完成。譬如，将已经证伪的谣言通过数据库过滤，用户再次提请符合该谣言特征的发布请求时，予以拒绝或是屏蔽，从源头上制止谣言。此外，作为管理微博运营单位，新浪、腾讯、网易等门户网站应配合政府做好政务公开工作，对各级单位的政务信息提供统一索引，方便微博用户查询谣言的相关信息，击破谣言。最后，鼓励类似“谣言粉碎机”这一类非官方但却拥有广泛影响力的辟谣微博，为微博引进辟谣力量。

---

① 卡普费雷. 谣言［M］. 郑若麟，译. 上海：上海人民出版社，2008：12.

二是政务微博更加活跃。政务微博的出现不仅有助于政府工作的透明化，还为政府与公众搭建了一座沟通桥梁，有助于提升政府的形象与管理水平。部分政务微博在发布微博信息时公正公开、语言亲民、及时回复网民的问题，因此有成千上万的关注量，深受群众喜爱。而一些政务微博除了简单发布一些官方信息之外，对微博的其他功能没有予以足够的重视，以至于在谣言产生时，不能及时澄清事实，导致谣言的大范围扩散。政府部门的官方微博一定要抓好相关工作。突发公共事件中，政府部门的官方微博必须赶在谣言扩散之前将信息翔实、准确地发布，同时针对民众关心的问题，及时做出回应，切实做好服务工作。同时，政府部门的微博在与微博用户沟通时，必须要注意语气用词，要平实、简洁、亲切易懂，切勿用负面的语气将质疑者标签化，激化矛盾。政府部门的官微要注意通过平日的交流与用户建立良好关系，提高民众对政府部门的认同感。在这一方面，南京市江宁区公安局的官方微博“江宁公安”便是榜样，其亲切诚恳的态度、俏皮生动的语言使南京地区甚至是外地民众都对其深有好感，亲切地将其官微称作“婆婆”。

三是微博用户增强理性。微博用户大体可分为两种：普通用户和实名认证用户。在用户层面上治理微博谣言问题，首先要提高用户的社会责任感。普通用户虽然关注者不多，但并不代表其言论无人关注；相反，普通用户的言论常常会通过社交圈的传播不断放大。因此，即使是普通用户，也要注意影响，在按下“发布”按钮之时，时刻提醒自己。而对于实名认证用户来说，由于其广泛的社会影响力，在传播任何一条信息时，都要时刻提醒自己。微博治谣的关键就在于，认证用户是否真正能做到引导民众求证、求真，理性对待互联网信息。

四是媒体微博专业监测。在新媒体环境下，传统媒体为了及时把握社会动态，不约而同地开设了官方微博账号。利用自身系统、强大的采编能力，将微博中获得的信息融入传统媒体的节目制作当中。当然，作为长期奋战在一线的传统媒体，对信息真伪的判断能力非普通民众所能匹敌。如信息的来源与内容非常可疑，传统媒体就有义务对这一信息的真伪进行辨别，同时将其详细信息传递予社会公众。同样，公众在发现可疑信息时，可以通过传统媒体官方微博查证是否属实，从而达到消除谣言的目的。

（二）其他力量积极介入

一是政府公信力建设。民众可以将所闻、所见、所想在微博上公之于众，也可以获取想知道的事情真相。为消除公众的猜疑性，使微博信息得以有序传播，政府部门应主动构建与群众的沟通平台，对谣言予足够的重视，及时发布澄清信息，提高政府形象与公信力。通过切实有效的政务公开工作，构建良好的政府形象。事实上，政府部门的官方微博作为新时代政务公开工具，应为民众提供及时准确的信息，从而遏制谣言的制造与传播。特别是突发公共事件时，政务微博迅速、有效的信息发布可以对谣言形成围剿之势，避免危机舆情的出现。当前许多政府部门对微博这一新兴媒体存在误解，未能从内心接受这一政务公开平台，更谈不上利用其治理微博谣言。其实，作为新时代的社交工具，微博证明了它独特的魅力，政府部门应放低身段，尝试以普通微博用户的方式了解微博，提高政务微博工作的实效性。同时，政务微博应在突发公共事件中积极配合新闻发言人制度，与传统媒体一同发布权威、及时的信息，避免信息失衡。

同时，要以法律保证微博的自由与开放。作为开放的舆论平台，微博很好地体现了互联网“自由、平等”的精神内核，任何人都可以在微博当中抒发己见。诚然，微博的自由、开放也是谣言的温床，但决不能因噎废食。对待动机不纯的微博谣言制造者、传播者，应坚决予以打击。对于从公共利益出发质疑甚至批评政府的微博用户，应保护其言论自由。此外，作为微博运营商，互联网企业有管理微博环境的责任，但企业开发产品的目的是盈利，若投入过多的人力，难免影响其盈利水平。因此，政府给予微博运营商以政策优惠与支持，帮助其做好微博环境的管理维护工作。

二是完善相关法律。大量的微博使用者、繁杂海量微博信息，以及管理薄弱是谣言得到广泛传播的主要原因。要从根本上消除谣言，就要结合相应的监管制度与法律来予以改善。针对散播谣言的行为，我国制定相关条文与具体处罚措施，同时颁布系列法律来处罚信息欺诈、散布不实信息、诋毁、侵犯他人隐私权等违法行为。但法律仍存在漏洞，相关部门要健全完善现有的法律制度，制定具体惩罚办法，以防止不法分子利用法律漏洞来获取利益。

（三）引导微博公共领域的理性对话

作为具有高度聚合性的新媒体，微博不仅是人民群众记录生活、交流合作的社交平台，更是抒发己见、参政议政的公共媒介。由于微博的上述特点，政府与微博谣言治理者更应在尊重用户的同时，提高公众的社会责任感，为创造良好的微博环境共同努力，杜绝谣言。

一是对微博采取包容态度。微博是一个自由、开放的舆论平台，正是因为如此，微博的用户构成非常复杂，素质不一而足，有扰乱微博正常运行的隐忧。但要看到，作为一个信息产品来说，微博本身是无罪的，尽管微博中有谣言、偏激的言论，但必须肯定微博作为公共媒体的积极效应。[①] 要将微博作为开启民智、提高人口素质的有力工具，引导民众提高自身文化水平、道德修养。

二是加强微博审核机制。谣言易使政府公信力下降，要防范谣言，就应提升

---

① 胡凌. 网络传播中的秩序、谣言与治理［J］. 文化纵横，2013（10）：40－45.

社会信任、建立社会共识。[①] 实名认证“加 V”用户通常因言论受关注，会被系统自动排到用户首页的显眼位置。实名认证用户拥有更高的排序顺位，应肩负更高的言论自觉责任。对于用户来说，首先要约束好自己的情绪，冷静、理性地去看待每一个微博信息并加以求证。对于运营商来说，要在优先推荐实名认证用户的同时，关注实名认证用户的微博内容，以便出现不良内容时及时处理。微博的管理者应在尽力保证微博言论的自由、开放，使用户的正常言论权得到满足。但个别用户为了一己私利或是宣泄负面情绪，在微博中制造或传播谣言，对微博的舆论环境造成了巨大的负面影响。一些企业为了提高自身影响力，购买大量“僵尸粉”，并雇用大批“水军”散布虚假信息，为企业宣传造势，这对微博舆论环境的影响是毁灭性的。针对此现象，必须在技术上完成对虚假信息的屏蔽，及时遏制虚假信息的传播。

三是提倡诉诸理性。在自律方面，桑斯坦指出：“我们可以假想这样一个世界，在那里，散播谣言的人被归类为信誉大打折扣的、被边缘化甚至被忽略和被排斥的人。”[②] 要培养公民的自我判断意识，鼓励公民理性参与微博讨论。对网上传播的信息经过多方查究、证实之后才进行转发、评论，无法得到确认的内容可以打上疑问标签，以供其他用户参考。在参与微博内容讨论时要端正态度，不贬损他人人格、尊重他人发言权，以营造一个良好的讨论氛围，保证讨论的客观性。发表意见时要秉持自身立场，不受他人影响，提高自我判断能力，不可受不法分子蛊惑来推进网络谣言的传播。

四是提高公民素养。由于微博社会具有高度私密性，在虚拟身份的保护下，一些微博用户的社会责任感有所放松。在未经查证的情况下发布信息，更有甚者以制造虚假信息博取眼球，不仅为其他用户带来困扰，更使微博舆论环境受到负面影响。作为公共媒体，微博是各利益主体理性表达利益诉求的平台，如果缺乏社会责任感，各利益主体的诉求表达最终只会演变成一场闹剧。我们从雅安地震中可以看到，具有高度社会责任感的微博环境对抗震救灾、建设精神文明社会是多么重要。公民意识是社会责任感的来源，唯有意识到身为社会公民的责任，才会履行作为公民的义务。然而，公民意识的培养不是单纯依靠民众自己就能完成的，需要政府鼓励公民参与公共事务，进而内化为公民意识。此外，用户对微博谣言的判断能力非常重要，培养微博用户的媒介素养，促使用户以求真、求证的态度对待微博信息，是消解微博谣言的重要任务。

---

① 王亮. 新媒体环境下的谣言传播及防范研究［J］. 编辑之友，2013（4）：38－40.

② 卡斯·R. 桑斯坦. 谣言［M］. 张楠迪扬，译，北京：中信出版社，2010：150.

第十二章　突发事件中微博对舆论走向引导研究

微博作为新兴传播载体，操作简便、使用广、影响大。突发事件中，微博对舆论走向有重要影响。引导好，微博能够对突发事件进行有效调节，引导社会舆论朝正方向发展，有利于社会和谐稳定；引导不好，则可能会引发群体性事件。政府、主流媒体、微博运营商要通力合作，促使微博发挥舆论正能量，共同推进社会和谐。突发事件是指突然发生，造成或者可能造成严重社会危害，需要采取应急处置措施应对的自然灾害、事故灾难、公共卫生事件和社会安全事件。[①] 要实现社会的和谐、稳定，就必须进行必要的社会控制。"社会控制是一种有意识、有目的的社会统治"。[②] 相对于传统媒体而言，微博在舆论引导中的作用越发凸显。"大量的个人集合体并不足以构成一个群体，只有那些聚集成群的人，他们的感情和思想都转到同一个方向，他们自觉的个性消失了，形成了一种集体心理"。[③] 因此，微博的影响是双面性的，积极作用表现在便于应对突发性事件，而消极的影响是加大了管理部门解决问题的难度。

一、微博环境下突发性事件舆论走向的特征

微博作为传播信息、引导舆论方向的工具，在信息领域占据着重要地位。受微博信息的时效性与引导性影响，微博传播衍生出同以往媒体不同的效果。

（一）舆论传播周期缩短

因微博独特的传播特性，使信息传播的周期更短。微博平台对用户发布消息内容约束较小，并可以在不同媒体之间进行传播，一定程度上缩短了危机事件酝酿时间。微博的同步性与传播性吸引了越来越多的微博用户，从而加快了信息的传播速度，加快了舆论的形成。另外，认证用户对事件发展也会产生巨大影响。

---

① 第十届全国人民代表大会常务委员会第二十九次会议. 中华人民共和国突发事件应对法［Z］. 2007－8－30.

② E. A. 罗斯. 社会控制［M］. 秦志勇，毛永政，译. 北京：华夏出版社，1989：68.

③ 古斯塔夫·勒庞. 乌合之众——大众心理研究［M］. 北京：中央编译出版社，2005：1－12.

（二）舆论燃点降低

微博用户逐步平民化，一定程度上说明了微博本身所具有的亲民性。微博继承了传统电视、广播等媒体的优点，摒弃了阻碍发展的不利因素，加快了微博创新与发展。但用户主观意识较强，感性多于理性，使事实真相易扭曲。微博的不当使用，易造成负面影响，任由发展不加引导的话，负面的影响就会恶化，舆论燃点降低。

（三）微博的认证用户作用得到强化

认证用户在言论上具有主导及引导作用，其影响力凸显于信息传播的全过程，对信息的传播具有重要影响。“关注”的形成无须通过互动来完成，用户点击关注就能够获取关注对象传达的信息，因而认证用户受关注的程度高。随着微博功能的不断增强与扩大，认证用户的影响力加强。

二、微博舆论在突发事件中扮演的角色

微博出现以后，使突发事件的信息发布模式、社会舆论的传播方向及信息管理方式等都发生了变化。微博作为一种新型的信息交流平台，它所具有的多种功能给信息传播带来的影响有积极的一面也有消极的一面。积极的方面是可以让突发事件在短时间内得到有效处理，消极的一面是其不良影响给信息管理带来了更大的挑战。微博常常在突发事件中扮演多种角色。

（一）化解危机作用大

用户可以通过微博及时获取突发事件的最新信息，引导社会舆论的方向，一定程度上可以缓和社会矛盾、平抚公众的愤恨心理，维持社会的和谐稳定。

一是促进信息公开。微博是用户发布信息、表达观点的新型工具，是公众获取社会时事最快的途径。微博在电视、报纸等媒体延伸与发展的基础上，具有其他媒体不同的特征，满足参与需求。

二是监督突发事件的发展动态。虽然与传统舆论平台有一定的差异性，但微博也是公共舆论平台的一种。其短小精悍的信息结构及迅捷的发布手段使得以往的传媒形态不再是公众瞩目的焦点，互联网所独有的交互性使得用户可以探讨突发公共事件的情况，并推动舆论的发展，进而影响政府的公共事务决策。

三是突发事件的救援平台。微博能够在第一时间对突发事件进行大范围报道，是公众及时了解事件真相的有效途径。

（二）危机舆论的诱发器和扩散器

微博是公众表达情感、发表观点的有效途径，是“心理场”的情感宣泄平台[1]，但少数人利用微博来传播虚假内容，从而给社会带来不良影响，

---

① 王艺. 对微博舆论场的传播学解构［J］. 新闻界，2012（1）：6-9.

一是谣言传播的载体。微博用户众多，影响较大，而大部分微博信息没有经过审核就发布出来了，一些不法分子利用微博散布危害社会、扰乱安定的谣言。由于突发事件本身的突然性及不可预料性，叠加公众的好奇心理，政府必须在事件发生后及时做好安抚公众情绪、维持社会稳定等工作。第一时间如实报道突发事件的相关信息，澄清事实真相，以防止有人造谣生事，误导社会舆论。微博是把双刃剑，它既是公众获得信息的途径，又是虚假信息的源头之一。

二是引发公众不满。微博给公众提供一个休闲娱乐、表达情感、沟通交流的平台，但微博上越来越多的谣言则对平复用户心情、解除不满情绪带来了反作用。一些政府部门对某些社会事件处理的失当激发了公众的不良情绪，在这种情况下，微博容易成为公众表达不满的工具，成为突发事件的导火线。

三是商业炒作的工具。微博传播功能给信息传播带来了重大影响。微博的发展与名人的影响力是相辅相成、相互影响的，微博用户的增加可以通过名人的参与得到实现；而名人影响力的扩大，微博不失为有效的途径，两者的互利共赢进一步凸显出了微博潜在的经济价值。大量演艺明星利用微博来提高知名度，很多企业借此扩大品牌形象。

三、微博舆论的引导方法

要做到及时、有效地处理微博发展过程中的问题及负面影响，就要对信息的管理模式进行创新，对社会舆论的发展方向进行有效引导。我们应制定相关法律法规、出台监督政策，建立完善的管理系统来引导舆论走向。

（一）政府：信息公开和微博问政

互联网的快速发展使突发事件大范围暴露在公众面前，正确引导舆论方向由此成为政府的一项重要工作。突发事件处理过程中，政府是主体，引导舆论方向是关键。政府应重视舆论引导工作，通过主流媒体传播正面信息，加强对新型媒体的监督管理，引导社会舆论朝着正确的方向发展，营造良好的社会环境。微博用户大量增加同时加大了管理难度，在这种情况下，政府应充分利用社会各方资源，以微博为媒介建立与公众沟通交流的平台，牢牢掌握社会舆论的传播导向。

一是利用微博预警危机。突发公共危机事件往往不期而至，但这并不意味着公共危机没有相应的预防手段与应急预案。我们应该结合各学科的研究成果，汲取不同领域专业工作者的意见，将潜在的危机提早处理、防患于未然，降低危机出现的概率，或是在危机的初期阶段就将其化解，避免造成更大的影响。智能手机的普及让人们有能力随时随地在微博中分享身边出现的事物，有可能在突发公共事件未被任何媒体报道、未经任何部门处理时，人们就已经在互联网中就事件进行讨论了。就舆论的特性而言，舆论影响范围的扩大需要一定时间，当危机舆情仍处于初期阶段时，政府的疏导、澄清工作是比较容易开展的，这也是危机舆情处理的最佳时机。政府应对微博舆情保持高度关注，并就其内容信息进行风险评估。各地方各职能部门都应在微博中拥有认证账号，并对其职能进行简单介绍。如此一来，突发公共事件发生时，相关职能部门就能够针对事件迅速做出反应。

二是利用微博公开权威信息。带有"V"字认证符号的大多属于政府机关的官方微博，既可提高政府公信力又可吸引用户的注意力，用户可对政府微博添加关注。由于官方微博的关注量较大，且发布信息带来的转发数与评论数成千上万，舆论引导力很强。当突发事件发生后，政府可以及时通过微博发布事件的真实信息，以免不实信息造成社会混乱。

三是构建微博平台，与公众进行实时交流。微博是一种迅速、高效的互联网信息传播工具，政府应利用好微博这一优势，与民众保持联系。微博上的资讯虽然并不系统，也不全面，但我们要看到，许多微博内容不乏重大价值，这些信息极有可能对政府部门的事故处理与救援工作提供帮助。重大公共事件发生后，政府与职能部门应竭力解决相关问题，但这远远不够。我们应提高公众的社会责任感，让公众为化解重大公共事件贡献力量。为此，政府必须以微博为媒介，聆听来自群众的声音。事实上，公共事件发生后，政府面对公众的态度与后续处理方式直接影响社会舆论的走向。

（二）主流媒体：迎合媒介融合趋势，与公众进行微博互动

现有的传统媒体如报纸杂志、广播电视等在舆论引导上扮演重要的角色，而新型传媒在现代信息传播中有着举足轻重的地位。两者的作用必须得到充分发挥，不可偏废。近年来人气颇高的微博对传统媒介产生冲击，虽说微博的出现稀释了传统媒介的关注度，但这亦是传统媒介的一个改革机遇，促使传统媒介充分运用拥有的优质采编资源，切实做好新闻工作。随着广播、电视与互联网联系愈发紧密，无论哪一种传媒想要独立完成舆论引导工作都非常困难，新旧媒体之间的合作共赢是必然趋势。

一是通过微博发布危机信息。微博中明星博主的巨大社会影响力，让广播、电视等主流媒介也为之侧目，纷纷开通认证微博账号。事实上，我国现有的微博平台大多已将传统媒介的功能集成到产品当中，一些影响力较大的传统媒体也在积极探寻新媒体时代的生存之道。随着智能手机与微博移动应用的普及，新闻报道不再局限于专业的新闻从业者，范围已扩大至全体公众，随时随地的新闻报道让主流媒体传统新闻采编模式受到较大冲击。一些广播电视媒体开始实验性地与微博用户互动，在微博中寻求有新闻价值的信息，使这些媒体的官方微博获得了

很高的人气，拓宽了传统媒体新闻的采编渠道。

二是提高主流媒体的公信力。与新兴媒体相比，主流媒体的权威性突显，主流媒体应该充分利用好自身的优势，注意消息的时效性与真实性，提高其公信力。

三是设专业微博记者与评论员。主流媒体从业者应顺应潮流，在把握好专业水准的同时让微博的潜力得以发挥。在全民微博背景下，新闻报道与采编模式与以往大不相同。对于主流媒体而言，微博的信息发布更快、内容更庞杂、反应更迅速；如何在新形势下生存甚至扩大影响力，是传统媒介面临的重要课题。三网融合已然是大势所趋，传统媒介要在网络社会中站稳脚跟，就要利用微博更快更全面地报道事实真相，保持传统媒介的权威性。传统媒介的官方认证微博应有专人甚至专业团队负责管理，并在繁杂的微博信息中找到具有新闻价值的部分进行报道，并时刻注意与用户的交流。由于微博本身短小精悍，加上微博中的信息较为零散，微博管理团队应有效整合信息并结合微博特性进行新闻发布。此外，针对易引起社会关注的突发公共事件，应邀请微博时评家进行互动讨论，对事件公正、客观、理性报道。

（三）微博运营商：注重监管，发挥引导作用

以新浪、腾讯为代表的企业承担着微博产品的运营、管理与开发责任。作为商业产品，企业在做好舆论引导工作的同时，需要取得一定的经济效益。如何把握好微博舆论引导的方向与尺度，既使微博热度不减，又能减少其负面影响，是值得思索的问题。

一是把好技术关，落实微博实名制。微博实名认证可以提升消息的可靠性、增强微博相关主体的自律意识，不给不法分子可乘之机。① 微博内容贴近生活，便利的信息发布方式是吸引用户的主要原因。然而，事物总有两面性，便捷的发布方式使得微博的内容非常庞杂。微博管理层必须采取措施，对微博内容实行监督与审核，改进与创新传播软件，引导舆论朝积极正向的方向发展。与广播、电视等传统媒体不同的是，微博中，所有的微博内容都是直接编写、直接发布。为了防止谣言、虚假信息及泄露国家机密的信息在微博中传播，造成负面影响，微博运营商应不断更新信息发布审核方式，以更为高效的验证形式来确保信息内容合乎国家的相关规定，甚至可以在某些时间段屏蔽部分微博内容。但要看到，再优秀的微博内容审核技术也很难查询截获到所有不良信息。因此微博运营商除了在技术手段上对微博不良信息进行遏制，还要利用其自身的权威性与影响力正本

---

① 马启春. 论微博的弊端及规制［J］. 西南民族大学学报（人文社会科学版），2012（9）：167－170.

清源、澄清事实真相，以实名制手段约束用户的不良行为。虽然微博运营商大多都要求用户在注册时完善自己的个人资料，包括用户的真实姓名、住址、联系方式、身份证件等内容，但是运营商实际并未对用户的个人资料进行详细审查。无论用户填写的资料是否属实，都能够顺利完成注册使用微博。事实上，目前以中国移动为代表的通信供应商已硬性要求其手机用户填写真实身份资料了，未完善自身真实资料的用户不能保证其获得服务的完整性。微博运营商可以此为鉴，未完成身份认证的用户只能获得部分权限，如只能够浏览他人微博、不能自行发布等。

二是重视和突出名人的舆论引导作用。名人是引导舆论方向的主体，在微博中拥有庞大的支持者。很多名人在微博中都拥有官方账号，关注量高，发布的每一条内容都有很大的评论量与转发量。在处理突发事件，微博管理层可充分利用这些资源来传播正面信息。第一时间向公众发布有关事件的真实信息，防止不法分子造言生事，扰乱社会稳定，误导社会舆论。

三是重整和组合微博信息，二次设置“议程”。目前大多数微博产品都在首页醒目的位置设置了焦点新闻链接，为用户参考。以腾讯微博为例，其推出的“微频道”页面仿造了微软的 windows phone 系统，以磁力贴的方式将近日的热点话题及相关讨论归纳在一张图片中。除了腾讯微博，其他微博产品也都在首页中设置了 24 小时话题热度榜单，我们可以从中清晰地看到近日用户最为关注的信息。受关注的信息，其影响力呈几何级提升。通过微博用户讨论习惯定制化话题，可以将喜好相近的微博用户汇聚起来，形成一个舆论场。事实上，新浪在“精准营销”方面已经走在了前列，其提供话题搜索功能，排列顺序以评论转发数结合用户关注对象的形式确定，在很大程度上影响了舆论的走向。因此，舆论引导工作应借鉴微博运营商“精准营销”策略，对微博舆论走向进行引导。

第十三章　政府公信力提升视角下“微博问政”对策探究

互联网技术的不断发展，拓宽了微博的使用范围，提高了信息的传播速度与操作的便捷性。政府公务人员应善用微博，用微博了解社情民意，使其发挥正能量作用。党的十八大报告指出，要坚持问政于民、问需于民、问计于民，从人民伟大实践中汲取智慧和力量。① 微博问政是一个直接了解民意，倾听人民心声的良好平台。当前，从地域上看，全国各地都开始使用微博。各地方政府对微博的使用情况与当地的发展水平有直接关系，微博已经渗透到政府各部门。

一、政府公信力视角下微博问政的缘由

随着信息技术的不断发展，每个人都成为信息的发布者与传播者。网络的发展加大了政府工作的难度，政府应加强与群众之间的联系交流，提高微博问政的成效。

（一）微博传播速度快，影响力强

每个微博用户通过发布并转发信息，加快信息的传播，扩大信息的影响。微博是一个信息平台，它不会擅自对平台中的信息进行加工，而加工者往往是对微博内容进行转发的其他用户。用户必须在转发过程中加入自身看法，才能够形成话题和讨论。不仅如此，对于微博用户而言，通过信息检索、信息判断、信息整理，其媒介素养得到提高，交流能力得到改善。

（二）微博内容精练，用户量大受关注程度高

一条微博消息长度被限制在 140 个字符内，这要求微博用户发布内容时尽量简练，并确保无误，这对微博用户提出更高要求。相较于其他，微博消息在体裁上更为简洁，简洁性带来了更集中的关注。用户在短时间内就能够判断对这条信息是否感兴趣，有没有转发或评论的价值等，一定程度上提高了微博信息的传播速度。由于信息内容简短，很多时候微博阅览被称为“轻阅读”，微博这种特点

---

① 胡锦涛. 坚定不移沿着中国特色社会主义道路前进　为全面建成小康社会而奋斗［M］. 北京：人民出版社，2012：51.

在公共危机事态下恰可以让用户迅速了解事态。

微博接地气的传播与运营方式，让许多传统媒体人尝试构建一个属于自己的微博话题场，通过转发感兴趣的内容或发布采访素材获得更多关注。因为微博的用户搜索引擎功能越来越强大，一些媒体人只要守在电脑前，就可以对微博内容进行分析、对当事人进行线上采访完成新闻采编工作。微博因其界面的友好性及操作的简单易行等特点让越来越多的网民开始沉醉其中，海量的用户让信息影响逐渐扩大。

（三）微博内容更新快，政府微博影响大

微博平台有信息聚合的特点，微博平台中常常会聚集一大批爱好相近、志趣相投的用户。随着用户数量增加，尤其是用户关注数量的增加，短时间内就可能爆发大量的信息流，内容更新非常快。微博本身不会给用户定义身份级别，普通人可以通过微博搜寻感兴趣的消息，提高信息的传播效果。政府部门应充分利用发挥微博的传播影响力，引导公众舆论向正向发展。政府公共信息的关注度高，微博问政的影响力大。

二、政府公信力提升视角下微博问政的优势

微博问政，是社会发展进步的集中体现，微博问政能汇聚民意、实现公民的民主权利。微博问政便于公众以微博为载体关注政府政务，监管与促进政府将工作政策落到实处；还可以利用微博发布信息，针对政务提出观点与意见，从而达到维护自身利益的目的。

（一）创新政府与民众沟通方式

公众可以随时随地在微博上发表评论，拓宽政府信息的获取途径，为有关部门收集信息提供了公开、便捷的平台。公众疑问得到及时回应，问题得到及时处理，政府的形象大大提升，有利于推动社会有序、正常运行。

提高了政府政务的透明性。增强了政府政务处理的公开性与透明度，及时对外公布政务信息，获得公众的肯定。对此，各级政府应提高对微博的重视度，增强政务处理的透明性。

（二）为公民的维权提供了助力

网络的快速发展，让公众可以随时随地了解社会时事，网络成为普通民众与政府沟通交流最为方便、快捷的方式。公众参与政治决策的意识不断增强，微博则是公民参与政府政务的直接途径，是社会进步的集中体现。

（三）展现公众政治参与的热情

从社会学的角度分析，微博拉近了人和人之间的关系，拓宽了人们的交际圈。人们通过微博增进对彼此的了解，建立广泛的交际圈，成为信息传播的重要

载体。公众可以通过微博表达言论，参与政务。微博问政强化了公众参与议题的热情，获取信息之余可以发表言论。

三、政府公信力提升视角下微博问政存在的问题

工欲善其事，必先利其器。社会转型期社会治理需要探索新的路径，而微博问政所依从的网络，具有平等性、普及性，加上微博的瞬时性、互动性，适应了新时期政府问政的需求，是当前政府治理不可或缺的利器。① 正如刀刃具有利钝两面一样，微博问政也存有一定的问题。我们既要发挥微博在推动民众政治参与方面的重要作用，又要对微博问政进行宏观管控，完善舆情评判机制，推进传统工作方法和新兴方式方法实现互补。搭建政府和群众之间的沟通桥梁，发挥微博的正能量作用，不断完善与推动政府工作创新。②

（一）引导能力不够

具体表现在时效性上，如不能及时公布事件的发展情况，回应公众问题，就会影响公众判断，引发社会问题，危害社会安定。

在网络舆情上的引导能力不足。当前，一些地方政府没能及时了解网络议题，对公众提出的质疑不能及时回复，这些问题的产生主要是因为网络舆情预警制度不完善。对此，政府应建立健全网络舆情预警制度，体察民情、获取民意，有效遏制不良信息的传播。

（二）与网民的互动性差

政务微博中，公众虽然可以自由发表观点，提出疑问，但一些部门并没有及时回应公众的问题。政府部门如果只把信息发布当作形式性工作，对公众提出的问题不闻不问，长此以往将会弱化公众的参与热情，损害公众对政府的信任，阻碍政府目标的完成。

（三）服务差

个别政府工作人员缺乏沟通交流技巧，官腔浓、表达方式较为生硬，将政治术语照搬照抄到微博中来。公众的看法与意见，不予理睬，高高在上，引发公众不满，政府公信力受到损害。

（四）管理制度不完善

由于缺乏相应的管理部门，无法对微博政务进行有效管理，导致各部门各自为政、相互推脱等问题，缺乏统一的制度体系与运行标准。

政务微博应根据其目标而设定。一些部门虽希望提高影响力，拉近政府与公

① 刘畅. 微博问政、治理转型与“零碎社会工程”［J］. 南京社会科学，2012（4）.

② 陈文胜.“微博问政”与党的执政方式创新［J］. 兰州学刊，2011（12）.

众的距离，彰显部门的职责；但由于微博管理混乱，致使政府与公众之间难以建立起有效联系。

四、政府公信力提升视角下微博问政的对策

随着微博议题日趋丰富，观点逐渐多样化，政府应积极应对微博问政，保障网络的有序运行。

（一）确定主体责任是政府应对“微博问政”的基础

政府和公众作为微博问政运行的重要主体，两者相互联系、相互制约，共同推动微博问政的正常开展。政府要明确自身职责范围，切实落实相关政策，维护公众利益，才能获得公众的认可。公众要主动参与到公共政策讨论中来，积极配合政府各项工作，推动政府政务的公开。

从科学决策方面看，政府与公众在微博问政中责任与目标是一致的。政府主动参与微博问政，有利于推动政策制定、实施等系列工作的开展；公众如果缺乏参与微博问政的积极性，必然阻碍政策的制定与顺利落实。

（二）引导公众参与是政府应对“微博问政”的重要方法

一方面政府应努力创建有序的运行环境，鼓励公众积极参与到微博问政中来；另一方面要安抚好公众情绪，构建完善的微博舆情评判制度，推动微博问政的有序进行。微博问政，媒体占据重要的地位。针对微博问政中存在的问题，媒体要尽力理性处理，经过质疑、理性思考等程序来促进问题的解决。从政府的角度看，要加强与媒体的联系交流，掌握问题形成的原因，探究问题的处理对策，制定完善的处理方案，提高效率，提高政府公信力。

（三）完善运行机制是政府应对“微博问政”的长效之策

首先，建立健全组织协调制度。要组织一个完善的微博管理机构，并按照现实情况设计微博信息发布规范，以及微博环境下互联网舆情管理和应急预案。其次，构建健全微博舆论监控预警制度。要安排专门人手负责政务微博的运营工作，观察微博评论转发量变化，关注当前热门话题、热点人物，按照微博舆论事件的风险高低做出预警方案。要积极应对网民特别是知名“大 V”的质疑，了解微博舆情的真相。最后，要构建健全微博发布制度。每一条微博发布前先打好草稿，对格式、语气、措辞进行复核，确认内容是否切实诚恳。微博发布后及时与微博用户互动，回应用户问题，了解用户意见或建议，从而凝聚民意、汇聚民智。[①] 当前许多政府部门虽然开通了政务微博，但由于内容并未体现平台的“草根性”，大部分微博用户不会感兴趣。所以要健全政务微博运行机制，首先让微

---

① 侯树栋，刘炳香．领导创新社会管理能力研究［M］．北京：中共中央党校出版社，2012：302.

博的内容简洁、逻辑清晰且有趣味性，改善交流能力，回应微博用户，体现微博互动性特点。要构建良好的传媒共同作用体系。微博虽具有良好的便捷性且受关注度高，但政府不能仅在微博平台上发布信息，因为微博受篇幅及体裁的限制，一些较为复杂的事务不能详尽、清晰地说明。政务微博在运行过程中要充分利用其短链功能，配合政府官网的公告向微博用户宣传政策法规、回应公众疑问、提高信息传播效果。不仅如此，政务微博还应构建健全议程设置制度。政务微博应有技巧地引导公众关注政府的议题，将互联网舆情控制在一个可控范围，尤其要在微博空间吸引有影响力的认证用户，使政府能够有一个亲民、非官方的引导渠道。

（四）完善相关法律法规是政府应对“微博问政”的重要保障

微博问政开展之后，由于现有法律法规的不健全，致使问题不断出现。为此，立法机构应针对各问题提出针对性处理措施，并建立健全有关法律机制，满足微博发展的实际要求，实现有法可依，有法必依。在健全法律体系的同时，要促进政府与民众的联系，保障公众的发言权与知情权，保障民众自由权利，促进微博问政的有序开展。政府为微博问政开展创建良好的运行环境，建立健全相关法律机制，维持有序的运行环境。提高公众的道德法律观念，强化责任意识，将微博问政置于法律范围内。

第十四章　网络环境下政府回应与政府公信力提升

公共管理学家斯塔林在其著作中对政府回应做出具体阐释，获得广泛认同："当政府做出回应时，那么政府也就是在对社会公众对政府的需求做出应对，同时以正面的态度试图化解矛盾。"①

一、回应型政府的界定及其特点

（一）回应型政府概念界定

回应型政府的发展和形成是伴随商业活动出现并成熟的。作为一种公共治理方式，回应型政府是基于政府行政积极主动、公民民主意识较强以及公共领域较为健全的条件下逐步完善和建立起来的。政府以多种途径收集来自社会的公共利益诉求，并通过制定政策、行政工作等方式来回应这些诉求，最终在国家治理以及市场经济发展之间达成平衡，达成公众对公共利益的预期，同时也让政府不断自我反省，在执政过程中不断纠偏。

按照当代公共管理学科以及政治学的观点，笔者将回应型政府明确为：根据公众的需求以及爱好来提供公共服务、优化公共设施，以回应民众以及社会的利益诉求作为政府的根本任务的合法的、高效率的、阳光用权的、体现公平正义的政府，是秉持以人为本理念，尽力满足公众的政府。所以，回应型政府建设并不仅仅是做到转变政府的主要职能，而是使得政府和民众之间能够建立起良性互动关系，以实现政府与社会的稳定。回应型政府是将公众利益作为最高追求的政府，是基于政府与民众互动建立起来的、积极主动的政府。由于现代政府在设定行政目标与提供公共服务时，以人民的根本需求作为出发点。因此，回应型政府工作的主要内容是在与民众的互动中，收集采纳民众具体意愿，促进工作能顺利展开，这也是回应型政府区别于服务型政府、透明型政府的地方。②

---

① 格罗·弗斯塔林：公共部门管理［M］. 上海：上海译文出版社，2003：132.

② 游海疆. 政府回应的主导模式转型与实践阙如［J］. 重庆社会科学，2006（12）：106－110.

（二）回应型政府的特点

回应型政府是以民主为核心的政府。民主是指个体能够在基本公平、相对自由的情况下，通过公关领域来参与公共生活，不同社会阶层、社会主体在面对公共问题时，能够以包容、诚实、尊重的态度共同商讨解决。政府需要建立一套完善的、针对公共问题的议事流程和议事规范。回应型政府是和民主制度相适应的公权力组织形式。

第一，正义性。政府的公权力是广大人民赋予的，所以政府一切行使公权力的行为都需要符合广大人民群众的意愿，公众参与公共决策制定与落实是合法、合理的。正义性是回应型政府的主要特征之一，而实现正义、维护正义也是回应型政府必须具备的能力。纵观历史发展的进程，我们可以看到不公平是每一个人类文明发展到一定阶段后必然会出现的现象。具体来说，回应型政府至少要在下列几个方面中体现出公平正义的价值取向：首先体现在政治上，要保证所有合法公民都拥有平等的政治权利；其次体现在法律法规上，政府要无差别地适用法律法规；再次是社会公平；最后是体现在发展机会上，要保证所有人在人生的开始都基本站在同一起跑线上。与此同时，越是发达的文明就会对弱者给予越多的关怀，如原始社会般的丛林法则显然是与公平正义的原则相悖的①。

第二，责任性。缺乏责任约束的公权力必定会导致公权力被滥用。责任性政府一定要及时对广大人民群众的利益诉求做出回应，并尽量通过运用公权力满足广大人民群众的合理合法需求，明确责任和义务。换言之，主动去回应公民提出的利益诉求、并尽量予以满足。提供公共物品不但是政府的权力，更是政府应承担的责任。政府使用公权力开展的一切活动，都需要负上责任，而且如果政府在面对公民的需求时，不去行使公权力来提供公共服务和公共物品，那么政府同样需要附上应有的责任。公民不但有权享受来自政府的公共服务和公共产品，同时有权监管政府行使公权力，并有权在政府滥用公权力时要求政府回应。针对政府的回应成效，民众不但有权评价，更有权对其回应不及时甚至不回应造成的不良影响进行追究。

第三，法治性。回应型政府也是法治政府。法治的概念是针对整个社会的，法律在这个社会环境下，无论在任何社会领域都是适用的，法律的效力比起政府公权力更有权威性、更不容侵犯。换言之，法治政府是在法律规则下建立的、有维护法律的责任，并服从法律规定、依法保障公民民主自由权利的。法治政府的根本，就是永远承认法律效力，并接受法律约束的政府。法治政府当然是一个注重广大民众遵守法律法规的政府，但其本身的核心理念并不是通过法律在治理社

---

① 何祖坤. 关注政府回应［J］. 中国行政管理，2000（7）：9－10.

会，而是通过法律来治理政府，该理念的精髓是“要通过法律治理社会，首先就要接受法律的约束”。法治政府并不会刻意强调政府身为法律守护者必须落实法律这一事实，而是明确了政府自身必须遵循法律法规，不能够为了其组织利益而重新定义法律甚至颠覆现有法律。法治之所以如此重要，主要还是因为政府本身在执掌公权力的同时，却又有着强烈的组织利己性，政府公权力极具扩张性，总是在历史上持续剥夺法律，而身为法治主体的普通民众由于在资源上的差距，很难去抵抗，所以就一定要通过法律法规来约束政府公权力。①

二、我国回应型政府建设的意义与取得的成就

（一）我国回应型政府建设的意义

1. 信息时代发展的客观要求

网络对政府的影响体现在方方面面，具体表现在：第一，改变了政府内部的组织架构，简化了部门数量与工作程序。第二，信息化的发展开拓了民众的视野，拓宽了公众的认识范围，政治参与意识普遍提高，政府的执政压力也随之增大。第三，在网络化程度日益提高、民众意识不断增强的新形势下，对我国政府的治理机制与民众诉求平台的建立提出了更高更严格的要求。第四，信息化对政府信息交流平台带来变革的同时，也使政府的运行体系、政策体系得到了进一步的优化与调整。第五，互联网时代的发展对我国政府的执政、管理与服务形成了更大的挑战。由此可知，回应型政府倡导以科学发展观作为指导思想，鼓励政府深入到群众中去，依靠群众，走群众路线，主动听取公众的建议，倾听民众的诉求，最大限度地满足群众的根本需要。②

网络化为回应型政府的建设奠定了坚实的技术基础，互联网的发展提高了政府与群众交流的便捷性与高效性。网络选举、网站投票、网络普查、网络论坛等都成了民众参与政治决策、表达意见的新型平台，大部分地方政府都实现了网络办公，既减少了办事程序，又提升了行政水平。

2. 政府建设发展的内在属性

进入 21 世纪以来，世界各国都将建设回应型政府作为政府自我建设的重要内容，并围绕这一内容展开了大量工作。在中国，政府由于经历了长达近 40 年的计划经济时代，所以其主要职能一直以来都是管制，造成了我国政府管制职能过分突出、服务职能常年被忽视的现实情况，进而使得政府在许多社会服务领域存在越位、错位、缺位现象。所以，为了重新建立起身为政府的权威，就一定要

---

① 何祖坤. 关注政府回应［J］. 中国行政管理，2000（7）：9－10.

② 沈龙云. 论网络对政府形象的塑造及影响［J］. 改革与开放，2012（2）：150－151.

全新的行政理念、公共治理理念来建设回应型政府。

作为回应型政府的重要体现，责任型政府的重要性主要体现在以责任对公权力产生约束力。若是缺乏一个健全的机制来约束政府公权力，那么来自公众的公权力就有可能不再会为公众服务，转而成为政府本身的私有资产，甚至还会出现寻租行为。责任型政府对政府的定义是：政府可以通过行使公权力来承担自己供应公共产品、公共服务的义务，但在履行自身职责之外，不得利用任何手段滥用公权力——从这个角度来看，回应型政府事实上是一个有限政府理念。政府职能逐步向服务倾斜。回应型政府理念的渗透，标志着所有利用公权力谋取私利的行为都将成为不正当行为，行政工作将体现出更多的民主性和公平性，不再仅仅依靠官员的个人道德修养来约束公权力，而是采取制度手段消灭滥用公权力的温床。

3. 建设回应型政府是实现经济与社会协调发展的要求

我国自改革开放以来 30 余年，始终坚持发展经济，这是我国要实现跨越式发展的必然途径。但是，当我们回顾改革开放的初衷时，我们可以发现，发展经济只是一个手段，通过改革开放提高社会生产力的最终目标就是满足广大人民需求。政府在追求经济领域发展的过程中，也存在向社会供应公共物品、公共服务不够全面、均衡，导致经济发展和社会发展之间不均衡。在社会主义市场经济发展的初级阶段，政府在经济领域起着举足轻重的作用，但在市场逐渐成熟、社会个体利益阶层之间矛盾日渐凸显的今天，政府需要不断加大回应性与公共服务建设的工作力度。

回应型政府建设包括改革行政机制、转变政府职能、优化政府行政程序、重塑公共管理理念等方方面面的工作，回应型政府是在当前中国特色社会主义市场经济逐渐成熟的背景下提出的变革。建设回应型政府，必然能够使政府的行政体制更为科学，让公众以更低的成本参与到公共管理当中。

（二）我国当前回应型政府建设取得的成就

我国政府一直以来都致力于将自身建设成为能够贴近群众、体现公众意愿、化解广大人民群众生产生活难题的政府。改革开放至今 30 余年中通过不懈奋斗取得了世人瞩目的巨大成果。

1. 政府回应环境发生变化

第一，政府决策自上而下权威性决策开始逐渐向“集体民主”的决策过程变革。换言之，也就是由原本较为封闭的决策转为更为包容的决策、公开的决策。通过公共决策上的变革，我们可以清楚地看到我国社会的发展、政治的进步、舆论的开放。

第二，广大人民群众在政治领域的参与权和讨论权不断扩大，公众的利益诉求也更为自由、广泛。公民参与政治逐渐得到了尊重，民众也逐渐习惯于维护自身合法权益，公共领域初现雏形。身为普通民众，其强烈的维权意识、民主意识，加上表达意愿的日渐高涨，使得其获得了比以往更强的话语权。

第三，我国的社区民主、农村民主都获得了长足进步，政府回应有了更稳固基础的同时，也从制度层面上加大了政府回应的压力。诚然，我国当前的基层民主仍然面临一些问题，无论是在城市还是乡村，基层民主的发展都对政府回应手段及行政行为产生重要影响。

第四，信息技术的不断发展以及互联网新媒体的不断涌现扩宽了公众参与公共决策、参与政治的有效渠道，同时也在舆论上给政府造成了一定的压力。这对于约束公权力、影响公权力、促进政府改善回应方式来说，显然是有着强大推动作用。

更广泛的政治参与以及政府回应制度的出现与成熟。当前，政府回应机制对于各地方政府甚至是中央政府来说都尚属方兴未艾的新兴事物，而在我国政府的积极落实、普及之下，许多新的政治参与以及政府回应方式正不断出现。除了职能部门正在实施的政府信息公开、税务信息公开、司法信息公开等之外，还涌现出如政务微博、政府官方门户网站等基于新媒体的新型政府回应方式，使得政府能够更好地开展回应工作，体现政府回应积极性，受到了公众的一致好评。

2. 政府回应载体更加丰富

第一，以往发挥重要作用的行政管理机制依然会在回应型政府体系中扮演关键角色。在传统公共管理中，职能部门往往会采取下派专职工作人员“走基层”来确保政府回应的实效性。在公务员开展“走基层”工作的过程中，深入到基层社会、人民群众当中展开调查，采集广大人民群众对于公共服务以及公共产品供给的意见和建议，并迅速将这些信息整理、归纳、分析后得出报告。这一类型的政府回应信息收集确实在以往保障了政府回应的有效性，但却也让政府在展开调查的过程中耗费了大量的人力物力。加上公务人员在调查过程中容易出现“走过场”“打圆场”等现象，使最终得到的信息并不完全真实。从具体部门来看，我国政府的信访办公室等专职面向群众的机构，是政府面对群众的服务型部门，这类部门主要负责对来自广大人民群众的各种利益诉求进行整理分类，并将之呈送到相关职能部门进行处置。如政府的公共政策制定部门、深化改革专门领导小组等部门虽然也是政府的回应机构，但事实上其一般都不会通过具体的行政行为来回应社会需求，而是通过出台政策来回应，这也决定了它们的回应往往层次更高。因此，政府需要建立起一整套政府回应机制，使政府能够有专职开展相关工作的能力，表现政府在回应层面的工作积极性。①

第二，在时代和社会不断进步的背景下，政府的回应方式随着媒体的发展不断进步。如今，政府往往会利用大众媒体在公众中的影响力来开展回应，而主流媒体也在政府回应中扮演着日益关键的角色。一方面，广播、电视、平面媒体等主流大众媒体已经成了政府发布公共政策信息、宣布公共产品供应、承诺公众提供公共服务和公共产品的重要平台。而在另一方面，大众媒体也可以作为广大人民群众以及其他社会利益主体的利益诉求表达渠道，向政府反映自身需求——这也意味着一个顺畅的互动平台就此出现，且将为现代政府开展社会治理工作提供重要帮助。事实上，虽然政府有回应的责任，也拥有全社会最丰富、最强大的资源库，但政府要及时、完全实现民众的所有需求，显然是不切实际的。所以，政府在许多时候也需要依赖公共舆论以及大众媒体来采集公共政策的反馈信息，以确保所有政策落实到位。与此同时，在互联网与信息技术飞速发展的今天，互联网同样成了政府回应的重要手段。目前，绝大多数地方政府都建立了属于自己的官方门户网站，同时还注册了官方政务微博，政府在不断提高利用这些新媒体开展发布信息、公开信息、收集信息、处理信息等工作的过程中，不断提高自身的回应能力。通过互联网及基于互联网的新媒体开展回应已经成为现代政府的必备能力之一。

三、回应型政府建设面临的困难与挑战

我国民众政治参与意识虽已得到了进一步提高，但就整体而言，还普遍存在交流平台缺乏、参与积极性不高等问题，在具体实践中仍然存在以下几个方面的问题。

（一）政府定位模糊

受公共事务复杂性与非定时性等特性的影响，政府难以按照事先制定好的法律法规开展工作，而是在一种逾越自身能力与法律权利的轨道上前行，最显著的表现是，目前的绩效评价体系仍旧促使政府加大对市场经济的管理力度，政府主要职能体现不明显。

随着我国改革开放进程的不断推进，“不与民争权、为民谋利”已经成为当前党和政府开展改革的主要理念，党中央将绝大多数国资企业的管理权力下放到地方政府手中，其初衷主要是为了避免过多的政府干预导致企业发展出现阻碍。但由于我国社会主义市场经济尚未完全成熟，企业在金融融资、资源优化配置、

① 张国勇，徐敏娜. 从回应型政府建设探索创新社会管理模式的有效途径［J］. 辽宁行政学院学报，2012（2）：12－14.

节能节排等方面都存在着许多问题，只好将解决这些问题的工作交由政府。这也意味着，虽然经济体制得到了一定的变革、经济实体也得到了一定的发展，在传统计划经济中扮演绝对主导地位的政府部门不再那么抢眼，但主管经济的政府职能部门与国资企业在计划经济体制下保留的关系从未消失，所以政府的角色定位依然不明确。

（二）政府在公共服务建设中缺乏公开性

近年来，我国为提高网络问政公开性，相继颁布了多项政策来予以辅助实行，并获得了一定的效果。但由于获取渠道狭窄、信息平台缺乏等原因，广大群众仍然难以掌握政府部门的有关数据信息。从普遍意义上讲，以现在行政公开的相关内容作为参考准则，可以将信息公开分成两个部分：首先是政府部门主动公布信息，其次是满足群众的知情需求而对信息进行公开。目前，大部分地方政府对信息公开的主要表现为主动公开，但却未对信息公开的领域、形式、期限制定相关的条文法规。政府没有将信息进行公开也就难以保障公民的知情权，在出现信息失衡、民众对政治认识不足的现象时，民众对政府也难以实行强有力的监督①。

（三）政府回应在制度上的缺位

在通常情况下，若是社会向政府反映的问题具有一定的特殊性，那么政府就能够迅速对问题做出高质量的回应。如果公众反映的问题是普遍存在的或是在政策方面提出意见，那么政府的回应则会出现迟滞，甚至完全未能够将这些问题列入议程当中，如医疗保险、社会保险问题，这体现当前政府的政策决策未能完全为公众表达利益诉求设置有效制度。

（四）公民参政议政存在障碍

具体来说，我国当前的民众参政议政存在的主要问题有：民众参与不够深入、参与积极性不高、保障公民参政议政权力的配套政策不到位、社会自我管理能力较差，等等。

（五）政治参与缺乏组织性

在我国，广大人民群众对政治领域的兴趣较为淡薄，并不在乎自己的意愿是否能够在公共政策中体现。当民众的合法权益受到侵害时，民众有可能会通过信访等方式来抵制。通常情况下，广大人民群众获得政府信息的方式和途径极其有限，使得民众认为既然自己完全无法影响政策议程，那么也就没有必要参政议政。

---

① 孙天承，蒋秋明. 试论我国政府信息公开制度的现状及完善［J］. 南京农业大学学报（社会科学版），2009（3）：82－86.

四、网络环境下回应型政府提升公信力的路径选择

在互联网日益普及、新兴媒体发展迅猛的今天，公众获得了一个全新的、宽广的利益诉求表达平台，也给政府提供了一个改善自身公信力的机会。所以，政府需要通过充分研究互联网、理解互联网、应用互联网来提升自身公信力。

在网络环境下提升政府公信力必须要做好下列两方面工作：一方面，强化政府本身的建设工作，勇于承认当前政府在公信力及其他领域的不足之处，通过创新工作方式方法、兢兢业业履行职责以及严格的制度来收获社会信任；另一方面，正确认识互联网本身，重新定位政府、互联网与公众之间的关系，勇敢面对互联网时代的信息浪潮。

（一）正确面对，进一步加强政府自身建设

1. 更新政府管理理念，加强服务意识

在互联网不断普及的背景下，旧思想观念中的官僚主义、“无限政府思想”“全能政府思想”“行政无责任思想”都受到强烈冲击。要做好公共治理工作，政府需要根据时代发展及时优化政府管理理念。在互联网条件下，政府工作人员履职好坏，群众的褒扬和批评都在网络上予以呈现了。

作为政府政绩的重要指标，行政效率的高低直接体现了政府的执政能力、公共治理能力。与此同时，行政效率的高低也能够体现公务员队伍的综合素质高低、组织合理性以及部门设置科学性与否。一个低效率的政府，必然难以改善自身公信力。

随着互联网的不断普及，广大人民群众的民主意识、公民意识以及维权意识都在不断增强，互联网逐渐成为广大人民群众表达个人意愿、维护个人合法权益的有效平台。政府各职能部门及其工作人员必须紧跟时代发展、消除以往那些不科学的管理理念，紧紧围绕以下四点构建政府管理理念：

首先是建立起民主意识、科学意识。政府必须清楚地意识到，互联网信息技术是政府人员在公共治理建设工作中应该具备的知识能力，也是一个现代公务员的必要工作技能。与此同时，互联网铺天盖地的覆盖面以及无孔不入的渗透能力，提高了政府工作的透明度。政府需要根据互联网信息传播的客观规律来开展工作，给予广大人民群众的知情权。

其次是加强法治意识、责任意识。各级政府、职能部门及工作人员必须将官僚主义思想抛诸脑后，着力建设法治社会、法治政府，严格按照法律法规要求处理公务，按照法律法规管理互联网，让广大网民在通过互联网参政议政的过程中有法可依、有法可守。要“加强互联网领域立法，完善网络信息服务、网络安全

保护、网络社会管理等方面的法律法规，依法规范网络行为”。[①] 重视责任政府建设，“接访”更应“解访”，确保广大人民群众能够真正参与到公共治理、监督政府的工作中，让公众能够对政府行政工作、承诺履行施加压力，从而让互联网参政议政更为规范、更为有效，真正成为优秀的民意表达平台，让社会监督，让群众满意。

再次是始终坚持公平正义，始终坚持高效。政府应该在互联网中积极采纳民众意愿，以互联网作为广开言路之途，不断帮助政府解决社会问题，为政府制定公共决策提供科学依据；与此同时，政府在开展公共治理工作时，要确保出台政策的公平性，以保障民众的合法权益不受侵犯，而且要坚持高效行政、高效办事，避免在同一问题上耗费大量时间与资源。

最后要始终坚持“全心全意为人民服务”宗旨及和谐社会目标。政府需要根据互联网时代社会管理、公共治理的需求，通过互联网来帮助公众、服务公众，所有的公共治理手段，其初衷是保障广大人民群众的合法权益。要充分运用互联网及新媒体，化解社会各阶层之间的利益矛盾与其他摩擦，推动社会主义和谐社会不断发展。[②]

2. 运用网络工具提高行政管理效率——提高政府管理能力

一是在网络管理的层面上。随着网络化不断普及，网络安全问题日益显著，不法分子利用网络病毒来攻击政府网站或工作系统，盗取国家重要文件，给国家的安全管理带来了严峻的挑战。因此，增强网络管理的安全性已成为各国亟待解决的问题。政府应加大对我国信息安全的关注度，将政府网站系统和公共网站区别开来，确保国家相关密级信息安全。

二是促进信息化社会的发展进程。电子政务能否被人们广泛运用取决于网络信息的发展程度。对此，我国应加大对偏远地区信息化的建设力度，扩大网络的覆盖范围。而从城乡发展的角度看，打破电信行业的垄断地位、减少公众的上网开支、提高社会的信息化水平则是城市发展的主要内容。

三是及时更新网站内容。政府门户网站不要只是摆设，信息要及时更新、内容条理清晰、互动性强。互联网便民行政中心要更加便捷，及时回应民众的意见或建议，提升政府门户网站点击率。建立一套政务信息公开制度以及互联网工作机制，利用好政府门户网站的作用，缓解政府在现实社会中的行政工作压力，拉近政府与民众之间的距离。

---

① 中共中央关于全面推进依法治国若干重大问题的决定［N］. 人民日报，2014－10－29（3）.

② 张锐昕，杨国栋. 电子政府构建的政府基础：涵义、特征和构成［J］. 山东大学学报（哲学社会科学版）2011（5）：58－63.

3. 利用网络提高政府决策的民主性和科学性——提高政府决策能力

互联网拓宽了广大人民群众参政议政的途径。公共决策是否民主，是民主政治的重要衡量指标。互联网的不断普及，拓宽了群众参政议政的渠道，方便了民众及时掌握政府工作情况。互联网中的公共意见是政府获取民意的重要途径，政府在收集民意时，需要学会辨别情况真假。在铺天盖地的互联网民意面前，政府必须懂得如何分辨什么是真实民意、什么是虚假民意。互联网民意虽然对公共舆论有着巨大影响，但其本身并不是“客观”“公正”的代言词，更无法代表所有民众的意愿。① 我们可以看到，我国网民绝大部分是35岁以下的青年以及学生群体，这在给互联网舆论带来勃勃生气的同时，也因为学生群体和青年群体血气方刚、社会经验不足、政治参与少导致互联网民意出现偏激、极端现象。因此，我们在面对互联网意愿时，应该回应那些诚恳真实的意愿，而不应该与那些偏激极端的言论纠缠。

互联网在政府决策的过程中起到了重要的作用，为政府决策提供了科学依据和前提。政府往往能够在互联网中收集下列两类信息：首先是来自世界各地的优秀理论知识，其次便是民意。

（二）坚持依法行政，健全监督制约机制

1. 坚持依法行政，全面加强公务员的诚信道德教育

始终坚持依法行政、构建法治型政府，是提升政府公信力的重要途径。法治是民主政治的基础，而法治的核心则是以法律法规作为约束公权力的有效手段，从而让公共管理者按照法律法规要求行使公权力，开展工作，也让公众意识到政府在行使公权力的过程中必须遵循法律法规，一切行为都合乎既定的程序，从而最终建立起对政府的信任。通常情况下，法治型政府有两方面的意义：一方面，法律是政府开展行政工作、管理公共事务的重要方式；另一方面，政府一切行使公权力的行为都必须置于法律法规的监督下，且必须合乎法律的一切条文，即依法行政。法治型政府最重要的内容与根基，便是依法行政。一切政府机构都必须是在法律法规的指引下建立起来的，政府的一切公权力也都是在法律规定下获得的，所以政府一切行政工作的后果，按照法律规定也应由政府一律承担。依法行政可以有效约束公务人员的公权力行使行为，不仅让公务人员能在工作过程中享受到应有的权利，也能够制止公务人员的不法行为，以保障广大人民群众的切身利益不受侵犯，为社会持久繁荣稳定打下了坚实基础。在很长一段时间内，我国政府的职能重心是“管制”“管理”，政府习惯于通过公权力与行政命令来调控；

① 徐光木. 网络政治兴起背景下民主党派参政议政的新形势与创新［J］. 天津市社会主义学院学报，2013（4）：28－31.

与此同时，由于法律法规的威慑力较低，公务人员中出现了随意扩大公权力行使范围甚至是寻租行为，导致贪污受贿、钱权交易等行为的出现，社会影响极其恶劣、严重损害了政府形象。所以，政府应该逐渐放宽行政审批条目，简化审批流程，慢慢从以管制职能为中心的无限政府转向有限责任政府、服务型政府与法治政府，通过法律实现公共治理，为法治化社会打下坚实基础。① 与此同时，政府还需要逐步降低社会的管制压力，将有限的资源和时间投入政府自身的建设当中，使广大人民群众能够享受到更优质的公共服务，满足广大人民群众日益多元化的公共服务需要。我们还应该加强针对公务员的法治行政教育工作，优化广大公务员队伍的工作风气。此外，政府应该加强对公权力的监管工作，在渎职、失职、违法、执法不公、滥用公权力、钱权交易等行为出现的第一时间就予以坚决打击。要逐步实现社会主义道德体系，政府必须要在抓好法治社会建设的同时，重视社会道德建设，通过法律来约束人，通过道德来感染人，不断改善政府在公众心目中的形象，以增强广大人民群众对政府的信心与信任。

2. 完善政府问责制，推进法治政府建设

建立健全相关法律，明确每一个职能部门和每一个公务岗位的权利、义务和责任，使所有行使公权力的行为都处于法律法规与问责制度的监督之下。不但要为所有职能部门列出细化到人的权责清单，更要清晰地界定官员即便是在“丢官”的状态下也需要持续为自己曾经的行为负上责任；此外，要以严格的制度规范将所有的责任主体、问责手段、问责流程以及落实责任的监管体系同步予以明确。还要建立健全问责过后的监管制度，对于曾经被问责的公务人员，在重新任职时要经过严格甚至是严苛的审核和限制，以求官员问责制度落到实处。

若是公权力没有任何有效的约束，那么贪腐问题的出现就是必然的。就当前情况来看，我国政府约束公权力的制度主要有下列两类：一类是来自组织内部的监督管理，也就是政府职能部门组建的自治组织，如专门的审计部门以及行政监察部门等，这些监督事实上都属于自我约束。另一类则是来自组织外部的监督，也就是来自政府部门之外的监督者对政府以及工作人员的监督，如人民代表大会、司法监督以及社会各界的舆论监督等。诚然，从结构上看我国的公权力约束体系已十分完备，但也存在着一些问题。所以，应进一步完善针对公权力的约束机制，重视民主监督和舆论监督体系建设，以明确的法律法规保障社会主体监督政府及公权力的合法权利，并通过互联网建设一整套便捷、低成本、影响广泛的公共舆论监督系统，让政府和公务员接受来自公共舆论的监督，从而确保政府行

---

① 周鹤，黄晶梅. 论建设法治型政府的路径［J］. 吉林师范大学学报（人文社会科学版），2008（2）：84－86.

政行为的科学性、合法性。与此同时，我们还应该强化各级人民代表大会与司法对公权力的监督，应设置专职监督公权力的机构，并不断改善专职监督者的业务水平，强化质询权、任免权等监督权力，以实现人民代表大会与司法对公权力的有效监督。最后要建立健全自我监督机制，通过法律法规界定监督主体的法律地位、责任、权力边界以及监督手段、监督流程，等等，建成一套完整、合理的公权力自我监督制度，建立健全行政问责机制。作为公权力的具体行使人，政府部门必然也成为责任主体，必须要在行使权力的过程中为自身行为负上应有责任，而任何不负责任行使公权力的行为则应被视为非法。与此同时，责任也不可能在没有权力的情况下独立存在。所以，行政问责制建设的本质，事实上是一种责任原则从理念落实到制度的过程，问责制的初衷是要监督公权力滥用，其最终目标是要确保行政体系能够平稳运作，使得公权力不会成为个别人贪腐、侵害广大人民群众合法权益的工具；监督制度是行政问责制度的基石，法治型政府是确保行政问责制落实的重要保障；没有法治的保护，行政问责制就会成为一句口号。所以，完善行政问责制，应先从立法上着手，唯有如此才能够确保民主监督的实效性。要通过完善的法律法规界定问责主体、问责范围、问责流程，确保问责能够在有法可依的背景下，使公权力需要为自己的行为负上应有责任，这也是改善政府公信力的基础。①

（三）加强管理，积极应对时代环境变化

在互联网高度普及的今天，信息狂潮使政府话语权扁平化，也使公众能够更自由、更开放地表达自身的利益诉求。同时，政府部门应认识到，互联网能够让其更深入地了解民众的利益诉求，也给民众提供了一个监管公权力的有效渠道。事实上，公信力，是政府提高自我、改善自我的动力源。所以，政府应将互联网与新兴媒体作为载体，和民众建立起畅通沟通渠道，放低身段、主动应对互联网时代出现的种种问题，全面提高公众对政府的信任度。

1. 摆正位置，积极应对时代环境的变化

事实上，广大人民群众的意愿，可以从互联网舆情中窥见一斑。互联网舆论凸显了广大人民群众的利益诉求，蕴含着强烈的价值倾向以及价值观念，且因情感上的共鸣，在网民中极富号召力。我们可以在论坛、微博、微信等新兴媒体中看到，部分网民因知识结构丰富、遇事冷静、分析条理清晰而成为互联网舆论引导者。互联网舆论引导者将阶层特征淡化，通过本身发言获得权威。其言论由于常常能够引起网民的共鸣或是认同，所以转发数量、转述频率十分惊人，这也从侧面看出互联网舆论引导者的影响力。网友“吐槽”也有真知灼见，说明网友

---

① 李艳红，王希江. 我国公权力法治化思考［J］. 理论探索，2010（4）：127－130.

期待并相信党和政府能及时解决他们所遇困难及问题，而非故意抹黑党和政府、跟党和政府唱对台戏。[①] 要做好互联网舆论导向工作，政府就应该通过舆论手法，在互联网中引导舆论。公共关系即政府为了自身工作能够得到广大人民群众的认可与配合、为了良好的公众形象，以互联网为手段平台，积极与公众进行沟通、交流，从而实现公共治理。互联网的普及是政府选择其成为公共关系工作重点领域的主要原因。我国互联网发展时间虽不长，但发展速度与普及程度令人惊奇，影响力前所未有。

一是加强政府信息公开，促进公民有效参政议政。

提高政府信息透明度可在一定程度上巩固政府的执政地位与提升政府的形象。一个真正为民众谋福利、重视民众诉求的政府，必定能得到广大群众的爱戴与支持，民众对政府的认可度也会得到增强。由此可知，政府要提高自身的公信力，关键是要全面保障与满足民众的根本利益需求，提升民众的认同感与归属感，应从整体上拓宽信息的传播渠道，提高政府信息的透明性，进而维护与实现公民的民主权利。提高政府信息的透明性既有利于强化领导干部的责任意识与服务意识，加强政府与群众的联系，还能提高政府的公信力。

一些部门习惯于通过行政命令掌控公共舆论，不能放下身段、平等地与公众交流沟通。这一惯性也让其在公开政务信息时习惯了“一元制”，即无论是公开什么信息、怎么公开、公开到什么程度、什么时候公开，都是由其单方面决定，公众的利益诉求和意愿得不到应有重视。由于在开展行政工作时有着较强的封闭性，民众对政府内部工作方向缺乏了解，造成民众和政府间存在认知差异，使得部分公务人员在公共治理过程中使用某些自认为符合民意，又或是符合上级主管单位意愿的方式，对民众的意愿缺乏认知。与此同时，民众民主意识和公民意识不强，参政议政热情不高，加上参政议政途径较窄，相关部门缺乏与民众有效交流机制，导致公众未能客观地认识政府的职能。从这个角度来看，坚持贯彻落实政务信息公开，让公权力始终在阳光下运行，接受广大人民群众的监督，公众方能看清相关部门是否履行了承诺与自身职责，政府与民众方能真正建立起有效的交流途径，增进相互信任。尤其是在突发公共危机爆发后，公开信息能够有效避免民众消极情绪的产生，维护政府权威。在互联网背景下，各类信息不但能够超越时空传播，其速度更是快得令人难以置信，人们不仅能够通过互联网获取事件相关信息，还会看到铺天盖地的流言蜚语、虚假信息。在民众民主意识、公民意识逐渐觉醒的今天，政务信息已经成为公众瞩目的焦点。所以，相关部门也应以积极正面的态度，及时为广大人民群众提供准确、有效的信息，避免公众对政府

---

① 张爱平. 网友“吐槽”也有真知灼见［N］. 人民日报，2014-07-07（17）.

或是事件本身存在错误认知，更避免一些极端偏激的情绪在互联网中盛行，造成恶劣的社会影响、损害政府公信力。①

二是加强网络监督，有效防治权力腐败。

权力是腐败滋生的条件，而毫无约束的权力更会成为腐败的温床。腐败对政府公信力造成严重伤害。所以，为了杜绝权力滋生腐败，出现钱权交易，就一定要将公权力放在阳光下运行，让公权力接受广大人民群众的监督，确保公权力始终为了人民利益服务。在互联网高度普及的当今社会，信息技术与新兴媒体的不断发展让广大人民群众能够更自由地就国家问题、社会问题表达个人意见，进而成为有广泛影响力的互联网公共舆论，而公共舆论可让政府迅速就公共问题做出反应，也是广大人民群众参政议政、监督公权力的新渠道。互联网监督，又被称为互联网公共舆论监督，是广大人民群众通过互联网以及微博、论坛等基于互联网的新兴媒体对政府及其工作人员进行监督，其实质是民主监督的一种。互联网本身高度的自由性、私密性、交互与安全性是互联网监督在短时间内风靡的主要因素，广大群众通过互联网获得更自由的表达平台，使得公众能够真正参与到政治生活当中；而互联网的私密性也使得公众能够抛开现实社会中身份地位的制约，无拘无束地与他人进行交流；而互联网的自由性和交互性则能够让公民在发现公权力失当行为时上传到互联网空间，引起公众的广泛关注，最终形成一致的舆论压力。这种舆论压力也迫使政府必须及时做出回应，并通过有效手段处理问题。互联网监督能够有效遏制腐败滋生，将一切腐败行为放在放大镜之下，使腐败分子无所遁形。②

从目前情况来看，互联网舆论监督已经成为社会主义民主建设的神兵利器，为作风建设以及反腐倡廉建设提供了重要推动力。互联网监督能够有效促进政府行政工作规范化、服务优质化，让相关部门积极收集来自民间的声音，按照民意供应公共服务，进而改善民众对政府的观感。当前，互联网监督成为广大人民群众开展公权力监管、确保廉政建设的重要途径。互联网监督近年来成为约束公权力非常有效的方式，确保了公众参与到公权力监管工作中。但是，互联网监督的迅速发展并不意味着它是一种完美无缺的监督形式；相反，偏激、极端的互联网情绪导致事件恶化的情况比比皆是。在互联网行为不受制度约束的情况下，互联网监督同样会成为侵犯他人合法权利的“新暴力”。所以，相关部门在通过互联网监督补充公权力内部监督系统时，必须将互联网监督摆在正确的位置上，既充

---

① 吴根平. 建立我国政府信息公开制度探析［J］. 南京农业大学学报（社会科学版），2002（4）：55－59.

② 张亚明，李苗，刘海鸥. 中国网络反腐体系构建与路径选择［J］. 理论探讨，2011（1）：126－130.

分发挥好互联网在反腐倡廉工作中的良性影响，也要避免互联网监督因不受控制成为另一个烂摊子。因此，要将既有的监督方式与互联网监督有机结合到一起，使互联网监督能够有序展开，真正提高政府公信力。①

2. 完善信息网络管理，积极应对危机事件

随着改革开放的不断深入，我国的社会结构由单一性调整成多样性，固有的社会矛盾与现有的矛盾出现碰撞，影响社会的稳定和谐。公共危机是由内外部因素共同作用引起，并在短时间内爆发具有巨大破坏力的事件，它不仅阻碍社会经济的发展、影响民众日常生活，还削弱了政府的形象，降低政府公信力。

一是公共危机处理。

从公共危机事件中我们可以看出社会存在的问题和摩擦，政府应加大公共治理工作力度，不断提高解决问题的水平能力。在互联网高度普及的信息社会，政府在开展公共治理工作时，要顺应时代发展的客观规律，通过互联网技术来治理互联网舆论。事实证明，消极手段只会让事件不断恶化，对化解危机毫无帮助。所以，必须要强化互联网信息建设工作，以提高政府在面对公共危机时的应对能力和化解危机的能力。近年来，互联网已经渗透到人们生产生活的方方面面，给我们带来诸多便利的同时，也为政府的公共治理、危机处置等工作提供了许多有效信息。但是，互联网的发展也给我们造成了不少困扰。互联网谣言、诈骗、语言暴力、知识产权被侵犯等问题屡见不鲜，加大了公共治理工作的难度，严重威胁社会的繁荣稳定、损害政府公信力。我们必须加大互联网的管理力度，使其能够充分发挥在公共治理中的良性作用，消除其隐患。②

第一，必须深刻认识互联网管理工作的必要性，主动学习互联网技术与互联网知识。在开展公共治理过程中，常常会发现有一些问题是被有些地方政府及领导视为“疥癣之疾”、避之不及的。各级政府必须从思想上认识到互联网技术、互联网知识以及互联网管理的重要性，认真学习互联网理论知识，充分掌握好互联网应用技能，学会有技巧地引导互联网舆论，竭力为公众打造和谐、理性的互联网环境。

第二，加大与互联网新兴媒体之间的联系，为政府与新兴媒体之间、政府与公众之间搭起良好的沟通机制。从目前情况来看，新兴媒体已经成为政府与民众交流的重要途径；公众可以在新兴媒体中发表对政府的意见和建议；政府则能够在新兴媒体收集广大人民群众的意见，甚至通过即时交流来了解广大民众的切实需求，并为公众提供有效服务，政府与民众可以通过新兴媒体紧密联系在一起。

---

① 张亚明，李苗，刘海鸥. 中国网络反腐体系构建与路径选择［J］. 理论探讨，2011（1）：126－130.

② 朱秦. 危机事件对政府形象的影响及其重塑［J］. 行政论坛，2005（1）：17－19.

互联网新兴媒体对社会问题的看法，将直接影响事态的发展。政府必须与新兴媒体建立起良性互动关系，确保新兴媒体能够充分发挥舆论引导作用。确保与民众的交流畅通无阻，让政府能够迅速了解民众意愿，并采取相关措施，形成“有序参与、和谐稳定”的良好局面。

二是促进政府于网络监督态度的转变。

用什么态度、什么方法来面对互联网监督，体现了一个领导干部的气度，也考验着一个领导干部的智慧。各级领导干部要正确认识互联网监督，将其作为开展反腐倡廉工作的神兵利器。近年来党中央、国务院再三强调要正确认识互联网监督以及互联网舆论，督促地方政府主动与网民开展沟通交流、建立良好的沟通机制，设置互联网行政举报平台，使广大网民能够遵循规范程序进行举报，利用互联网信息帮助侦破贪腐案件。

第十五章　领导者公信力与政府公信力提升

领导者素质直接影响到政府公信力的提升与维护，因此推动政府诚信建设的根本措施在于提高领导者素质，提高公众对领导者的信任度。要在廉洁从政的基础上，治理“懒官懒政”，树立务实重干的工作作风，营造“有为才有位，有位就要有为，为官就要为民”的用人导向，向“为官不为”者开刀，形成愿干事、能担当、能成事的政治生态，回应人民群众的关切和期盼。① 在网络环境下，政府履职方法更丰富了，了解民意的渠道更多了，与群众沟通更便利了，政府为民服务的措施与手段也要跟进优化。政府在加快诚信建设过程中要抓住网络社会不断深入发展的契机，善于通过网络深化改革政府层级管理体制，突破层级之间的沟通界限，促进政府公信力提升。

一、领导者公信力缺失表现

导致领导者公信力缺失的主要原因是领导者公信力不断下降。领导者公信力下降是指领导者在行使权力过程中对原有的公信力不善加维护，没能做到严格遵守相关规章制度和法律法规，滥用权力，损害民众利益，引起社会公众质疑的现象。具体表现为：

（一）决策不规范

政府在行政管理过程中要为妥善处理各项事务以达到某种预期行政目而做出决策行为，而领导者是政府决策行为的主体，因此领导者自身素质、责任感与工作态度决定了政府行政决策的有效性。部分领导者由于行政素质不高，在执行行政决策过程中主观性较强，导致决策缺乏科学性和规范化。主要表现为：(1) 暗地操作。随着电子政务建设逐步推进，从总体上看，政府政务公开状况较为令人满意，值得肯定，但有一些地方对政府政务公开不重视，个别领导者采取得过且过的敷衍态度，行政行为过程中违法乱纪，暗地操作人事任用、项目工程建设和违法案件处理等。另外，有的领导者思想僵化，官本位主义严重，

① 杨树平. 向为官不为者开刀［N］. 人民日报，2014-07-10（5）.

忽视与民众交流，仍然习惯于“头脑发热拍脑袋”决策模式，严重阻碍民主制度建设。(2) 主张不定，政令多变。部分领导不从长远利益出发，不以实事求是理念为指导，为获取短期利益大搞所谓“形象工程”“样板工程”捞政绩，导致言行不一，失信于民。① 工作主张不定，朝令夕改，让工作陷入被动，使民众摸不着头脑。部分领导者职业操守低，不能够兑现行政承诺，缺乏执政魄力。如此一来，领导者公信力逐渐下降，政府诚信大为受损。

（二）行政主观性强

只有组织内部堡垒坚强有力，组织外部才有可能信服组织权威，进而追随组织，为组织的目标而奋斗。领导者公信力是行政组织赢得下属服从与信服的重要保证，也是外部群众认可与拥护政府的关键因素。可以说，领导者公信力越高，其内部凝聚力和服从意识就越强，就越能赢得群众的追随和肯定。领导者行使权力是受到相关法律法规约束的，在具体实施过程中，如牵涉过多的主观性因素，权力的约束性就会大打折扣，政策执行也会失却规范化。

（三）存在行政浮夸

政绩是体现领导者能力、实现自我价值的标准，但是部分领导者没能从正确的政治立场和崇高的政治理念出发，明确自己的执政观，摒弃错误的执政理念，而是一味追求“形象工程”“样板工程”，滥用权力，以权谋私，不从实际出发，违背行政规律。这种错误的政绩观不仅不利于领导者公信力形成，还会把领导者导向以权谋私、劳民伤财的歧途上去，对国家和组织权威造成极大危害。

行政理念上，部分领导仍然存在“官本位主义”，作风保守。开展行政工作时不肯放下身段，群众意识淡薄，忽视与群众交流，缺乏群众情结，对群众利益不闻不问；封建思想根深蒂固，官场习气较为严重，宁做墙头草，做事没有原则；本职工作不积极，能为之事不主动，保留着浓厚的浮夸作风，工作务虚造假，耍弄权术，两面讨好。有的领导干部职业素养低，为了捞取足够的政治资本，不惜降低人格，蓄意造假，如对组织欺瞒年龄，篡改文凭、个人档案，申请职称时提供虚假材料等。凡此种种，均暴露了政府诚信建设中用人制度有漏洞、领导监督管理不善等问题。②

二、领导者公信力下降的原因

领导者公信力下降制约了效能型政府建设，是政府诚信建设难以取得进展的

---

① 傅思明，钱刚. 诚信政府与领导干部公信力提升［M］. 北京：东方出版社，2013：125.

② 徐妍. 领导者公信力的理论架构与提升路径研究［D］. 辽宁师范大学，2011：14－15.

主要原因。笼统来说，领导者公信力下降的因素不外乎主观原因和客观原因两方面：

（一）主观原因

1. 价值取向的偏差

市场主体地位的确立使其基础性调节功能得以充分发挥，体现在思想层面，表现为人们的思想认识和价值观念发生着深刻的变化，新旧思想产生强烈摩擦。新思想和理论的广泛传播一方面进一步转变了人们的思维方式，促进了思想的解放；另一方面又不可避免带来了功利主义、极端享乐主义等腐朽的思想意识。诚信等传统优秀的文化价值理念要真正浴火重生，在全社会营造良好的诚信文化氛围，领导者率先垂范发挥带头作用至关重要。要加强社会诚信体系建设，诚信内化为领导者的品德成为必然要求。具有较强诚信意识的领导者，必然有着较高的政治觉悟和党性修养，把全心全意为人民服务的宗旨自觉内化，并始终坚决贯彻践行。

2. 思想品德偏低

思想品德是一个人进行社会实践活动一贯遵循的社会道德原则和规范，是个人自觉将思想价值观念与优秀道德品质结合起来的过程。思想道德经过道德实践活动可以达到更高的境界，思想品德偏低的领导者在社会生活中无法发挥其应有的表率作用，甚至能对下属和民众产生误导，引起社会秩序混乱。道德责任意识淡薄，缺乏思想品德修养的领导者①，表现在行政理念上，就是急功近利、滥用权力、以权谋私、缺乏诚信。这必将使领导者在缺乏内省约束的情况下，不断做出有损个人形象的行为，导致政府公信力下降。

（二）客观原因

从客观原因上看，制度建设是影响我国政府诚信建设的重要问题。

1. 诚信法治建设滞后

“为官之义在于明法。”领导干部只有明法才能秉公办事、依法行事。诚信法制为推动社会诚信建设提供了坚强的保障，也是衡量社会法律体系是否完善、制度设计是否合理的重要指标。我国缺乏相应的科学合理的诚信法制保障，制度上的漏洞导致领导者诚信缺失而没有受到相应法律制裁，人为因素的作用明显，这降低了领导者的风险意识，使广大民众无法信服，政府威信受到严重损害。

2. 监督机制不完善

在缺乏有力监督的情况下，一个掌握实权的人无法保证自己不滥用权力、以权谋私。民主监督作为一种有效的约束工具，为领导者套上了行使权力的紧箍

---

① 傅思明，钱刚. 诚信政府与领导干部公信力提升［M］. 北京：东方出版社，2013：128.

咒，使其在使用权力过程有所忌惮，不敢为所欲为。

3. 责任追究不力

我国法律对违背诚信的行为惩处依据不足，在客观上造成了约束不严的现象，在一定程度上削弱了法律的权威性。基于这样的现实，少数领导者在没有严格法律约束的情况下为所欲为，以手中权力为工具，不断进行损人利己的行为，不仅损害了政府威信，也使法律的权威受到极大影响。领导者在行使权力过程中敢于为所欲为，肆无忌惮，根本在于法律对失信者的责任追究力度不够，使他们心存侥幸，不断触碰诚信道德底线①。

三、提升领导者公信力的途径

习近平总书记在中央政治局第十六次集体学习时的讲话中指出："营造良好从政环境，要从各级领导干部首先是高级干部做起。领导干部要坚守正道、弘扬正气，坚持以信念、人格、实干立身；要襟怀坦白、光明磊落，对上对下讲真话、实话；要坚持原则、恪守规矩，严格按党纪国法办事；要严肃纲纪、疾恶如仇，对一切不正之风敢于亮剑；要艰苦奋斗、清正廉洁，正确行使权力，在各种诱惑面前经得起考验。""人间正道是沧桑"，领导干部必须遵循规律，走正道，走阳光道，要杜绝"跑官要官""买官卖官""拉票贿选""走关系"等歪风邪气，避免一失足成千古恨。

（一）牢固树立"民本"思想

"民本"思想体现在拥有较深的群众情结，就是要对群众保持深厚的情怀，坚定全心全意为人民服务的宗旨与权为民所用的原则，让群众在心中拥有至高无上的地位。在具体工作中想群众之所想、急群众之所难、解群众之所困。要牢固树立"民本"思想，坚持"从群众中来到群众中去"的实际工作原则，在具体工作中放下领导架子，脚踏实地，一心一意干实事，不断赢得广大群众的信任和支持，提升领导者公信力。

1. 领导者与广大群众加强沟通理解，联系密切是赢得群众信任与支持的前提

领导干部是群众利益的代表，要始终坚持执政为民的理念，以人民群众的切实需要为出发点和落脚点，维护和实现他们的利益。因此，贯彻落实群众路线，坚持"从群众中来，到群众中去"的工作方针，是领导者取得群众一致认可和支持的基础，是提升和维护领导者公信力的必要途径。

---

① 徐妍. 领导者公信力的理论架构与提升路径研究［D］. 辽宁师范大学，2011：17-19.

2. 领导干部要具有深厚群众情怀

对群众的生活情况是否关心，解决群众的现实问题是否积极主动，决定了他们在群众中享有怎样的地位。公信力高的领导者善于做好本职工作，能够较好处理各种关系，具有求真务实的工作作风，摒弃大搞“形象工程”捞政绩的浮躁心理；始终坚持关注民生问题，深入基层，了解群众切实困难，密切联系群众，帮助群众解决实际问题。顺应民意，赢得民心，这为领导者获得良好的公信力赢得广泛的社会支持。

3. 不断提高自身综合素质

只有真正提高了个人工作能力，领导者才能在工作中游刃有余，才能更有效地行使人民赋予的权力，不负党和国家的重托。一个能够承担起重大责任的领导者才能得到群众认可和信服，公信力才能真正得到提升。

首先，提高理论修养。统揽全局和统筹规划是领导者必备的基本素质，还应具有较强的应变能力和解决问题能力。要具备这样的素质，加强理论修养是前提条件。领导者要坚持终身学习观念，深刻认识到，加强基础理论学习不仅是为了“不辱使命”和不负重托，更是为了提高诚信品德修养，不断实现自我超越。领导者加强理论学习和修养应当坚持谦虚谨慎、不耻下问的态度，妥善处理好工作与学习之间的关系，带头营造良好的学习理论知识的氛围，充分发挥领导者的引导作用。

其次，坚持理论联系实际，做到知行合一。坚持一切从实际出发，理论联系实际的观点，是领导者使知识储备不断转化为实际工作能力，促进思想得到升华，最终实现知行合一的重要保证。领导者要抛弃文山会海的办公室环境，积极投身实际工作当中，对基层群众生活和实际困难保持较高的关注度；善于发现问题、分析研究问题和解决问题，并总结出自己的一套方法，使所学知识发挥作用，现有知识得到升华。另外，领导者要针对工作重点和重要任务，制定相应的理论学习计划，提高工作中解决实际问题和困难的针对性和有效性。

最后，巧妙运用领导技巧，讲究领导艺术。对于领导者来说，主要是处理好自己与下属、官员与群众之间的关系。这就要求领导者要有一定的领导才能，具备处理各种突发事件的应变能力，善于处理好上下级关系，使矛盾化解于无形之中。工作能力强的领导者不仅能够巧妙运用领导技巧，而且经过长期的实践工作锤炼，其领导能力逐渐提高，升华为领导艺术。具有领导艺术的领导者自然更受群众欢迎，有利于政府公信力提升。

（二）公正务实的行为准则

领导者的权力是集体赋予领导者支配公共资源的资格，具有公众性特点。领导者行使权力首先要从公众利益出发，以公众实际需要为落脚点。坚持“秉公执政”应当成为领导者行使权力的原则，在行使权利的过程中，只有坚持公平、公正、透明，领导者才能获得广泛的社会认可与支持，才能有效树立起较高的公信力。

首先要坚持“权为民所用”。公众赋予领导者支配公共资源的资格并不代表领导者能够不顾他人利益，肆意挥霍资源。坚持“权为民所用”，就是要做到从公众利益的角度出发，代表民众以权力为工具支配资源，优化整合资源配置，提高资源使用效率，使民众的合理需要真正得到满足，切实利益能够充分实现。

其次，坚持公正严明的行政原则。领导者作为所有行政人员中的一部分，要具备良好的职业操守和政治素养。日常行政工作中，要做到办事公正，公事公办，处事严明；在领导实践中，要摒弃任人唯亲的观念，公开处理政务，以公心任用人事，以公道解决问题，杜绝滥用权力、以权谋私的现象；在处理个人利益和国家、集体利益时，要优先考虑国家、集体利益，个人甘于其后。领导者办事公正严明，就容易获得良好的社会信誉，公信力自然就高。

最后，坚持求真务实的工作作风。工作作风体现为领导者一贯坚持的工作理念和办事方法，良好的工作作风对促进领导工作、提高领导实效具有重要的现实意义。求真务实作为一种良好的工作作风，不仅有助于激励领导者干好本职工作，还有利于树立领导权威，提升公信力。在领导水平不高或缺乏领导艺术的情况下，求真务实之风更能发挥重要作用。由此可见，领导者在工作中犯错误、能力不足倒不是最大的问题，最大的问题是不能脚踏实地，少说多干，克勤克俭，而是好吹嘘、自吹自擂，推脱责任无所作为，大搞形式主义，得过且过。辜负了人民群众的期望，欺骗了人民群众的感情，这样不仅不能获得谅解，还会使公信力不断下降，损害政府形象和威信。只要领导者怀着一颗谦卑的心、坚持兢兢业业的精神、贯彻勤政为民的执政理念，在工作中抓好方向，在发展中发挥好引导作用，脚踏实地，即使领导能力和领导艺术不高，经过求真务实工作的不断磨炼，领导者的综合能力必将得到较大提升。总而言之，领导者只要摒弃形式化的工作方式，坚持脚踏实地、求真务实，真正做好本职工作，自然会赢得民心，取得民众支持，领导者公信力才能得到有效提升和维护。[①]

（三）加强思想道德修养

加强思想道德修养，坚定诚信的思想道德准则，是提升领导者公信力的重要途径。领导者的道德和学识修养主要体现在平常一贯的言行和作风上，对社会思想发展趋向具有重要的引领作用，其个人魅力影响着周围的人，起到了重要的表

① 徐妍. 领导者公信力的理论架构与提升路径研究［D］. 辽宁师范大学，2011：20－21.

率和示范作用。因此，领导者要不断增强学习意识，坚持不懈地培养崇高的思想道德情操。领导者的诚信品质主要体现在：

第一，政治觉悟高，政治素质过硬。宋代理学家张载曾评价自己："平生于公勇，于私怯，于公道有义，真是无所惧。"较高的政治觉悟和政治素养是建立在诚信基础之上的，只有持续对领导者加强思想政治教育和党性培养、增强宗旨意识，才能保证领导者政治觉悟的不断提高，最后成为一名合格的领导干部。"计利当计天下利，求名应求万世名"，修身齐家治国平天下。领导者只有加强思想道德修养，提高政治觉悟，才能做到诚信齐家，担负起领导责任，才能有资格谈论治国理政理想，树立起平天下的远大志向。因此修身齐家是一名合格领导者的必修功课，而诚信践诺，才能牢固树立起领导者公信力。

第二，人际交往秉承诚信原则。领导干部在人际交往中处理各种关系时，应恪守诚信原则。要在诚实、平等的基础上待人处事，这样才能有助于形成团结互助、和衷共济的和谐关系，受到同事和群众的欢迎。具体体现在：第一，不欺上，有理有节。对待上级要做到不阿谀奉承，坚持实事求是，敢说真话，敢报实情，不虚与委蛇，应付了事。第二，不欺哄同事，互相尊重。领导同事之间相处时间长了，难免会发生摩擦，多少产生一些矛盾，但只要能相互理解，相互尊重，以诚相待，相互谦让，时常开展批评与自我批评工作，就能从总体上营造出一种相互谅解、团结互助、共同进步的和谐氛围。第三，不瞒下，坦诚对待。领导者的下属是领导坚定的支持者，是强大的后援动力，是领导工作得以顺利展开的保证。因此，领导者对待下属要坚持坦诚相对，不做欺瞒之事，不行"打小算盘"之举，有事大家一起商量，问题大家共同解决；不在背后搞"两面三刀""放冷箭"，坚持求真务实，把各项任务落实好，把所有工作做好。

第三，坚持廉洁自律的执政理念。为民是党员干部最基本的心态。焦裕禄满心为民，所以他深入风沙、盐碱、内涝"三害"最严重的地方查风口、探流沙、搞试验，找到了根治"三害"的办法；沈浩满心为民，所以几次放弃上调机会，把热血和生命献给了小岗。这些人都将"为官一任、造福一方"作为不懈奋斗的目标。① 领导者的权力为民所用，为正道所使，就能充分发挥它的正面作用；如果滥用权力、以权谋私，损害民众利益，则权力变成祸害，必将失去民心，最终为历史所淘汰。领导者要不断坚定廉洁自律的执政理念，提高正确行使权力的能力，增强全心全意为人民服务的宗旨意识，提升领导者公信力。

（四）加快科学有效的各项机制建设

领导者公信力的提升与维护，不仅要依靠内部因素，夯实个人基础，还要通

---

① 吴良伦. 好心态比智慧更有力量［N］. 人民日报，2014-07-16（4）.

过外部条件施加影响，建立科学有效的机制制度，使其保障作用得到充分发挥。

1. 完善科学合理的人才选任制度

完善合理的人才选任制度是推进政府诚信建设的重要途径，有利于赢得民心，促进基层民主制度建设。第一，要摒弃重才轻德的观念。德才兼备是用人的理想标准，在人才选任过程中要始终坚持品德优先的标准，加强对选拔对象“才”的考核，要坚持把试用阶段、工作阶段和年终阶段的考核结合起来，使“才”的体现有据可依。第二，营造开放、灵活、公平的用人环境，积极推行“能岗匹配”制度。开放、灵活、公平的人才选拔任用氛围，是建设有中国特色社会主义法治社会的必然要求，尤其是领导者的推荐和选举，要在赢得广大民众认可和支持的基础上努力实现公开、公平、公正，通过民众认可、领导推荐和组织决定的灵活方式选出新的领导者。

2. 完善培训教育制度

第一，推进政府诚信理论创新。诚信看似司空见惯，实质上其理论体系是一个繁复庞杂的系统，研究起来需要一定的人力物力，难度较大。一直以来，对诚信理论研究的不足导致我国政府在诚信建设过程中，相关理论应用严重缺乏。改革开放后，利用各项社会机制不断革故鼎新的契机，我国政府诚信建设进程有所加快，对提升和维护领导者公信力发挥了重要的指导作用，但当前社会处于转型期的关键阶段，我国诚信课题研究仍有大量工作亟待处理，政府诚信建设需再接再厉。

第二，推动领导者教育培训内容更新换代。在新形势下，领导者教育培训主体要不断增强与时俱进观念和改革创新意识，在教学培训活动中不断推动领导者教育培训方式和内容更新换代。领导者的思想道德教育应该成为培训的中心任务，要把提高领导者的道德修养和思想情操当作教育培训体系的长期任务来抓，使领导者的道德和思想境界不断提高；要从全局角度统筹规划领导者教育培训内容安排，强调重要指导思想与理论的不断充实，使领导者教育培训有方向指导、方针指引、政策指示；要把领导者专业能力培训和领导艺术培养列为重要教学内容，不仅要提高领导者在实际工作中的综合能力，还要增强他们的技巧、锤炼领导艺术的素质；要充分利用教育培训体系平台，不断在领导者队伍中加强普法工作，增强其法治观念和遵纪守法意识。

3. 加强诚信监督

“你在桥上看风景，看风景的人在楼里看你”，诚信环境里，每个人都不是一座孤岛，每个人都是他人的环境。① 领导干部诚信建设不仅要依靠内在自省能

---

① 辛士红．每一片风景都有成长的土壤［N］．人民日报，2014－07－11（4）．

力发挥作用，也要借助于外部条件施加压力，如监督机制的强制性制约等外部因素。要提高民主监督效力，就要不断完善各项监督机制，充分发挥组织监督、法制监督和社会监督三方联动效应。

传统行政管理体制下保守而封闭的政务处理方式已不能适应新形势的要求，政府公共事务处理要不断实现公开、透明、规范，以适应广大民众日益增长的参政议政热情。民众对政府和领导者行政绩效的评价对衡量领导者公信力具有举足轻重的作用。在加强政府诚信建设过程中，要把广大民众对政府和领导者的评价纳入监督体系内，按照科学、标准、规范的要求，建立健全领导者绩效考评制度。①

三、网络环境下的领导者公信力路径提升

全球化与网络化的深化发展逐渐改变了政府行政管理模式，使传统的行政层级关系被解构，上下级的从属关系也进一步弱化，为各种政策与政令的上行下达提供了新的渠道。在网络化条件下，对领导者综合素质提出了更高的要求，有利于提升与维护领导者的公信力。政府应主动学习网络知识，探究与分析网络发展规律，增强网络技能，将网络运用于政府的管理与运行当中，提高行政效率。在网上做到“脸好看”“事好办”，不让人民群众遇“软钉子”。

（一）不断提高领导者综合运用网络的能力

网络环境对领导者公信力的影响逐步增强，它对领导者综合素质提出更高要求的同时，也促使其领导方式发生改变。在信息化深入发展的形势下，网络传播媒介的广泛应用使得政府主导信息传播的方式发生了深刻改变。其主要原因在于，网络的无空间限制与实时性使大量网民的意见走向联合，从而影响网络舆情的发展方向，这就为广大民众参政议政提供了极为便利的渠道。对于这种现象，政府应予以高度重视，并使领导者的领导方式逐渐发生转变，以便回应广大民众对参政议政的热情。领导者要深刻认识网络带来的机遇和挑战，高度重视网络环境对领导者公信力的影响，努力学习相关网络传媒知识，不断提高综合运用网络的能力。

1. 大力提升文化建设领导力

党的十八大在十七届六中全会的基础上，进一步规划设计了社会主义文化建设的布局结构。对政府和领导者而言，则需着力提升文化建设的领导力，以党的十八大精神为指导思想，保持清醒的文化自觉，提高领导者的领导能力，进而提

① 徐妍. 领导者公信力的理论架构与提升路径研究［D］. 辽宁师范大学，2011：26－29.

高领导者的公信力。①

首先，应对领导者的决策考验。互联网的深入发展拓展了广大民众的政治参与渠道，增强了社会民众的公民意识和维权意识，使其权利的充分实现成为可能，这就给领导者的决策行为带来了严峻考验。其在积极参与网络参政议政之后，其总体政策分析和判断能力也有所增强，其通过对政府相关领域政策的解读而做出的判断，部分比领导者的决策更具有科学合理性，这对领导者的决策能力带来较大的压力。与此同时，由于社会民众通过网络参政议政所要达到的目的各有不同，因此网民的意见表达既有理性的一面，又有盲目性，但不管怎么样，自身利益诉求是他们共同的目的。这就要求领导者在进行决策时，把网民情绪及其相关利益诉求纳入政府决策体系内，同时还要考虑实际情况，最终做出更为科学合理的决断。

其次，应对领导者的素质挑战。领导者要有“本领恐慌”意识，不能“没了贵宾厅就不懂坐飞机，没了秘书就不会说话”。② 信息化程度的不断提高对人们学习网络知识和应用网络技术提出了更高的要求，领导者对网络的适应能力也亟待增强。总体上说，领导干部大多有了一定年纪，一般接触网络较晚，互联网知识匮乏，不善于应用网络媒介与社会进行沟通交流。要真正从整体上增强领导干部的网络应用能力，就得把老干部的网络知识和技能教育培训当作工作重点来常抓不懈，使领导干部从总体上应用网络技能的短板能够得到有效解决。

再次，应对领导者的权威考验。在传统行政管理模式下，领导者的权威对于领导干部赢得下属支持和群众认可，协调各方关系，提高领导效力发挥着至关重要的作用。但是这种显著的作用多数时候只能局限在以往的层级管理体制当中，在网络社会环境中，这种权威被不断弱化。网络环境具有开放性、公共性、自发性和盲目性，人员的组织与引导是横向的，且难以受到有效约束。民众通过网络获取了大量信息，掌握了一定的话语权，领导者的权威受到一定质疑。在此情况下，如果领导者仍然不能采取有效措施来应对网络社会新形势的变化，而是得过且过，毫无作为，就会陷入被动局面，损害领导者权威。一分部署，九分落实，领导者要发扬“钉钉子精神”，用勤政的实际行动树立“言必信、行必果”的政府形象。③

最后，领导者的思维方式亟待改变。当前我国处于社会转型的关键期，社会各领域各方面均发生着深刻变革，特别是社会主义市场经济体制的持续变革和信

---

① 李新泰，张书林. 以十八大精神为指导　大力提升文化建设领导力［C］//候树栋，刘炳香. 领导文化与领导力研究. 北京：中共中央党校出版社，2013：3-6.

② 詹勇. 四体不勤是种特权病——祛除官场坏风气之一［N］. 人民日报，2014-11-03（4）.

③ 陆娅楠. 对懒政不作为零容忍［N］. 人民日报，2014-11-16（4）.

息技术发展引起的社会变革，对领导者的思想认识层面提出了更高的要求。需要领导者能够顺应时代变革潮流，不断改革创新意识和与时俱进观念，摒弃抱残守缺的思想，“熟水性，好划船”，增强工作的科学性、预见性、主动性，防止陷入少知而迷、不知而盲、无知而乱的困境，风险面前“稳坐钓鱼船”，机遇面前“风正一帆悬”；否则，就可能“盲人骑瞎马，夜半临深池”，迷失方向，落后于时代。要加强对网络知识学习，提高运用网络来解决实际问题的综合素质。但从目前情况来看，不少领导干部仍然停留在旧有的思维模式状态下，处理问题时仍然沿用陈旧的思想作为指导，从这个角度看，转变领导者思维方式的前提就是打破原有的思维模式。互联网时代，领导干部要树立“众包”思维，群策群力，构建聚变创新的智慧社会；要树立“免费”思维，共建共享，构建公平正义的幸福社会；要树立“共赢”思维，共治善治，构建和平共处的和谐社会。[①] 领导干部还要远离圈子文化，避免小圈子成为利益寄生、利益输送的场合，影响公共权力的行使。

2. 加强网络交流与创新交流方式

随着网络信息化程度的不断提高，网络对领导者公信力的影响越来越突出，分析和研究网络社会条件下的政治生态发展趋势，对政府诚信建设越来越重要。在此过程中，作为行政管理主体，领导者负有重要的责任。需要不断冷静面对网络社会，努力实现网络舆情往有利于提升领导者公信力的方向发展。

首先，领导干部要提高利用网络进行互动交流的频率，并重新进行自我定位。相较于传统行政管理模式的层级从属领导体制，网络环境具有开放性、平等性和公共性特征，不同身份的人通过网络进行意见表达和互动交流，使个人地位和身份认同逐渐弱化，人际交流之间的各种身份障碍被打破，公民意识和平等观念不断增强。这就要求领导干部要充分认识到网络在人际关系和信息传播方式上带来的改变，积极融入网络社交领域中，利用网络与广大民众加强沟通。在政策制定时换位思考，在决策中多考虑民众利益，树立亲民形象，提高领导者公信力。

其次，增强时代意识，培养创新精神。网络对当代政治生态的改变体现了新时代意识的崛起。领导干部培养创新精神就是要在网络环境下，不仅要转变传统封闭的办公模式，深入基层调研，还要重视网络民意。通过网络这一新的具有时代鲜明特色的渠道，深入贯彻党的群众路线，深入民众中，倾听网民呼声，了解网民需要。把网络民意表达纳入政府决策体系内，为树立领导者公信力营造良好的网络舆论环境。

---

① 雷强. 互联网时代的领导思维 [N]. 学习时报，2014-12-22 (6).

再次，领导者要充分发挥引导网络舆论走向的作用。网络舆情对社会舆论的发展走向具有重要的影响，某些重大突发性事件引发的网络舆论甚至对社会秩序带来极大的威胁。因此，要不断加大对网络舆论的监管力度，使之走上正面的舆情发展道路上来。领导者对网络舆论走向的引导工作，要在及时发现和消除负面舆论影响的基础上，加大党和国家路线方针政策的宣传，不断在网络舆情中导入正能量信息，推动互联网沿着良性轨道方向发展。

最后，在网络环境中，领导者要有忧患意识，及时发现和消除安全隐患。网络安全隐患对政府和领导者公信力的负面影响是致命的，尤其是涉及国家安全的网络隐患一旦爆发，相关领导者不仅无法承担责任，还会给政府权威造成极大危害。对此，领导者应保持时刻警惕，谨防麻痹大意。

（二）善于运用网络媒体

在信息化社会转型时期，领导干部要不断提高适应能力和应变能力，以较快速度熟悉和掌握网络作用下出现的新型社会管理模式，加强对网络知识的学习，不断提高运用网络的综合能力。加强对网络知识的学习，应重点关注网络环境下的社会管理模式，积极掌握实用的网络技术，使网络真正成为提升领导者公信力的有效途径。

网络技术的深入发展和广泛应用是信息化时代的重要标志，领导干部要紧紧抓住这一契机，通过建立健全网络诚信学习机制，提升领导者善用网络技术的素质。一方面要逐步形成领导干部网络学习长效机制，培养他们习惯应用网络的习惯；另一方面要联系当地实际，结合领导者的整体素质状况，建立科学合理的领导干部网络培训教育机制，推动网络课程教学改革，提高领导干部学习应用网络技术的效率。有利于完善领导干部网络诚信学习机制的重要举措有：

1. 正面应对网络监督

在网络环境下，部分领导干部依然无法迅速转变应对网络监督的态度，究其原因在于这部分领导干部仍然坚持抱残守缺的思想观念，不能从根本上转变以往的行政管理模式，增强改革观念，培养与时俱进的精神。导致他们在处理网络事件时，采取了错误的方式，造成了干预司法、不严格遵纪守法的行政过失，社会负面影响恶劣。领导干部缺乏正面应对网络的素质主要体现在：第一，由于不能正确对待网络这一新生事物而引起抵触和恐惧心理。部分领导干部对网络这一新生事物缺乏正确认识，对网络的出现持悲观态度，以至于在心理抵触的情况下，不能主动利用网络进行互动交流，遂逐渐产生网络恐惧心理。第二，缺乏善用网络的素质。目前，网络监督力度不断增强，网民意愿表达方式趋于激进。在此情况下，领导干部由于网络概念薄弱，网络知识储备不足，缺乏应用网络技术的能力，加之在没有充分心理准备的情况下，面对复杂的网络舆论形势，往往束手无策。这些对领导干部开展党建工作，推进思想政治教育极为不利。第三，对待网络监督缺乏积极正面的态度。如上所述，部分领导者仍然坚守抱残守缺的传统观念，不能以开放积极的态度应对网络监督，导致行政管理过失。

综上所述，领导干部要真正掌握网络技术，实现善用网络素质的快速提升，前提是要对网络监督端正认识态度，摒弃传统的保守观念，敢于“触网”。要充分利用网络加强与社会民众的互动交流，使网络成为促进社会监督机制不断完善的现代化工具，为政府树立起良好的亲民形象。①

2. 提高网络沟通能力。

在开放、平等的网络环境下，一部分青年网民的网络使用水平得到了很大发挥，成为推动网络舆情发展的主力军，但同时也暴露其思想不够成熟、言论偏激、缺乏理性的缺点。这对领导者运用网络提出更为严峻的挑战，要求领导者能够迅速适应这样的形势变化，不断增强与青年网民互动交流的能力。

领导干部与青少年加强沟通交流，除通过学校共青团、少先队等组织以外，还要充分利用网络，深入青少年群体中，与他们加深交流，深入了解他们的思想动向，同时深化他们对政府网络监督的认识，消除他们的抵触心理。领导者与年轻人交流不仅要注意方式，还要真正放下身段，少打官腔摆架势，真诚相待，这样才能真正达到交流目的；同时，领导者要以包容的态度，体谅年轻人身上存在的浮躁、非理性和容易偏激等缺点，在一定范围内允许他们言行举止的偏激。对他们关心国家大事和积极参与公共事务的积极心态，应给予充分肯定。年轻一代不仅是网民的主体，对网络舆情发展具有举足轻重的作用，更是未来评价政府行政管理绩效的主体，失去他们的认可和支持，等于在未来失去其对政府的信任。

3. 充分利用网络社交提升公信力

网络社交是基于网络环境下社会大众之间的互动交流方式，在当前社会各种交往方式中具有越来越重要的地位和作用。网络社交具有诸多优势，如信息传播的实时性、成本低廉、无时空局限性。鉴于当前大部分社会民众通过网络来表达意见，增强沟通交流，主导着网络舆情发展方向，领导者要深刻认识到网络社交平台在提升自身公信力上的重要作用。网络社交的主要方式包括微博、微信、博客等，不少网民在现实社会中具有重要社会影响力。2010 年是中国微博元年，随着微博越来越受到公众追捧，微博俨然成为新的舆论阵地。不少领导者顺应网络舆情发展形势，陆续开通微博，参与到微博问政这一新的政府与民众互动网络新模式中来。政府通过微博与民众互动交流，是充分利用网络社交平台践行群众路线的具体体现，对树立政府亲民形象，提高自身公信力具有重要的意义。

---

① 傅思明，钱刚. 诚信政府与领导干部公信力提升［M］. 北京：东方出版社，2013：199－201.

领导者开通微博、个人博客是政府与民众网络互动新模式产生并发展的良好开端，体现了政府应对网络的积极姿态，但目前利用微博、个人博客等网络社交工具也出现了一些问题，需引起领导干部的高度重视。一是缺乏持之以恒的心态，微博问政这一监督机制的形成与完善并非一日之功，需要各级领导干部给予高度关注，要不断完善微博政务信息发布长效机制，真正将微博、个人博客等网络互动模式纳入监督体系中。第二，与网民的互动依然缺乏灵活性和技巧性。领导干部尤其是高级官员的微博充当着政府发言人的重要角色，领导者不仅要谨言慎行，还要转变与公众交流的方式，通过率真有趣、轻松活泼的语言打动公众、吸引公众，通过微博为政府公信力加分。

信任是问题的关键所在，如果公众对政府失去信任，特别是在出现危机或资源短缺的情况下，若政府的自我服务行为损害了公众利益，会导致政府失去公众的信任。① 在政府诚信建设中，通过充分利用网络社交提升领导者公信力。领导干部首先要有积极正面的心态，要以公心积极参与到微博这一政府与民众网络互动模式中，真正利用网络社交平台践行群众路线，了解民众需要，更好地为广大民众服务。其次，要不断完善微博问政的监督长效机制，把回应网民意见和问题提到政府工作日程上来。再次，转变与公众交流方式，运用交流技巧，更好地倾听网民心声。政务信息发布言论要得体，还要生动有趣，积极展现率真诚实的个性，赢得公众的认可和支持；同时要摒弃官腔、官调，放下领导架子，与网民平等交流。最后，要在突发事件处理当中充分发挥微博等网络社交平台的优势。信誉度较高的微博发布平台，不仅可以为领导者个人形象加分，如果运用得好，还能够充分发挥辟谣、稳定社会秩序的重要作用。而要真正达到这一效果，关键是领导者在事件发生时，能够及时发布权威信息，还原事件真相，消除社会恐慌，稳定民心，使社会秩序恢复到原有稳定状态。②

（三）巩固领导干部良好网络形象

部分具有良好形象的领导干部却没有得到网络社会认可，甚至遭到质疑，究其原因，不外乎他们对网络形象形成与维护意识薄弱，没能充分认识到网络的影响与作用，缺乏应对网络的素质。

1. 充分利用网络为人民服务

服务是权力的本质所在，心无百姓莫为官。领导干部要练就“信服力”这门“绝活”，成为群众离不开的人、信得过的人。因此，在网络环境下，领导干

---

① H. 乔治·费雷德里克森. 公共行政的精神［M］. 张成福，等，译. 北京：中国人民大学出版社，2003：33－34.

② 傅思明，钱刚. 诚信政府与领导干部公信力提升［M］. 北京：东方出版社，2013：202－204.

部要树立强烈的自学意识，养成良好的学习习惯，不断增强综合能力，扎实做好本职工作。充分利用网络践行全心全意为人民服务的宗旨。要“键对键”，更要“面对面”，做好群众工作。既要用好现代科技手段，又不能忽视那些直接和群众打交道的老办法、土办法，通过面对面的交流沟通真正拉近干部群众的距离。[①] 总的来说，领导干部提高自身综合能力要从以下几点着手：

首先，增强辨识能力，提高决策的科学合理性。网络具有开放性、公共性和平等性，信息传播渠道广泛而多样，形势复杂多变。面对变化莫测的网络舆情，领导干部不但要掌握相应的网络知识，营造一种信任关系，开放地接受外界影响[②]，还要拥有冷静的头脑，能够以理性的态度去辨别复杂的网络形势，以此提高领导者的决策科学性、可行性。

其次，提高处理网络社会中存在问题和化解各种矛盾的能力。当今社会，网络作为意见表达和利益诉求途径的作用越来越突出，民众通过各种网络社交和传播平台理性地展现他们的需要，网络已经成为公众参政议政、参加社会交际甚至是参与社会利益分配的最主要渠道。网络由此成为各种新思想和思潮诞生的温床，各种问题和矛盾也随之出现。领导干部要充分认识满足网民合理利益诉求的重要意义，努力提高综合能力，冷静处理存在的问题，积极化解各种矛盾，为政府塑造亲民形象，提高领导者公信力增加更多有说服力的现实依据。向“为官不为”亮红牌，让每个领导干部有激情，有担当。

再次，增强网络法治意识，坚持依法行政。网络秩序的稳定与和谐同样需要健全的法律制度来保障。作为政府主要决策和执行主体的领导者，要充分发挥率先垂范作用，不断增强法治意识和培养严于律己的品德，坚持依法行政，努力践行“权为民所用、利为民所谋”的执政理念。具体要做到：在处理网络各种问题和矛盾时，既要有利有理有节，又要在法律约束的框架内实施；对网民提出的监督意见，只要是合理不违反法律的，有利于政府行政管理的，领导干部要端正态度，采取正确的方式来应对；不可违反法律规定，任凭主观意愿干预司法。

最后，增强全局运筹能力，充分发挥网络舆情发展趋势的引导作用。领导干部的全局观和长远观体现在对互联网全局发展形势的把握，对网络舆情发展方向主导作用的充分发挥，对指导运用网络践行科学发展观和坚持一切从实际出发具有重要意义。把握网络全局，要坚持统筹网上工作和网下工作，坚持全面规划和重点突出相结合，善于从总体上分析网络舆情发展局势，抓住工作重点。根据网

---

① 高书良. 要键对键，更要面对面［N］. 人民日报，2014-07-23（14）.

② 库泽斯，波斯纳. 领导力［M］. 李丽林，张震，杨振东，译. 北京：电子工业出版社，2009：186-190.

民的利益诉求和意见表达，及时解决突出问题和矛盾，努力维护网络秩序的稳定和谐。

2. 积极培养领导干部善用网络媒体的能力

网络环境下，领导者不可避免地要通过网络媒体面对公众，频繁与网络媒体打交道。领导者要在网络环境中形成良好的形象，提高领导者公信力，坚持合法合理、德法并行、诚实无欺的原则，增加公众对政府的信任度。① “熟水性，好划船”，只有领导者加强学习、勇于实践，成为网络媒体的行家里手，才能肩负重担，灵活应对媒体。

首先，对网络信息传播采取疏与堵结合的方式。领导者要增强对网络信息性质的判断能力，针对不同的网络信息，其处理方式要有所区别。某些网络信息适用于疏导的处理方式，对于涉及损害广大民众利益，伤及群众感情的错误言行，不利于领导者公信力提升的网络信息，领导者要采取正面态度应对；坚持在疏导的原则，积极回应网民意见，努力还原事实真相，减少损害领导者公信力的负面因素。对于既不利于领导者公信力提升，又对社会秩序稳定形成威胁的谣言和错误信息，领导者要当机立断，在有针对地解释与辟谣的基础上，以堵的方式，截断消息来源，封堵信息传播渠道。

其次，坚持线下为主、线上为辅的原则开展工作，培养应对网络媒体的良好素质。领导者要在努力学习掌握相关网络知识的基础上，提高应对网络媒体的能力。只有提高了媒介素养，面对网络媒体时才有信心，面对民众监督才有底气，才能做到处事得当。领导干部通过网络开展工作固然重要，但不能舍本逐末。网络毕竟是虚拟环境，线上工作方式再重要也要回归到现实社会中，各种问题和矛盾的解决依然要以现实社会为出发点和落脚点。领导干部要对网络虚拟性有一定认识，对网络上的信息和言论保持清醒头脑，不能因重视网络而忽略对现实工作的关心。

不经历非常之事，难以成非常之才，要科学培养考察干部，让领导干部树立“干部就是要干事”的职业追求。② 选干部要选党性强、敢担担、有本事、有实绩的干部，引导各级干部在干净中干事、在守法中担当、在实干中赢得政绩。③ 领导干部的媒介素养亟待提高，第一，增强领导干部的积极性和主动性，在网络监督面前要端正态度，不能存在侥幸心理；努力加强与网络媒体的互动交流，正确引导社会舆论，转变“报喜不报忧”的观念。④ 第二，把领导干部的媒介素养

① 王海明. 新伦理学 [M]. 北京：商务印书馆，2001：524.

② 范正伟. 好人主义培养不出好干部 [N]. 人民日报，2014 (5).

③ 巴音朝鲁. 为官不为，当止 [N]. 人民日报，2014－12－15 (5).

④ 高敬. 领导者核心能力提升 [M]. 北京：中共党史出版社，2009：178.

考评纳入整体考评机制建设中。考核部门要根据领导者应对网络的水平，处理网络事件的表现，解决网络环境出现的社会问题和各种矛盾的能力，对领导者本人的总体行政绩效做出考评，并作为领导者选拔任用和晋升的重要参考依据；同时还可以通过抓典型示范的方式激发领导干部学习提高自身媒介素养的主动性。第三，加强网络问政机制建设，敢于公开领导干部个人信息。网络问政是一种有效的政府与民众互动的行政新模式，不仅可以促进交流，提高领导干部个人形象，密切干群关系，还能对官员个人信息公开机制起到良好的推动作用。应该说，公开领导干部个人信息，是顺应民众呼声，赢得民心的积极举措。

3. 加强网络反腐倡廉建设

网络可以成为遏制官员腐败、推进反腐倡廉建设的有力武器。随着反腐倡廉工作进程的不断加快，个别领导干部拒腐防变能力不足也暴露出来。领导有权不能“任性”，更不能腐败。

在新的形势下，要继续保持反腐败的高压态势，通过各种形式推动反腐倡廉工作的持续深入开展。第一，要利用网络，充分发挥其监督作用，把网络监督机制纳入政府反腐倡廉机制建设中。政府监督体系的建立健全不能忽视网络监督，更不能低估网络监督检举的重要作用。网络监督具有开放性和阳光性，一切腐败行为在网络放大镜作用下无处遁形。第二，坚持网络与权力监督齐抓、制度共建的方式，加大对领导者权力的监督力度。第三，从思想和意识层面上加强反腐倡廉建设。当前既“拍苍蝇”又“打老虎”的反腐败高压态势表明，党的反腐倡廉工作正进入关键时期，党要管党、全面从严治党的指导思想正不断得到贯彻落实。在“拍苍蝇打老虎”的同时，中央纪委适时推出了一系列举措。2013 年 12 月，中央出台“八项规定”，随后中央纪委及时跟进向社会通报了违反规定事件。这些措施意在整顿党风政风，严肃党纪，纯洁党性。

政府诚信建设取得怎样的成效，领导者公信力是否能够牢固树立起来，在一定程度上依赖于对网络的研究与运用。领导干部要心存敬畏，手握戒尺。要敬畏规律、敬畏群众、敬畏历史、敬畏权力、敬畏道德、敬畏法纪。领导干部要不断强化纪律，科学、正确领导，敢于担当、负责，做事公道正派、廉洁自律，依靠真理力量和人格力量，赢得干部群众的敬重和信服。领导干部要增强自觉，“吾日三省吾身”，善于自我批评、接受批评，清醒认识差距和不足，以谦虚、敬畏之心处事、做人。① 当前，我国正处于特殊的社会转型期，各项工作也处在深入持续开展的关键阶段，必须依靠矢志不移的改革创新精神才能开创新局面。因此，我们要发扬自力更生、艰苦创业的精神，善于从工作中总结经验教训，为推

---

① 张天峰. 领导干部要心存敬畏 [N]. 学习时报，2014-07-07 (3-8).

动政府诚信建设，提高领导者公信力提供有效借鉴。[①] 事能知足心常惬，人到无求品自高，领导干部千万别“自己扳倒自己”，要自重、自省、自警、自励，慎始、慎微、慎友、慎终。领导干部要将法内化于心、外化于行，强化法治思维，同时要对领导干部的监督全覆盖、无死角，避免“破窗效应”。[②]

① 傅思明，钱刚．诚信政府与领导干部公信力提升［M］．北京：东方出版社，2013：206－209.

② 江伟．依法规范党政领导干部的政治生活［N］．光明日报，2014－12－27（11）.

第十六章　网络环境下的廉政建设与政府公信力提升探究

古人云，“公生明，廉生威”，只有廉洁的政府，才能在人民群众面前有威信，获支持。网络环境下，政府建设逐渐走向公开化、透明化。加强党风廉政与反腐倡廉文化建设能够优化党员干部的工作作风、生活作风、领导作风，是中国特色社会主义制度建设的重要内容，也是中国特色社会主义政治文化的重要组成部分，是新形势下适应反腐败斗争的客观需要。因此，要加强廉政建设，健全法制，优化体制机制，推动廉政建设科学化、制度化、常态化。

一、廉政建设所面临的挑战

长期以来，我们党都高度重视党风廉政文化建设，在廉政建设实践的基础上，采取了相应措施。当前，应出台相应的政策来防止腐败的发生，加大对廉政文化的建设力度。

（一）反腐倡廉形势严峻

当前，在“标本兼治、加大力度”的方针指导下开展反腐倡廉建设工作，取得了一定成果，但同时我们应该意识到，腐败行为仍时有发生，腐败风气依然在侵蚀领导干部。就当前情况来看，反腐倡廉建设存在不少问题，如部分地方政府和部门领导干部廉洁自律不到位，铺张浪费现象时有发生，以权谋私、轻民利重私利、行贿受贿、违法行政等现象不同程度地存在，少数基层干部工作作风、领导作风存在较大问题等。

（二）经济快速发展

改革开放30余年，中国的经济环境发生了广泛而深刻的变革，致使反腐倡廉工作需要面对更多的新问题、新挑战。就所有制结构来说，由于我国的社会主义市场经济体制尚待完善，不正当竞争时有发生。为规避法律的惩罚，不法分子通过各种各样手段，企图腐蚀领导干部。部分单位的权力过分集中于领导者手中，领导者在行使权力过程中又缺乏透明性。广大人民群众难以监督权力的运行情况，降低了腐败者的违法成本。

少数思想觉悟不高的党员干部在各种诱惑下思想出现动摇，甚至产生了拜金主义、绝对利己主义思想，权力观、地位观、人生观都出现扭曲。[①]

二、网络环境下我国廉政建设存在的问题

网络作为廉政建设工作的新型平台，仍有一些亟待解决的问题。

（一）缺乏正确引导，网络监督力度不足

随着信息技术的不断进步，互联网成了最重要的信息传播工具。在互联网、智能手机高度普及的信息时代，任何行为都有可能被公之于众，领导干部的失误更有可能被曝光于公众。

因对互联网过于畏惧，部分地方政府部门及领导干部往往选择“封堵”“禁言”“屏蔽”等消极方式应对。这种行为不但难以封堵信息传播，在某种程度上甚至助推了负面信息的传播。

领导干部要正确面对互联网监督，而非将之视为洪水猛兽。鉴于互联网监督在反腐倡廉工程中的高效性，相关部门应将互联网监督作为反腐倡廉的重要内容。

（二）缺乏健全的规章制度，网络互动不足

网络监督的开展应配以相应的法律制度予以保障。监督实施过程中，普遍存在法律制定与实际发展情况相脱节的问题。在规范网络监督方面，仍然缺乏相应的法律法规。

领导干部要始终保持公仆形象，不当“官商两栖人”，“红顶商人”势必影响政府公信力。诚然，互联网监督有其正面作用，但监督过程中出现的“人肉搜索”则有可能把公民个人隐私展现于公众面前，侵害了公民隐私权。互联网监督缺乏法律法规约束已成为制约其进一步发展的重要因素。

（三）相关人员能力不足

由于网络反腐的特殊性，需要专业技术团队。互联网的安全性也考验着政府人员的专业能力。

与传统反腐形式相比，网络反腐的对象和参与者广泛，便捷的网络给民众提供了及时信息。网络传播的快速、广泛，以及网民素质和文化程度不均衡，给政府工作增加难度。缺乏行业“把关人”,[②] 不能对传播的信息把关，可能会导致信息失真。信息的准确性无法保证，容易误导民众，掩盖事情真相，从而影响政府公信力提升。

---

① 陈志刚. 新形势下党的建设面临的十大挑战［J］. 北京行政学院学报，2011（1）：37－42.

② 张扬. 网络舆论监督视阈下的廉政建设研究［D］. 海南大学，2012：20.

三、加强网络廉政建设 提升政府公信力

发挥网络优势、创新网络监督、完善政府与网络的互动机制等成为推进廉政建设的有力措施，进而增加民众对政府的信任度，对其工作的满意度，提升政府的公信力。要坚定理想信念，拧紧“总开关”；加强道德养成，筑牢“防波堤”；规范权力行使，织密“铁笼子”；培育优良作风，坚守“生命线”，严格管理党员干部。

（一）用制度锁住权力的“牢笼”

习近平总书记在第十八届中央纪委第二次全会中表示，要“把权力关进制度的笼子里”。所谓“笼子”，事实上是一种以法律法规为基础的制度体系，它是法治精神的一种体现。因此，将“权力锁进笼子里”是按照各个主体之间的法律关系明确公权力行使范围、方式的一种硬性约束，任何越过这一范围的公权力行为都将受到法律的严惩，为反腐败工作提供制度性保障。随着我国社会主义市场经济体制的改革不断深化，在政府行政管理部门中担任要职的领导干部是产生腐败的多发群体。因此，“将权力锁进笼子里”就是要探索出一条科学可行的权力分配机制，避免权力过分集中在某一个人或某一团体手中。要清除滋生腐败的文化土壤，就要清除“当官等于发财”的错位、“法不责众”的错觉、“河边走必湿鞋”的错辨、“有权不用过期作废”的错识、“礼尚往来”的错判，以制度来制约权力的使用，倾听民众意见、维护民众权益。制度约束权力的管理方式是中国共产党在实践中摸索总结出来的理论成果，是党全面掌握政治发展规律的集中体现。

1. 打造制度铁笼

要制约公权力，应该从制度着手。诚如先贤所言：“先其未然为之防，发而止之为之救，行而责之为之戒，防为上，救次之，戒为下。”由此得知，要真正将权力锁进笼子里，就应该重点加强预防工作，要以预防为主、治理为辅。唯有一丝不苟、严谨务实、科学合理的制度，方能真正锁死权力，进而从根本上改善反腐工作的整体水平。要将权力锁进制度之笼，就要从当前问题的重点、难点下功夫，打造严格的权力牢笼，使权力活动能够在制度之内进行良性循环。

首先，要落实依宪执政，优化公权力机制体制基础。宪法第一章第五条规定：“一切国家机关和武装力量、各政党和各社会团体、各企业事业组织都必须遵守宪法和法律。一切违反宪法和法律的行为，必须予以追究。”依宪执政本身就是一个最坚固、最令人放心的制度之笼。所以，广大党员干部一定要意识到权力和责任的相生性，在运用公权力的过程中主动接受来自各方的监督，确保公权力始终为广大人民群众服务。

其次，要通过改革权力结构，夯实制度之笼的基础。要打造制度之笼，就要

不断改善权力结构、科学分配权力，防止个人或组织滥用公共权力，夯实公权力制约制度的基础。要在公共决策、行政工作与监督管理之间构建一个相互配合又相互约束的分权结构，以精确、简单、协同、效率作为构建的基本导向，适当拆分每一个行政部门的决策权、行政权与监管权，谋求权力上的平衡，使上述三者之间不仅能够协同进退、精诚合作，又相互监管、相互约束。注意避免领导者过分集权，在关键领导职务的权力分配上慎之又慎，严格制约公权力行使行为。

最后，要根据现实情况设置制度机制，使“笼子”的大小和坚固程度与公权力更为契合，使各项规章制度既有稳定性，又有一定的灵活度，体现高度严谨性。要按照现实情况制定和发展制度，帮助各方解决现实困难；根据科学规律，让制度不仅在理论上合理，还在现实中有较强的可操作性。制度越是严谨、全面、翔实，就越能避免公权力出现越位现象，从而从根源上治理腐败问题。要提高各项规章制度的全面性，以公权力行使范围、规范及限制自由裁量，以权力运行制度化作为导向开展相关工作。在授权、用权、监管等公权力行为的各个部分都详细列明规范程序，一切权力的运用都必须按照程序开展。尤其要针对当前权力运行机制中的重点、难点问题，时刻注意权力制度是否出现漏洞并及时修复，不给公权力滥用留下可乘之机。要确保组成制度之笼的各项规章制度彼此之间相互协调、相互契合、运行流畅，追求制度的高效性和可操作性。要设计严谨而科学的公权力行使程序，使一切权力寻租欲望没有可乘之机。除此之外，我们还应该充分利用好信息技术资源，将某些公共权力行使行为直接输入计算机程序中，不允许做出任何程序以外的公权力行为。①

2. 把笼门打开

要真正实现权力进笼，落实是关键。一个制度在理论上无论再完美或是拥有再优秀的预期，在没有得到落实之前也只是纸上谈兵。某种程度上说，制度被无视比制度缺位更具危害性；制度被无视，意味着任何威慑对公权力都已经失效。

各部门应在各领域做好各项制度的衔接工作，为权力进笼打好基础，严厉惩处一切越位现象。惩罚是所有制度维护自身权威性的重要保障，也是制度威慑力的源泉。我们要建设好与公权力制约制度配套的惩处机制，使所有尝试越过制度、违反制度的人都受到应有惩罚，对心怀不轨者产生足够的威慑力。要加大对惩罚制度的管理力度，始终坚持惩罚制度对任何人都适用、都落实的原则，所有人在制度面前都没有特权。无论是在什么情况下，只要有人敢于挑战制度，就必须得到应有的惩罚。坚持惩罚的“雷厉风行”原则，只要出现违反制度现象，立即从严从重惩处，加快处理速度、提高制度反应力。为了对其他“准出笼者”

---

① 马群. 怎样把权力关进制度之“笼”[J]. 理论学习，2013（6）：36-38.

形成足够的威慑，惩罚必须从严，促使违法者在法的震慑下约束个人行为。

3. 把权力放进去

将公权力锁进制度的牢笼，对公权力本身来说不仅是一个约束，更是一种保障。党的十八大报告中明确要建设完善公权力运用约束及监管系统，使权力能够在运行过程中透明化、公开化，为广大人民群众实现知情权、参政议政权、诉求表达权、监管权等政治权利提供制度基础。健全党务信息、政务信息、司法、执法信息公开制度以及问责、审计、追责、负责等制度，强化组织监督、民主监督、制度监督以及公众监督等，这些都是成功锁住公共权力的合理手段。①

首先，要强化惩处工作，真正让广大领导干部"不敢腐"。腐败的要害，不在于级别的高低，而在于权力的异化。一旦主观上动了贪念、客观上缺了监管，贪腐就会像野草一样疯长起来。② 要针对贪腐案件构建起完善的曝光、调查、处置制度，始终坚持发现一个案件调查一个案件，发现腐败现象便予以严厉打击，不断改善相关工作实效。无论腐败案件的大小，都应该从严从重惩处，不但要大力打击领导干部与行政系统中的违纪违法现象，更要认真处理好我国各地城镇化、现代化过程中出现的暴力拆迁、暴力征地、食品药品安全、利用职务之便索贿等问题，透过各种责任事故，查处其中的腐败问题。要积极采用各种措施，如引导互联网舆论走向，使人民群众能够成为反腐斗争中的重要力量。要在办案过程中严格遵守各项法律法规，文明办案。

其次，要强化约束，真正让广大领导干部"不能腐"。要在领导干部队伍建设、行政审批、执法司法、财经管理、出让国土、项目招标等工作中大力开展制度创新与改革，通过创新和改革提高制度的约束力、监管力，确保公共权力始终按照法律法规的要求开展相关工作。

最后，强化监管力度，真正让广大领导干部"不易腐"。强有力的约束和监管，向来是最好的反腐措施，也是公权力透明化、公开化运行的基础。领导干部要形成时刻被监督的意识，主动欢迎来自各方的监督。要加大力度解决形式主义、官本位思想、骄奢淫逸等作风问题，推进党风廉政建设工作，严抓政府办公场所建设，并严格管理公务用车。

4. 把笼子门关上

要加大反腐法制化，首先要在法治刚性运行上多下功夫，强化依法反腐思

---

① 胡锦涛. 坚定不移沿着中国特色社会主义道路前进为全面建成小康社会而奋斗——在中国共产党第十八次全国代表大会上的报告［N］. 人民日报，2012-11-08.

② 詹勇. 破解"不官巨腐"的权力症结［N］. 人民日报，2014-11-18（5）.

维，完善反腐法制体系，严格依法依纪反腐。①

第一，要打造一个关得住权力的笼子，笼子本身必须足够坚固——换言之，制度必须完善。显然，现有的制度与当前反腐斗争的实际需求是不相契合的，不少领域中的制度缺位与制度不健全问题，使制度难以发挥其正常的公权力效应。由于配套措施不到位，部分制度难以真正落实，所以制度建设对于当前党的建设来说，仍然是一项艰巨的工作。反腐的深入推进，更需从法治、制度中汲取力量。崇仰法治，方能让风清气正的政治新常态固化下来。②

要完善制度，并非一朝一夕的努力就能完全实现。在中国特色社会主义市场经济体制改革不断深化的情况下，部分制度与当前的社会经济发展现状不相适应，良好的制度需要通过不断调整、不断修订，才能够发挥其应有作用。当前，我国正处于社会各领域转型的关键时期，制度和现实不相契合的现象必然会接踵而来，通过制度创新锁好公权力，是从根本上做好反腐工作的关键手段。要确保制度的笼子越扎越紧密、越用越给力，就要保证制度的科学化、制度化、规范化。2013—2014 年，历时两年，中央带头清理党内法规和规范性文件，50 多个中央和国家机关参与，全面筛查 2. 3 万多件中央文件，梳理出 1178 件党内法规和规范性文件，废止 322 件、宣布失效 369 件③，这些措施，有效地保证了制度的科学性。

第二，要常常审视笼子本身的坚固性、全面性。一个坚固的笼子或许能够在当时锁住权力，但随着近年来信息技术的不断发展，贪腐渎职等违法违纪现象也日趋信息化、隐蔽化，许多腐败行为越来越不容易被发现，日常的监察方式很难在第一时间发现贪腐行为。所以，有关部门不能够仅仅揪着“贪腐高危单位”不放，而要通过延伸审计、全面性数据来分析问题。

“伤疤见光易好，伤口捂着易烂”。频繁的审计工作，不但能够有效改善贪腐问题的调查工作，更能够威慑部分走在腐败边缘的“高危分子”。通过高频率的审计工作，实现行政单位资金审计工作经常化，将为行政工作者培养起规范资金使用的意识，在内心深处建立起“一直被观察”的意识，让受审计对象在经常性的威慑前畏惧，使其不敢动任何贪污腐败的念头。而延伸审计则能够让一些人试图通过各种迂回手段掩盖腐败行径的妄想破灭，让其不再有任何实现的可能。当我们通过延伸审计检查审计对象的附属单位、业务对象、资金使用情况、高危个体时，我们就能够对国有资产进行动态化监督，使再迂回的腐败违规都变

---

① 王金龙. 让反腐法制刚性运行［N］. 学习时报，2014－11－17（1）.

② 李浩然. 用法治打造清廉中国［J］. 人民日报，2014－10－27（5）.

③ 盛若蔚. 中央党内法规和规范性文件集中清理工作全部完成［N］. 人民日报，2014－11－18（4）.

得难以遮掩。当然，高频率的审计工作、审计的范围扩大化也极大增加了审计职能部门的工作量及工作难度。所以，对于审计机关而言，建设一支能够应付大量工作、提高审计工作质量的高素质审计人才队伍成为关键性任务。

第三，要将权力牢牢锁在笼子里，就应该让试图挣扎出笼的权力付出更高的成本——也就是建设追责问责制度。好制度是领导干部的防水鞋和防水服。建立一个让广大党员干部不敢腐败的机制，而要实现这一目标，高效的问责追责制度显然是最好的选择。但从计划经济时代到改革开放，行政系统的问责追究机制一直存在弊端。这应归咎于当前我国缺乏一个规范的行政问责追责法律系统，导致问责标准不一、问责落实不到位。具体来说，审计机关工作者在开展工作的过程中重心一直放在“审查”上，属于司法性质；但却没有相应的处置执法权，只能够“问”责，而不能够强制让责任人负责。①

第四，要将权力锁死在制度之笼中，应该针对掌权者进行更严格的管理，尤其是各个单位的主要领导。权力是腐败的源泉，要杜绝权力腐败，应该紧抓掌权者的管理工作。经济责任审计要更好地发挥其应有作用，深刻认识到经济责任审计工作的重要性，充分利用好审计结果；加强审计人才队伍建设、加大对审计工作的支持力度，使审计工作能够顺利开展；工作中将审计落实到位，提高审计工作的威慑力。

（二）发挥网络优势，创新网络监督机制

1. 发挥好互联网特点

要充分发挥互联网内容丰富、信息传播方式多样等特点，不断加大反腐倡廉教育工作力度，提高工作覆盖范围。作为当代最受欢迎、使用频率最高的信息工具，互联网有着全球化、多媒体化等优势。互联网本身是一种现代化新媒体，也将成为反腐倡廉宣传工作的新平台。通过互联网，结合反腐倡廉有关法律法规、政策方针、工作实效等，为互联网舆论营造积极向上的氛围；通过互联网，有关部门可以不断宣传勤政廉洁的榜样人物，并通过对反面案例的剖析，实现弘扬正气、抵制歪风邪气、威慑不法分子等目标；通过互联网进行宣传教育，可以为人民群众带去内容更充实、形式更直观的反腐倡廉教育信息，提高宣传实效性。

要利用好互联网互动性强与覆盖面广等特点，不断加大反腐倡廉中的网络监督力度，将广大人民群众紧紧团结在党和政府周围。互动性强、覆盖面广是互联网的基本特点。政府应该对自身行政行为以及广大人民群众多次提出的现实问题在互联网中做出回应，将一切公权力行为置于广大人民群众监督下。由于这种监督本身带有强烈的民间色彩，所以往往比起其他监督方式更全面。舆论监督是反

---

① 马群. 怎样把权力关进制度之“笼”[J]. 理论学习，2013（6）：36－38.

腐斗争必不可少的重要手段，只要合理利用其特点，将有效促进反腐倡廉宣传教育工作。

要充分利用好互联网信息传播迅速且便捷的特点，抓好大案要案，不放过任何贪腐问题的蛛丝马迹。由于互联网不受时间、空间等因素的影响，拥有较大的调整空间，所以能够成为反腐案件侦办的重要工具。第一，可以开通互联网举报渠道与信访平台。这一平台因为人工环节较少，所以更便捷，也更安全。第二，可以有效改善侦破率。以往，某些跨地域案件的证据、资料收集较为困难，所以往往侦办速度较慢，但在互联网时代，只需要通过互联网就能够获得大部分资料。第三，执纪执法单位能够打破传统各自为战的局面，通过互联网整合优势资源，形成强有力、高效率的案件侦办系统。①

要利用好互联网效率高、成本低等特点，强化执法单位建设工作，改善其工作水平。通过开展互联网应用培训，改善执纪执法工作者的互联网应用水平，让其能够适应互联网时代下的各类新型贪腐案件。

随着互联网的发展与应用，互联网监督成了一种创新而高效的监督机制，打破了传统监督的运营模式。网络监督正在成为推动廉政建设的有效方式，也是廉政监督体系的内容补充。② 建立规范的网络监督制度可以让政府公务人员更加有针对性地参与事务，加强廉政建设，提升政府公信力。

2. 利用公共舆论实施司法监督

相对于行政监督、司法监督、党纪监督而言，网络监督不具备强制性，脱离于法律制度之外，主要作用是揭露事实真相、传播信息，在社会公众中形成强大的凝聚力，对政府机关形成一种无形的监督力量，督促政府公务人员要谨言慎行。

作为依法行政的保障，司法审查的重要性不言而喻。所谓的司法审查，是国家经过司法机关，审查其他机构的国家权力活动，并逐步纠正一切超越法定范围的权力行为，并让其承担因国家权力行为失当造成的公民损失。

在互联网时代，一切行使司法权的行为都暴露在万千网民的目光之下，许多突发危机引发的司法审查引起了广大网民的注意。司法审查是否公正、合理，不但要被广大专家学者所关注，更为广大普通网民所瞩目，这也注定了司法审查不但要接受理性的考验，也要接受感性考验。所以，传统司法审查制度必然会在互联网监督的审查刺激下进行改革创新。司法透明性成了互联网时代实现司法权力的基本条件。首先，司法审查可以借助现代信息技术进行现场直播，提高审查的

① 胡国初. 发挥网络优势　推进廉政建设［N］. 中国纪检监察报，2001-01-13（3）.

② 王德恒. 网络时代的廉政建设探讨［J］. 科技信息，2009（34）：208.

透明度；其次，互联网能够将客观的意见建议及有关线索提供给司法机关，确保审查的公正性。

3. 重视网络反腐监督

在互联网公共领域逐渐发育成熟的今天，我国各级政府逐渐意识到互联网反腐是信息技术与时代发展的必然结果，唯有正视它、引导它、利用它，方能有效提高党的执政水平。

作为互联网监督的基础，政务公开工作十分重要。我国各地方政府应进一步强化“电子政府”工程的建设，通过开设认证政务微博、公开政务电邮、建设行政门户网站等措施，不断提高工作透明度，使广大民众能够更好地参与到监督当中。要在交流过程中让广大人民群众感受到积极向上的正能量，并通过创新交流方式提高公众对政府行使公权力的认识与好感。

（三）完善廉政建设中政府与网络的互动机制

1. 建立网络互动模式

因为互联网监督不受时间空间限制，所需成本和硬件门槛都较低，因此得以迅速普及。通过形式丰富多彩、内容充实的教育活动，政府将有效改善网民在互联网中的监督意识与自我保护意识，还为网民们提供了互联网监督网站与电话，使得广大网民本身成为互联网内容的治理者。比起基于公共权力的行政治理，利用互联网本身的监督力量，通过举报申诉等方式来治理互联网，显然更能做到有的放矢。

交互性是互联网最重要、最基础的特点。互动是互联网新媒体与传统大众传媒相较而言最突出的优势。在现代社会学、信息学等学科中，互动是其中一个非常关键的概念与研究课题。今天，互联网起到的作用就是成为人和人之间互动的媒介，在互联网中实现社会交往。政府要实现互联网舆论引导，就应该做好与网民的互动工作。

让互联网监督毫无约束地发展显然与公共利益要求不符，而一刀切的禁止更是错误选择，关键是要在政府与民众间建立一个互动平台。各级党政机关不但需要解放思想、主动学习研究互联网信息传播规律，更要在互联网中建立起党群、干群联系机制，及时回应公众诉求，维持社会和谐稳定①。

2. 提高政府服务质量

转变执政者价值观念是政府网站建设的首要工作。行政机关是以公权力谋求公共利益的机关，而互联网则是行政机构用以服务民众的重要工具。只有在思想理念上真正实现转变，才能够让领导干部真正重视政府网站建设工作。互联网只

① 段文韬. 新时期我国廉政建设中政府与网络互动研究［D］. 河南大学，2011：32－33.

是一种载体，而网站的运营状况最终还是由政府本身的态度决定，不管是站点内容更新过慢还是管理缺位，都应该从政府本身找问题。

当前许多政府网站的主要内容还是会议纪要、部门通知、单位公告、领导动态以及本单位简介，依然无法满足公众对政府信息公开的需求。不少民众认为，政府网站现有的服务类型与自身的需求有较大差异。加上管理体制上的不足，不少党政机关领导干部认为电子政务是一种技术性问题，是信息中心或信息办公室就能够完成的工作。但政府网站本身其实只是一个载体，这个载体要充分发挥自身功能，需要多方面的资源支持，但这些资源一般由各项职能部门掌握。

从当前情况来看，电子政府建设是电子政务发展到一定程度后的必然结果，也是电子政务的发展目标。电子政务本身是一项项行政工作的信息化，而电子政府则是将整个行政机构信息化，为社会公众提供更为完善的公共服务与公共治理。

（四）提高政府人员网络反腐的工作能力

1. 提高信息真假辨识能力

一是要反复核实网络信息的真假。网络监督虽能提高政府的工作效率、增强政府信息的透明性，但由于网络信息的复杂性与网络虚拟性等特点的影响，必须从各方面深层核实网络信息是否真实，以充分合理利用网络资源来处理舆论事件，降低突发事件的危害程度。

二是提高网民的思想道德水平。网民滥用监督权的情况普遍发生，部分网民为表达自身态度、哗众取宠、损害他人利益，不惜大肆传播谣言。网络监督是通过创造良好的网络环境、在全面深入了解事件信息的基础上而进行网络管理的监督方式，而非传播谣言、诽谤中伤他人的平台。一些网民通过“人肉搜索”等不良途径来对被监督主体的信息进行深入挖掘，使被监督主体毫无反抗能力，以达到满足他们好奇心理、打击报复他人的目的。

三是加强政府辨别信息真伪的能力。政府难以从客观上核实信息的真假，则可能导致政府公信力下降，民众对政府失去信心，阻碍网络监督工作的开展。在网络科技快速发展、社会矛盾多发的敏感时期，在突发事件发生之后，政府如果没有在第一时间公开澄清事件的信息，而是一味堵住信息的传播，则会逐渐演变成公共危机。由此得知，健全网络信息监督体系，确保信息的真实性，对加强网络监督与反腐工作具有积极意义。

2. 加强思想学习教育

中共中央修订颁布《党政领导干部选拔任用工作条例》提出好干部 20 字标准：“信念坚定、为民服务、勤政务实、敢于担当、清正廉洁”，为好干部提出了具体要求，要把握好中央精神，努力做好干部。通过马克思主义理论学习提升境界，解决世界观、人生观、价值观问题，树立廉政文化①。

随着网络技术的快速发展与网络普及范围的不断扩大，网民人数也呈迅猛态势增加，我国成为网民人数最多的国家，与此同时也存在着网民道德素质、知识文化水平参差不齐的问题。鉴于此，应对网民加强思想、法律、文化等方面的教育，提高网民的道德文化水平、增强责任意识，以确保网民意见表达的合理性、合法性与规范性，促进网络社会的有序发展，进而为司法营造一个稳定、和谐的发展环境，保障司法不受舆论压力影响。另外，还应在群众当中宣传有关法律、网络知识，强化民众反腐观念，提高网民参与网络反腐的积极性。

3. 提升反腐工作队伍能力

首先，应该针对各级反腐工作队伍中的工作人员特点，定期进行脱产专业培训。在社会各领域飞速发展的今天，信息技术也在不断发展。互联网反腐是近年来才出现并成长的新型反腐措施，在不长的发展历史中，已经逐渐成了反腐斗争的重要力量，但也发现了许多新的问题，如各种针对反腐部门编写的黑客软件、数据库篡改病毒等。因此，国内各级反腐队伍应该定期为反腐斗争队伍及政府其他部门的工作者开展互联网专业培训工作，如对互联网各种新词汇的解释，对新型腐败手段的案例分析及如何通过新技术来开展互联网反腐斗争等，以便在复杂形势下做好反腐工作，提高网民对互联网反腐工作的满意度。

其次，政府职能部门应该持续摸索互联网信息的传播规律及汇聚特点、舆情引导方式等，为互联网反腐工作创造新的思路、新的模式及新的手段。要将社会各界的力量融合在一起，不断增强反腐工作队伍的社会责任感，提高其工作成效。

4. 提升网络信息安全度

当前，各级政府都在不断摸索提高互联网举报投诉信息的安全性。通过加密算法及动态密钥等技术手段阻止黑客侵入，以保障腐败信息提供者的私人信息安全。对于部分民间站点来说，鉴于其有限的财力与技术能力，很难全面保护好网民的个人信息安全，政府也应该为这些网站提供符合其特点与需求的信息安全技术，让互联网反腐的官方站点和民间站点能够更好地成为反腐斗争的利刃。下一阶段，反腐网站仍然不能放松对网站信息安全技术——尤其是举报信息安全的技术升级工作。网站工作者必须持有经过加密算法保护的电子动态密钥才能够登录查看网站的举报信息，这种硬性保护大大提高了举报信息的安全，确保反腐斗争能够持续不断地得到来自广大网民的信息支持，提高腐败案件侦破率。

诚然，政府的互联网信息安全技术近年来获得了较大进步，但值得注意的

① 陈坤，孙璐. 清除滋生腐败的文化土壤［J］. 理论视野，2014（5）：86－87.

是，黑客们的技术能力也在不断提高。要真正全面保护好网民的个人信息与举报信息，就要持续不懈地改善技术，不断创造出新的信息安全技术措施。唯有如此，才能够夯实互联网反腐的技术基础与信息基础，适应廉政建设发展需要。

第十七章　网络环境下媒体的公共性与政府公信力提升

随着网络技术的快速发展，信息传播速度快、范围广，涉及社会公共关系及利益的社会突发问题会在第一时间引起民众的强烈反响和关注。对传统的政府公共性媒体环境分析研究显得尤为重要，新兴媒体发展给政府公信力建设带来了挑战，传统的政府公关模式正受到严重冲击。媒体是社会的瞭望哨，网络媒体为公众提供信息网络时代的媒体信息，对新媒体的公共性研究和分析，对于提升政府公信力起着至关重要的作用。新媒体公共关系的构建是全面提升政府公信力的关键因素之一。在政府的行政工作、形象塑造工程中，引入公共性媒体建设，对于提升政府公信力来说，是一种必然趋势。

一、网络环境下的媒体公共性

改革开放以来，大众媒体、网络媒体得到迅速发展。随着媒介商业化，在公共领域研究商业背景下的媒体公共性变得至关重要。

（一）市场化转变与媒体公共性

1. 媒体公共性在商业中的发展

在社会主义市场经济条件下，媒体的公共性随着社会利益权重的发展而随之改变，它和公民的知情权、交流的方式和政治制度所采取的形式相互联系，相互促进。

公共领域学者哈贝马斯指出，在19世纪的商业化社会发展中，媒体的公共性受到了较大控制，新闻出版的商业化程度较浓，媒体公共性被私人所占有和控制。在其看来，媒体的公共性在商业化社会被逐步削弱。随着商业化社会的发展，媒体的公共性已经被社会私人所占有和控制，被其作为维护政治权利的专有工具，致使大众意见在政治压力下受到挤压，而使媒体原有的公共性和交流的本质受到极大的考验。①

当媒介公共性结构出现不合理的情况时，媒介产出内容也会发生相应的改变。马克思曾断言，资本主义的发展过程是一种动态发展模式，新科技的进步和

① 哈贝马斯. 公共领域的结构转型［M］. 曹卫东，等，译. 上海：学林出版社，1999：218－230.

劳动方式的创新，使生产过程得到改变。理论学者的研究证明，在资本主义社会，资产阶级是社会发展的主导力量，而媒体的最终控制权被掌握在资本家手中，媒体的发展仍然受到阻碍。

我国研究传播学理论专家胡正荣教授明确指出，在西方国家，媒介文化正以两种形式发生变革，其一，是在媒介文化中发生的内部变动，内容包括社会生产结构、产业组织结构变动、产业链接的生产变化等。而生产结构体现出了规模化效应和覆盖经济的特点；产业组织结构变动主要指信息网络化模式、经营策略和管理模式的变化过程。总而言之，产业性生产技术的变革促使媒介文化在生产结构等方面发生根本性变革。其二，媒介文化外部因素的变动。具体指生产政策、制度等方面的合理健全和完善。即运用适当放松和适当保护相互结合的制度模式，对产业文化进行合理的调整和变革。

2. 经济与媒体的互动

首先，新闻媒体受到市场因素的制约作用大。从传统意义上说，我国的新闻业界主要是受社会政治因素的影响，在社会经济快速发展的进程中，市场基于新闻媒体的制约力不断提高，呈现出一定的变化。由于个人利益的驱使和市场条件的制约，新闻媒体市场仍然存在一些问题，如部分媒体新闻人为攫取私人利益，追求商业利润，制造假新闻信息，导致新闻市场粗俗信息增加、秩序混乱，编造假性新闻的现象增加。①

其次，社外资本对新闻业的影响逐步加大。自 20 世纪 90 年代以来，由于资本的大量投入，导致媒体经营权和报道权发生了改变，媒体逐步失去了公共领域的主导角色，变为片面追求个人利益的直接手段和工具。

最后，市场影响着新闻从业人员的基本职业道德。社会的发展变化必定会对社会的道德领域产生影响。而新闻业的主导力量是新闻工作者，新闻工作者的职业能力对新闻的发展起着重要的作用，是新闻界未来发展的导向针。当新闻者的职业道德和职业能力下降时，必定会阻碍新闻业的健康发展，影响民众对新闻媒体的信赖和支持。②

（二）媒介功能与媒体公共性

1. 媒介实现功能的价值意义

结合系统论相关研究观点分析，功能是指系统内外部相互联系作用而产生的一种循环重复现象。社会公共媒体和媒介功能作用是相互联系的统一体，媒介功

---

① 靳雅茜，魏旭晓. 网络媒介的公共性——解读哈贝马斯的《公共领域的结构转型》[J]. 佳木斯大学社会科学学报，2006（1）：168－169.

② 曾荣，刘开源 [J]. 简析哈贝马斯的公共领域伦理 [J]. 新闻爱好者，2010（4）：18－19.

能是传播系统和社会互动表现下产生的功能。媒介的作用是实现社会自我管理和控制的能力。媒介的作用是在社会影响下实现不同的政治价值观，反映出媒介功能的价值所在，即民主价值性、文化价值性、教育资源价值性和社会价值性。

2. 媒介功能和公众预期的测评指标

媒体公共性发展如何，主要取决于民众对媒介功能的期望状况。而民众对媒介的期许是实现社会价值的重要体现，大众媒体应采取何种形式发挥其功效成了重要的发展任务。公众对媒体的期待是一种心理层面上的约定，这种约定和受众群体的性格因素、心理发展、职业能力和日常生活状态息息相关，带有一定的多变性和复杂性。①

3. 媒介功能与心理

媒介功能的发挥与公民心理期许之间会产生不同情况，具体表现为以下三种情形：第一，当公众的预期在媒介功能的发展过程中尚未得到具体落实和实践时，期许会变成民众的失望，最终影响媒体公共性的良性发展；第二，当公众的预期在媒介功能发展过程中得到基本满足，媒体的公共性将朝着积极的态势发展；第三，当公众预期远超出媒介的正常发展水平，媒体公共性将会有一个质的提高和发展。总之，媒体公共性的发展测评应把民众对媒介功能的具体期许当成工作的首要内容，为提高媒体公共性提供前提保障。

二、新媒体公关与提升、维护政府公信力

在互联网的助推下，新闻媒体得以迅速发展，并催生了新的媒体发展形式——新媒体公关。新媒体公关是一种通过互联网、移动通信及现代传媒技术实现公关目的的新闻媒体发展形式。在政府形象宣传和政务信息化系统建设的过程中，新媒体公关逐渐被重视。政府通过新媒体公关不断与公众强化信息交流，使公众对政府日常政务和决策活动有更为全面而深刻的了解，赢得民众对政府的好评。随着网络传播的不断发展，新媒体公关对提高和维护政府公信力将发挥更大的作用。具体来说，提升和维护政府公信力可采取的措施有：

（一）新媒体公关策略之一：建设政府公众网站

政府网站建设是政府行政信息化系统建设的重要组成部分，指政府信息部门综合现代化信息手段建立起来的，能够把政府各部门、社会组织和社会民众纳入网络体系中的政务信息系统，社会组织或公众在任何时候任意地点都可以通过政府网站了解相关信息，满足个性化需求。各级政府网站由于政府的组织规模和行政管理职能存在一定的差别，网站的基本功能和所能发挥的作用也受到相应的限

① 冯隽. 新闻媒介的功能及其演变［J］. 浙江工商大学学报，2010（1）：51－57.

制。省级及以上网站的功能较为全面而突出，主要任务是向社会各界宣传政府的基本构成和信息，起到形象宣传的作用；向社会公众展示政府政策、法律法规和纲领性文件，增进公众对政府政策制定和决策活动的了解；省级以上网站还需要根据特殊情况向社会公众提供公共信息服务，以满足人们对政府信息的知情权需求。相对而言，地方政府网站的受众范围较小，影响力也较低，主要在本地区内提供涉及公众切身利益的政府政务和其他社会经济方面的信息，着力为当地经济发展和和谐社会建设提供信息服务支持。①

公众对政府网站的运用有三个分层。第一个是浅尝辄止的获取信息，主要是网站罗列出来的政府组织架构、政策政令、规章制度和法律法规等相关信息；第二个是对网站的实践应用，主要是本应由政府相关部门线下办理的业务搬到网上处理，其主要目的是提高便捷性与效率；第三个是利用网站展开信息交流，这一层次是对政府网站的深度利用，包括咨询、监督与意见反馈等。从目前来看，我国民众对政府网站的利用率不高，且大多数对网站的利用流于形式，不够充分，能够达到对政府网站实践应用的访问不超过总数的 3%，政府应该加大这方面的工作力度。

在建设政府公众网站平台的基础上，积极开展电子政务，提升政府网络媒体办公能力。对政府本体发展、服务全体社会成员以及协调两者关系等方面有着重要作用。

第一，电子政务对政府自身建设具有积极作用，它有助于政府节约办公成本，提高行政办事效率，致使政府各部门之间、各机构之间形成多方协调顺畅的联动机制，促进政府政务公开建设。以美国为例，20 世纪末克林顿政府提出建设电子政府以来，美国各级政府的财政开支大为缩减，行政办事效率普遍提高。

第二，电子政务便于为社会公众提供高质量的信息需求服务。电子政府为社会公众参政议政提供了渠道，使公众通过政府网站比以往任何时候更快更方便地搜寻到相关信息，为公众监督政府制定政策和进行决策创造有利条件。在现代信息社会，政府可以通过电子政务系统轻松地把社会组织、公众与政府网站连接起来，从而极大地满足人们对信息的搜索和网站的使用。

第三，电子政务改善了政府公关工作。在网络环境下，电子政务系统建设获得了前所未有的成效，有利于强化政府自身职能，改进政府行政管理方式。另一方面，政府在改革行政体制方面取得的成绩推动了政府与社会公众沟通、交流方式的转变，使政府与社会公众在网上在线咨询、直接互动中加深了了解，密切了关系，政府公关工作从根本上获得了改善。

---

① 颜海. 我国政府网站的建设现状及其发展 [J]. 图书情报知识，2002 (4)：52 - 53.

积极发展电子政务促进政府自身建设，有助于强化政府管理社会和服务公众的职能，极大地改善了政府公关工作，对推进效能型政府建设和提高政府公信力起着重要作用。

（二）新媒体公关策略之二：建设虚拟社区

虚拟社区概念的提出已有20多年的历史，源自于瑞格尔德的著作《网络社区》。虚拟社区的含义是：在具有共同或者类似的价值观念、共享信息和相互关怀的基础上，依赖互联网媒介进行互动交流，表达一致意见的平台。在虚拟社区中，社会身份认同的价值观念也有体现，即成员之间要遵守一定的规范，在一定范围内表达意愿。目前，虚拟社区存在的载体主要是网络论坛、贴吧、即时通信平台、微博、微信、虚拟聊天室等。①

虚拟社区逐渐演变为政府与社会公众直接交流互动的新方式，越来越多的社会民众选择通过虚拟社区来回应政府实施的政策政令和各种关涉民生的决策，并积极跟进表达个人观点，提出相关建议。

虚拟社区在政府公关方面扮演着越来越重要的角色，党和国家领导人一直以来都很关心虚拟社区的发展动态，关注网络舆论，关心网络舆论对社会发展走势的影响。应该清楚地认识到，网络的开放性与自由性决定了虚拟社区环境较复杂，各种信息、言论充斥其间，难免存在一些措辞不当、表达偏激甚至是反动的言论；但从总体来说，其发展态势是健康的，以客观、正面的舆论为主，不排除有建设性意见，能够真实反映社会现实。政府应鼓励领导干部和行政工作人员多通过网络了解社会发展状况和民情民意，充分掌握社会的思想动态，这有利于政府工作由被动为主动，调整政府职能定位，提高服务水平。从社会民众来讲，虚拟社区不失为一个减压、舒缓情绪的有效渠道，可见网络具有维护社会稳定的价值。②

在虚拟社区中发布与政府行政工作有关的信息有助于增强政府影响力，改善政府公关工作，提高政府公信力。借助虚拟社区促进政府公关工作的方法主要有：

首先，引导网民转载和共享政府相关信息，推动政府影响力在虚拟社区中渗透。要使政府影响力发挥作用，就要扩大政府相关信息在网络环境中关注度和覆盖范围。政府工作人员要设法引导广大网民转载和共享政府发布的信息，推动政府信息在虚拟社区中的渗透，聚集社会关注度，提高政府影响力，改善政府公关工作。

---

① 土润泽，丁学梅. 互联网：民意表达新通道 [J]. 国际新闻界，2004（4）：49－53.

② 徐小龙，王方华. 虚拟社区研究前沿探析 [J]. 外国经济与管理，2007（9）：12－18.

其次，引导网络舆论理性发展，塑造政府良好形象。政府通过发布重要信息尤其是关涉广大民众切身利益的社会经济信息引导网民理性讨论，形成良好的网络舆论氛围。健康的网络环境，便于政府发挥积极有效的主导作用。

最后，政府应积极参与网络互动交流，改善公关工作。政府应设立专门的在线咨询行政人员，以随时回应网民的咨询和提问，并反馈重要信息。这一“输入”与“输出”过程，对扩大政府公共影响具有重要意义。

（三）新媒体公关策略之三：开通微博

领导干部要深刻认识到网络社交平台在改善政府形象、提升公信力方面的重要作用。

随着微博越来越受到公众追捧，微博俨然成为新的舆论阵地。不少领导干部顺应网络舆情发展形势，陆续开通微博，开启微博问政这一政府与民众互动的网络新模式中。政府通过微博与民众互动交流，是充分利用网络社交平台践行群众路线的具体体现，对于形成亲民形象，提高政府公信力具有重要意义。

领导干部开通微博是政府与民众网络互动新模式开启并发展的良好开端，体现了政府应对网络的积极姿态。但利用微博等网络社交工具易出现的一些问题，需引起领导干部的高度重视。第一是缺乏持之以恒的精神。微博问政这一监督机制的形成与完善并非一日之功，需要各级领导干部给予高度关注，要不断完善微博政务信息发布长效机制，真正将微博、个人博客等网络互动模式纳入到监督体系中。第二，与网民的互动缺乏灵活性和技巧性。领导干部尤其是高级干部的微博充当着政府发言人的重要角色，领导者不仅要谨言慎行，还要转变与公众交流方式，用率真有趣、轻松活泼的语言打动公众、吸引公众，通过微博为政府公信力加分。①

领导干部要积极参与到微博这一政府与民众网络互动模式中，真正利用网络社交平台践行党的群众路线；了解民众需要，更好地为广大民众服务，使网络媒介发挥更大的作用，造福人民群众。

首先，领导干部开通微博，参与政府与民众网络互动模式，有利于增强领导干部宗旨意识和服务意识，有利于转变政府工作方式，简化行政办事程序，提高行政工作效率。既节约了财政开支，也方便了广大民众，充分体现了政府全心全意为人民的根本宗旨，推动了政府科学行政、规范行政。

其次，领导干部使用微博是践行党的群众路线的有效途径。微博是一种十分流行、即时性很强、公开便捷的社交互动方式，有利于领导干部通过虚拟网络环境“深入”群众内部，了解民情民意，倾听民众心声；有助于加强政府与民众

---

① 汪莅轩. 多元互动视角下官员微博行为探究［J］. 领导科学，2011（32）：17－19.

互动、增进双方感情。

最后，领导干部使用微博推动了社会监督体系的完善。通过有效管理网络舆情，积极引导网络舆论的健康走向，及时清除负面消息和消除不利因素，微博完全可以胜任社会监督平台的重任。民众通过领导干部微博这一监督平台，对政府政策和决策提出疑问，提供宝贵意见，有利于完善社会监督机制。

三、构建新闻媒体的功能保障机制，提升政府公信力

政府公信力是政府影响力和号召力的具体体现，是政府行政能力发展的客观结果，体现出政府的权威性、民主性和法治建设的进展程度。政府公信力提升是现代民主政治发展的重要目标，也是政府进行各项行政改革的重要基石。对社会政治、经济的发展起着重要的引导和指示作用，反映了民众对政府工作的信任程度。

随着全球经济一体化的发展，信息网络技术得到不断发展和进步，这种发展态势正随着社会经济的改革而发生相应的改变。要强化网络公共领域管理，健全和完美信息技术相关联的新闻媒体公共性的保障机制。[①]

（一）建立新闻媒体政治参与规范化机制

新闻媒体是舆论监督的主体，具有发展社会主义民主政治、健全社会主义法制和维护社会稳定等功能。新闻媒体的监督可以有效遏制腐败，增强民主政治的参与性和透明性。主要表现在以下几点：

第一，社会政治文明的发展态势必然会提高人民参与新闻媒体监督的热情。现代化民主理论认为，扩大公民有序政治参与有利于保证我国社会主义政治民主的发展，增强公民的政治责任感，有利于促进社会经济的发展、稳定社会的团结和进步。新闻媒体是政府和民众联系的纽带和桥梁，它联系着千家万户，涉及政治、经济、外交和文化等各个方面。在民主和法治建设中，新闻媒体的功能更是举足轻重。在未来民主政治生活中，新闻媒体政治参与将会是一个新潮流。

第二，规范合理有序的新闻媒体政治参与。当前，由于客观局限性，部分新闻媒体从业者过于追求个人利益，出现违反行业规定和影响新闻道德规范的情况，如虚假报道、单纯追求经济效益等。新闻媒体的覆盖面广、涉及内容多、传播速度快，如果新闻媒体的发展背离社会发展方向，将会对社会产生极大的消极影响。因此，要确保新闻媒体的影响力在合理、有序的社会制度规范下发挥有效作用，确保新闻媒体的政治监督作用，全面推行民主政治建设的发展，维护社会

---

① 张勇，郑曙村．中国网络公共领域的兴起与政府治理［J］．中共南京市委党校学报，2010（5）：53－55.

的团结和稳定。

第三，完善新闻媒体政治参与的制度化系统。要结合社会的发展现状，按照公众参与政治生活的发展趋势适时调整新闻媒体的制度性系统，逐步加大对新闻业界的制度化管理力度。首先，需要依法制定新闻法律制约条例，发挥新闻媒体的监督指引作用。其次，需要正确处理好媒体、各级党政机关和公众三者的关系，确保新闻媒体能在维护人民根本利益的前提下，广泛开展有利于新闻媒体的活动。同时，需要在新闻队伍中树立正确的服务意识，在工作中严格要求自己，以维护广大人民群众的根本利益为宗旨，把实事求是的工作作风用到实际工作，杜绝一切违背行业规范的行为。再次，在新闻媒体发展建设中，需要建立一套完善的监督保障机制，自觉接受人民大众的监督和审查，保证新闻内容的正确、合理性，发挥其最大功效，达到人民大众的最佳期许。①

（二）完善新闻监督与公共领域体系制度

建立“阳光型政府”，要求政府工作在广大人民群众的监督和积极参与下，达到全面推进和提高。在信息网络化时代，信息资源实现最大化共享，必将对社会经济、政治和文化的发展起到促进作用。信息资源的开放性和广泛利用影响着国家未来经济发展的方向。我国 2008 年 5 月开始施行的《中华人民共和国政府信息公开条例》，为民众积极表达意见和参政议政提供了坚实的制度性保障。

党的十一届三中全会以来，我国在政府信息的管理和公开方面进行了积极的探索和研究，并取得了优异成绩。各级党政机关信息公开逐步规范化和具体化。有关政府信息内容和工作以法律法规的形式逐步确立下来，如《中华人民共和国行政复议法》《中华人民共和国行政许可法》等。政府信息公开制度的健全和完善，是实现“阳光政府”的客观要求，是政府工作内容的一面“镜子”，提高了群众对政府工作的信赖度和支持度，充分保证了人民群众的监督权和知情权；同时，加快了政府职能转变，加强了政府行政权力的监督和引导，维护了社会的稳定和团结。

众所周知，实现公共利益的最大化是公共管理学的最终目标，它要求对社会利益做出合理的资源调配。当前我国社会正处于特殊的转型阶段，社会政治经济的发展使人们的价值理念发生改变，趋向于多样化和多元化；主体间利益的多元化使社会各阶层间矛盾纠纷凸显，为此，需要在大众传媒合理权衡、整合和引导公众去维护个人利益，使效益达到最大化。当前新闻媒体过度关注娱乐和大众话题，缺乏对国家重大决策的探讨和研究分析，未完全发挥其实际功效。社会民众

① 陈相雨．媒体舆论监督和公众政治参与［J］．西南民族大学学报（人文社科版），20097)：152－156.

在参与政治生活时，缺乏健全的规章制度加以规范，公众带有明显的盲目性。因此，应针对当前社会公共文化领域的发展现状，有针对性地制定一套规章制度，明确规定公共话题的内容、限定范围、行为法则和监督保障机制，使大众传媒在公共领域事务上的影响力得到最大限度地发挥。①

（三）完善政府的对外交流平台与媒体建设

随着互联网络飞速发展，网络传媒成为继报纸、广播、电视之后又一重要媒体，其影响已经渗透到各个领域。网络媒体的发展为公民提供了机制平台；但与此同时，网络媒体产生了一些负面效应。事实证明，积极健康的网络舆论环境能够有效促进国家和社会的发展。为此，需要创建合理的网络公共环境，引导网络公共舆论。不断增强引导舆论的能力，占据舆论高地，这是党执政能力提高的集中表现。

1. 加快领导干部博客建设

通过网络博客，实现政府与民众顺畅沟通，这是一种新兴的信息交流方式。博客是一种消耗低、传播速度快且能与民众直接交流的上佳互动网络平台，能全面提高政府公信力。

作为博主的领导干部身兼数职，即是博主又是政府工作人员。领导干部应深入群众，运用网络与公民互动交流、资源共享。利用博客的公开性、便利性、高效率、消耗低的特点，发挥其最大功效，开启与网民的直接交流模式。

另外，在语言上，少打官腔，应平和亲切，尽量口语化；在内容选择上，应贴近日常生活，能引起网友的及时关注；同时，做到实时更新和回复。

建构受公众关注的公众权威博客平台。博客作为民众表达感情、传播思想和整合资源的有效工具，其已经拓展到社会公共领域。领导干部是政治权力的主要执行者，其行动举止易受到群众的关注，这要求领导干部需要谨言慎行。

2. 搭建手机公共信息交流平台

随着手机终端技术的日益成熟发展，搭建手机终端公共信息交流平台势态必行。

手机终端公共信息交流平台，其功能不仅是单向的政府信息发布，同时为公众表达意见提供了渠道。信息社会的最终目标是建设一个公开透明化的新型社会，而手机信息平台作为一种新兴的互动交流方式，为媒体公共性的发展注入了鲜活的动力源。

3. 引导公共舆论，加强制度建设

制度因素对政府的行为和理念思想有约束和变革作用。在引导公共舆论过程

---

① 余敏江，梁莹. 政府利益·公共利益·公共管理［J］. 求索，2006（1）：67－69.

中，政府应建立信息公开制度，具体包括以下几点：

一是在引导公共舆论过程中，政府可结合当地网络媒体的实际发展态势，设置公共性事务议程，采用开设主体博客和主体网站的方式，吸引网民关注。引导人们自觉做良好道德风尚的建设者，做社会文明进步的推动者。①

二是通过与相关专业型组织、团体和民间组织合作开展积极宣传活动，充分发挥组织协调和统筹能力，将网络专家和权威学者的正确观点引入到公共领域，引导网络公共舆论的正确发展方向。

三是把网络公共舆论引导和传统媒体舆论公关结合起来，建立循环链接效应，赢得社会民众的支持和信任。

四是公共舆论需要一种稳定和积极的系统机制来保障其理论共识的形成发展，提高网民对民主政治的参与积极性，才能形成良好的网络公共环境。制度不仅对行政行为进行约束和引导，还需要把规则化和规范化提上工作日程。②

4. 健全完善媒体监督机制

因为缺乏完善的规则与话题的界定，网民参加议题讨论时，往往不知所云，不具备讨论的可行性。对此，应从定性与定量两个视角出发，建立完善、系统的评估机制，

对话题的涉及范围、行为准则、价值体系、监督机制等给予界定，便于公众参与话题讨论，使通过大众传媒构建的公共领域能够发挥实质性作用。③ 媒体应该蘸起真实的墨汁，写下经得起求证的新闻，不做“差不多先生”。④ 媒体公信要实现自我救赎，作为媒体自身，在监督别人的同时，一定要完成好使命，抵得住诱惑。⑤

---

① 赵士兵.“自干五”是社会主义核心价值观的坚定路行者［N］. 光明日报，2014-11-15.

② 宋琳. 新闻媒体对政府政策活动影响的研究［D］. 天津大学，2010：38-39.

③ 宋琳. 新闻媒体对政府政策活动影响的研究［D］. 天津大学，2010：40-41.

④ 周人杰. 媒体不能做“差不多先生”［N］. 人民日报，2014-10-27（5）.

⑤ 姜赟. 媒体公信需要自我救赎［N］. 人民日报，2014-11-07（4）.

第十八章　政府公信力提升视角下的新媒体角色探究

今天，以互联网为基础的新兴媒体已经成为影响社会舆论的重要平台。要用科学的制度规范新媒体角色，推进政府公信力的提升。

一、政府公信力提升视角下的新媒体角色优势

新媒体语境下的信息传播具有身份多元性，即信息发布者可能同时也是信息传播者、信息接收者。新媒体隐匿性特点让许多网民发言时顾忌较少，从而让舆论更容易聚焦于社会敏感问题。从这个角度说，新媒体能够为政府获取民意提供支持。

（一）新媒体可视为政府信息宣传员

新媒体可以为政府发布信息、引导舆论提供便利。新媒体将政策文件转化为更容易阅读的新闻语言，以便公众能够更准确、更深入地了解政策信息。对于公众而言，媒体是了解政府行政行为的窗口；对政府来说，新媒体则是公开政务信息的重要渠道。

新媒体覆盖面广，受众遍布社会各个阶层；传播速度快，可以便捷、快速传播政府信息。所以，新媒体应作为政府公开发布政务信息的窗口，为公众提供更快、更全面的信息服务。除此之外，政府政务网建设给政务信息公开工作打下了坚实基础。

（二）新媒体充当对政府的监督者角色

作为公共舆论的引导者，新媒体在舆论监督上扮演着重要角色。在反腐倡廉、遏制公权力滥用等方面有突出贡献。具体来说，媒体以批评、质问政府部门及公务人员的不当行为来约束政府行使公权力的范围，监督政府完成许诺目标。在新媒体环境下，媒体对提升政府公信力的作用日益加强，比起行政监督，第三方媒体监督显然有着不可替代的独特作用。首先，新媒体在信息传播上的优势。相比政府公示文件内容，新媒体采取的多媒体（视频、音频、图片）综合形式更受公众欢迎，内容传播也更为具体、深入。其次，新媒体拥有很强的公信力及专业的采、编、播能力。媒体工作者在面对新闻事件，观察社会问题比一般人更

细致、更认真，常常能查出事件真相、洞悉事件本质，进而让媒体获得更高的公信力。因此，新媒体监督往往在敦促政府履行责任、曝光社会问题方面起到重要作用。近年来，新媒体在监督政府及公务人员行政行为方面起到的作用日渐突出，公众也开始利用媒体监督政府使用公权力的行为。

（三）新媒体为公众和政府之间提供了良性互动平台

我国社会正处于转型阶段，出现了一些新问题。一方面，政府要制定更客观、科学、符合现实需要的决策方案，就一定要获得大量有效、真实的社会信息。对于采编能力强、社会资源丰富的媒体来说，恰好可以为政府提供可靠、翔实的社会信息，为政府了解社情民意做出贡献。另一方面，随着我国民主进程逐步深化，公众的民主意识、参政议政意识在不断提高，他们渴望了解并监督政府及公务人员的工作，新媒体可以充当桥梁角色。

二、政府公信力提升视角下的新媒体角色缺失

（一）在满足公众知情权方面仍有欠缺

新媒体作为便捷、快速的传播途径，要充分发挥其在传达政府意愿、保障公众权利上的积极作用，就要求政府提高信息的透明度，向媒体提供第一手资料；让媒体恰当、准确地将信息向外传播，增强公众对政府工作情况的了解，从而达到稳定社会秩序、保障公民知情权、提高政府公信力的目的。

近年来，我国政府部门通过改革行政制度，打造公开行政、阳光行政，出台并实施《政府信息公开条例》，对提升政府公信力有一定的促进作用。然而，仍存在政务信息公开渠道匮乏、利益相关单位对相关信息避而不谈等问题。

（二）新媒体无法全面监督

当新媒体在对某些敏感问题进行采访时，一些部门及领导干部往往会拒绝配合媒体，将媒体视为“洪水猛兽”，非常畏惧来自社会的舆论监督。个别地方政府及部门往往以“事件信息过于敏感”“尚未调查清楚不能报道”为由拒绝媒体进行深入调查，致使新媒体无法实现全面监督。

（三）新媒体权利的不当使用

从提升政府公信力的角度观察新媒体，发挥新媒体舆论监督作用最终目的是威慑和防止政府及公务人员渎职、滥用公权力等失当行为，促使政府履行承诺。此外，新媒体还是满足公众知情权的重要工具，是公众参政议政的重要渠道。但是在媒体环境高度市场化的今天，部分媒体及媒体工作者为了商业利益，有意无意地传播或制造虚假信息，博取公众注意力，甚至将政府及公务人员的失当行为作为交换某种利益的筹码。这也反映出当前媒体从业者职业道德水平参差不齐的状况。鉴于部分媒体一定程度上存在不当行为，其新闻报道取向令人怀疑，这让

我们对媒体在提升政府公信力过程中能否真正起到监督作用产生疑问。媒体的公信力与话语权来源于诚实报道及对真相锲而不舍的追求，这是人们对媒体信任的源泉。

三、政府公信力提升视角下的新媒体角色探析

政府公信力提升视角下新媒体应该是“准确信息的报道者”“正确舆论的引导者”“不当言行的监督者” 和 “公众利益的维护者”①，发挥新媒体的优势使政府能够更好地为人民服务。

(一) 建全信息公开制度，提高政务公开透明度

近年来，政府部门加大了阳光政府建设力度。然而，由于部分政府部门有选择性地公开政务信息，从而使信息公开工作不能完全实现。作为信息资源的掌控者，政府如果不公开政务信息，媒体舆论监督也难以实现。所以，提升政府公信力、实现媒体监督的首要条件，就是要在保证公共管理顺利运行的情况下最大限度地公开政务信息。首先，落实好政务信息公开制度。2008 年施行的《中华人民共和国政府信息公开条例》首次将信息公开明确为政府必要工作，同时就政务信息公开制定了相关条例，为我国政府公信力提升工作打下了良好基础，为传媒与公众的舆论监督提供了信息保障。目前情况来看，《中华人民共和国政府信息公开条例》实施过程中，专职负责条例落实的机构仍处于初步建设阶段；各地政府信息资源管理能力良莠不齐。各地要根据《中华人民共和国政府信息公开条例》的规定抓好落实工作，通过新媒体等手段公布信息，通过信息公开提升政府公信力。其次，构建一套完整的政务公开制度。政府要让媒体充分发挥舆论监督作用，充分配合媒体采编工作，不得以非正当理由讳谈、避谈、拒谈，使相关问责制度能够落到实处。要完善新闻发布机制，应定期召开新闻通气会，公布日常政务工作信息，在公共事件发生后第一时间召开新闻发布会，通报事件信息，正面做出表态。要建立政务信息评判机制，号召公众对已公开的政务信息进行评价，保证政务公开工作能够切实有效开展。要针对政务信息公开建立问责机制，严肃处理一切假报、虚报政务信息行为，对相关责任人追究到底。

(二) 转变思维模式，主动接受媒体的监督

各地方政府及有关部门应尽快摒弃旧有思维模式，深刻认识媒体工作的重要性，并积极配合媒体记者工作，把握舆论引导工作的主动性。一是要健全新闻发布机制。就目前情况来看，当出现重大事件时，相关部门一般会通过新闻发言人来说明，作为政府代表，针对某一公共事件做出表态、为公众答疑解惑。该制度

---

① 杨保军. 简论“突发公共事件”中的媒体角色［J］. 理论视野，2009（7）：46-49.

能够为广大公众提供热点政务信息，使满足公众知情权成为现实，推动政府公信力建设，提升政府公信力。所以，政府应在公共事件发生第一时间收集相关信息，并通过新闻发言人制度迅速向公众发布事件信息，及时公布事件的最新进展。政府通过新闻发言人制度表现出的积极态度，将在很大程度上影响媒体的新闻报道方向，进而牢牢抓住舆论引导工作的主动权。二是建立一支优秀的新闻发言人队伍。要建立知识结构完备、专业能力较强、应变迅速的高素质新闻发言人人才队伍。要构建针对新闻发言人制度的问责、追责机制。新闻发言人代表着政府形象，这就意味着新闻发言人所说的每一句话都代表了政府的态度与决策取向。所以，新闻发言人必须将自己视为政府的化身，如果其发言未能传达政府真实意愿、未能准确描述政府决策方案，那么新闻发言人将为其行为造成的负面影响负上应有责任。三是政府应积极配合媒体工作，主动承担决策或行为失当责任。过去，部分政府部门存在官僚主义倾向，认为行政工作及相关信息是“国家机密”，不应该也没有必要对媒体及公众做出任何解释。政府只有深刻认识到媒体工作的重要性，才能真正做好舆论引导工作。各地政府要在公共事件发生第一时间站出来，并公布补救措施及后续方案，做好群众工作与媒体工作，才能真正把握舆论引导主动权，避免在媒体与公共舆论压力下陷入被动局面。同时，政府应尽快制定突发公共事件应急预案，并在事发后迅速按照既定流程开展工作，才能避免措手不及、忙中出错。

（三）加强媒体角色规范，发挥媒体优势

《中共中央关于全面深化改革若干重大问题的决定》指出，要“健全民主监督、法律监督、舆论监督机制，运用和规范互联网监督”。[①] 新媒体负有重要的监督责任，地位十分重要。因此，要重视媒体角色构建工作，确保媒体能够准确、不偏不倚地报道。媒体记者及评论员应把握好人文关怀与真实报道之间的关系，时刻注重自我反省、自我检讨，避免新闻报道成为商业利益影响下的怪胎，维护自身公信力。在提升政府公信力视角下，媒体扮演着舆论监督的重要角色。改革开放以来，党和政府一直致力于推进我国民主化进程，媒体逐渐成为提升政府公信力工作的重要部分。与此同时，我国应尽快制定并颁布一整套完善的基础性新闻法律制度，确保媒体合法报道权利不受侵犯。要让媒体能够督促政府信息公开，监督政府履行公共服务、公共管理承诺。应加大新闻媒体法治建设力度，使媒体能够真正发挥其应有作用。还要加强媒体自身建设，提高媒体的公信力。媒体应该重视自身公信力的建设，以获得公众信任，做好舆论监督工作，从而促进政府公信力提升。媒体的公信力来源于其新闻报道内容是否真实、严谨，能否

---

① 中共中央关于全面深化改革若干重大问题的决定辅导读本［M］. 北京：人民出版社，2013：37.

及时发布相关信息。如果媒体未能做好上述本职工作，那么其将难以得到公众信任，舆论监督政府则更是无从谈起。一方面，要建立一支道德水平高、专业能力强的高素质媒体人才队伍。我国媒体人一定要持续学习媒体专业知识，时刻谨记自己的社会责任，加深对媒体从业者职业道德的认识，为公众提供及时、准确、不偏不倚的新闻报道，避免主观情感等影响新闻内容。另一方面，各媒体单位必须要做好内部审查工作，通过严格审查确保新闻报道的严谨性。虽然新闻工作者通常受教育程度较高，接受过专业培训，但毕竟来自不同社会阶层，知识结构也千差万别，理解政务信息时出现偏差在所难免。因此，为使媒体能准确、深刻地解读政务信息，必须要在媒体内部构建一个严格的自审机制，群策群力解读政务信息，以冷静、客观的态度报道相关信息。

（四）重视新媒体，政府与媒体形成良性互动

政府要认识到新媒体对于提升政府公信力、监督政府履行职能等方面的积极作用，以积极主动的姿态面对媒体，配合新媒体的采访、报道等工作，这是新媒体时代舆论导向工作的关键所在。一是建立政府针对媒体监督的快速回应机制。政府回应的快慢，回应是否让公众满意都是政府公信力提升的关键。政府一定要重视新媒体，第一时间做出回应，又快又准地公布信息。应彻底摒弃“不回应”“大事化小小事化了”等消极想法。在新媒体迅速崛起、信息传播速度加快的现代社会，政府的敷衍态度往往会导致谣言占据舆论制高点，进而导致更严重的负面影响。政府应构建一个应对媒体的应急预案，通过新媒体打消公众疑虑。二是建立政府与新媒体间的良性互动。在新媒体日趋发达的今天，必须形成“自媒体—传统媒体—全媒体—政府回应”的新型互动模式。[①] 政府与新媒体之间要互相信任、互相推动，要意识到这是一项双向工作，仅仅依靠任意一方面的努力都是不够的。媒体在法律确保自身新闻自由不受侵犯的同时，要深刻认识到自身肩负的社会责任，不能够为了商业利益哗众取宠，通过抨击政府博取公众眼球；而是要时刻警醒自己，不偏不倚地做好新闻报道工作，成为公众与政府之间沟通的桥梁。政府方面，对媒体工作者的工作要理解和宽容，主动、积极地与媒体进行沟通交流，深刻认识到媒体对自身工作的促进作用。新媒体作为环境的监测者、社会的守望者、公共利益的服务者，有责任“眼观六路，耳闻八方”，对各种杂音和不当行为，以及错误做法，进行批评和揭露，营造健康的、良性的、有利于事件有效解决的舆论环境。[②] 三是政府要提升运用新媒体的能力。政府要深入研究

---

① 肖生福．“网络反腐”中媒体、民意与政府的互动分析［J］．广州大学学报（社会科学版），2012（11）：11－17．

② 项德生，等．新闻学概论［M］．武汉大学出版社，2000：315－316．

网上舆论引导的特点和规律，掌握微博、微信等新媒体的使用方法和运作方式，通过移动电视、手机报、短信、微博等新媒体，使党群关系更密切，干群联系更直接。①

① 刘靖北. 新时期新阶段坚持和贯彻党的群众路线的思考［J］. 中国浦东干部学院学报，2013（10）：32－38.

第十九章　网络环境下危机事件处理与政府公信力提升

网络环境下危机事件处理更趋复杂，处理得好，会提升政府公信力；处理得不好，则会影响政府公信力的提升。政府公信力反映了广大人民群众基于对政府的信赖所衍生出来的信任感和认可，体现了政府真正赢得了广大人民群众的支持和拥护。对于政府来说，公信力代表着政府的权威性及广大人民群众的无条件支持，是最为宝贵的资源。当前，政府部门越来越重视公信力提升，不少地方基层政府领导者及公务人员的信用意识不断增强，各类信用机制及不诚信行为惩处制度在不断完善。然而，因为我国正处于经济社会转型的关键阶段，社会各阶层之间矛盾凸显，导致政府公信力受损。因此，在网络环境下加强对危机事件处理与政府公信力提升的研究不仅成为政府部门的工作重点，也成了学界重要的探讨课题。①

一、公共危机管理中政府公信力受损的表现

公共危机发生后，部分地方政府由于发声慢、言语不当等，使政府诚信建设面临诸多挑战。一些地方政府不仅未能在公共危机管理中提升自身公信力，反而因各种失信行为损害公信力，具体来说主要体现为下列几点：

（一）权威信息失语

有效的沟通交流至关重要，不仅能够彻底切断虚假信息来源、维护社会和谐稳定，还能够打消群众的疑虑，从源头上杜绝人为事端。有效的沟通交流还能够争取到广大人民群众及社会各领域对政府的理解乃至帮助，从而减小政府在处理公共危机事件的压力，提高危机事件处理效率。有鉴于此，我们在开展公共危机治理时，一定要坚持迅速、全面地开展信息公开工作，以坦然诚挚的态度面对公众，建立阳光、及时、全面的信息发布平台。鉴于政府部门拥有庞大的公共资源，在全面掌握相关信息，接触事件真相方面具有无可比拟的优势。政府部门唯有及时向社会各界公布信息，方能巩固这一权威地位，进而改善自身形象，树立

① 刘莘. 诚信政府研究［M］. 北京：北京大学出版社，2007：112.

政府威信。[①]

事实上，信息充分流通对公共危机事件治理工作具有至关重要的作用。许多情况下，是否能够迅速通过交流开展危机治理，直接决定了治理工作的成败。由于认为只有隐瞒真实信息才是维护社会稳定的有效途径，少数领导干部甚至将权益放在广大人民群众的切身利益之上。一旦出现公共危机，第一时间只想到去隐瞒、去掩盖，等到事态严重到不得不向上级反映时，往往已经严重升级了。[②]

危机事件爆发后，社会有可能在恐慌情绪下出现混乱态势，公众的情绪在这一时刻变得非常脆弱。只有及时向公众发布政府权威信息，才能够避免因公众惶恐导致危机恶化。[③] 危急时刻，无论是互联网还是电话、短信甚至是面对面的交流，都有可能成为虚假信息传播的温床，而虚假信息所煽动起来的应急情绪，往往会导致广大人民群众失去原有的理性。现实中，广大人民群众在危机事件爆发后的情绪状况，取决于他们对政府的信任程度。危机面前，如果政府能够获得公众的信任，公众必然会理解乃至支持政府的决策，相信政府能够站在公众身边，伴随公众度过艰难时期。若政府与民众之间缺乏交流，相信压制和封杀能够“大事化小小事化了”，往往会导致社会变成不断加压的“高压锅”，后果不堪设想。[④]

增强信息的公开性能有效引导社会舆论的方向，在公众中形成正确、客观的思想价值观，很大程度上消除不良信息的产生根源。对信息捂着盖着只会损坏公众对政府决策、工作的信心与认可。对此，相关部门应在谣言产生的第一时间掌握事情的发展过程，主动对外发布真实信息，消除公众疑虑，稳定民心，维持社会稳定和谐。与此同时应充分利用各媒体资源，通过媒体的搭桥作用与公众建立良好的关系。

（二）公务人员不当行使职权

政府公信力是树立政府良好形象、巩固政府行政地位的基石，政府人员应在制定决策、落实具体工作时始终坚持维护政府的良好形象，对公众报以坦诚、耐心、宽容的态度。然而，在开展危机治理工作时，个别部门个别领导消极的处理方式会导致矛盾升级。个别地方领导干部在行使公权力的过程中，滥用公权力、肆意使用裁量权，矮化了政府在人民群众中的形象。

在公共危机事件处理中，如果处置不善将直接导致民众失去理性。政府的公

---

① 刘小燕. 中国政府形象传播［M］. 西安：陕西人民出版社，2005：10－11.

② 张旭霞. 试论政府公信力的提升途径［J］. 南京社会科学，2006（7）：50－52.

③ 傅思明. 突发事件应对与政府危机管理［M］. 北京：知识产权出版社，2008：37－40.

④ 李志宏，王海燕，白雪. 基于网络媒介的突发性公共危机信息传播仿真和管理对策研究［J］. 公共管理学报，2010（1）：86－88.

信力高，公众的情绪必然是理性而平稳的，两者存在着密不可分的联系。如前文所述，政府作为最权威的社会主体，它的信用是社会信用的基础。而当政府出现失信行为时，必然会使社会信用受损。要维持社会繁荣稳定，就要正确引导舆论，避免滥用管制手段。要常常反省自己，查找不足，用行动赢取人民群众的信任，坚决做公平正义的守护者。

（三）危机决策缺乏透明度

在全球化深入发展的今天，公共危机处理工作也要适应时代发展，不断调整。对于决策者而言，要不断建立健全公开化决策制度，树立透明决策理念，并在危机爆发后第一时间正面做出表态，开展相关工作。政府在决策过程中必须体现更高的公平性及民主性，满足广大公众的知情需求，增强广大人民群众对政府的信心。

危机面前出现恐慌，是人之常情。但政府肩负着公共危机管理的重要职责，因此要尽可能地保持冷静。由于部分地方政府及部门在处理危机事件时，既缺乏相关经验，又未及时与公众进行交流，制定出来的决策往往较随意。公众因而对政府失去信心，进而损害了政府公信力。

（四）某些部门反应迟缓

危机爆发后，政府部门必须迅速做出反应。由于突发事件常常具备多变性与广泛性，一旦反应不及时，很有可能造成公共危机。因此我们要时刻保持警惕，重视社会各阶层人民群众之间的利益平衡，迅速找到事件的关键点并予以解决，确保社会繁荣稳定。与此同时，我们还需要建设一个常备机构，专门负责协调危机事件处理，及时对危机事件做出应对。目前因没有设置类似的组织协调机构，使得各部门、各级政府始终处于各自为战的局面。存在危机应对不及时、工作重叠、缺乏交流沟通，导致信息迟滞、相互推脱责任等问题。

诚然，公共危机事件的随机性与不确定性常常使得我们难以确定危机发生的时间点与导火索，但诸多偶然性中存在着一定的必然性。公共管理者的迟钝反应、缓慢的应对不但让政府失去第一时间解决问题的良机，更会在危机解决过程中花费大量本不必要的时间和财力。对广大人民群众而言，政府的公信力不但包括对政府决策的信任，也涵盖了对政府工作能力的信任。政府与其在危机事件爆发后才仓促应对，不如从一开始就做好公共危机预警工作，做到防患于未然。

二、公共危机管理中政府公信力受损的原因分析

在处理公共危机过程中，相关部门应做到：首先是政府的言行举止应符合法律法规的要求；其次是政府应始终坚持公开、平等、透明的原则；最后是政府人员应具有较丰富的知识文化储备与较高的政治道德素养。但就目前而言，部分政

府部门危机管理工作存在缺陷：管理方式落后、信息公布不及时、贪污腐败等。具体原因如下：

（一）政府自身建设不足影响政府公信力

1. 行政人员危机意识有待增强

当前，一些人员及领导干部在面对全球化环境下的公共危机时，重视程度不够，对其危害性认识不够深刻，手段过于简单粗暴，忽略公共危机预警及应急机制的建设。平日里，对公共危机重视程度的不足导致应对危机迟缓、治理责任模糊、财政资源及人力物力难以在短时间内到位，缺乏依法治理公共危机的意识。危机爆发后，一些地方政府及部门往往在诸多状况面前应接不暇，不但耗费大量资源与财力，更严重的是无法在第一时间处理危机问题，提高了危机治理的难度，使得社会承担更大的风险。治理危机事件最有效的方式就是要尽可能地消除可能导致危机爆发的因素，防患于未然。就目前情况来说，许多地方政府及领导干部更重视危机爆发后的善后工作，却未能真正做好潜在危机防治工作，对公共危机预警重视不够。

2. 决策过程中的权力行使不当

身为政策的制定者及贯彻落实者，政府工作人员一定要具备战略意识和全局观念，制定公共政策时必须坚持公平正义、不偏不倚。然而，实践工作中却常常看到，一些政府工作人员利用手中权力为私利服务，出现权力寻租现象。除其自身问题外，还有机制体制上的因素。就目前情况来看，公务员的晋升渠道和晋升机制存在一些问题，公务人员在政绩的驱使下对公共权力的行使与广大人民群众的现实需求存在出入。

（二）制度不完善弱化政府公信力

制度能够在法律层面为遵循制度的人提供保障，能够惩罚及威慑不守信者。因此，开展危机治理工作时，要确保政府与广大人民群众及其他社会组织之间建立起信任，就一定要通过法律法规来明确彼此的权利和义务，需要遵守的行为准则等。但从目前来看，政府在治理危机事件过程中，往往因为制度上的不完善导致公信力受损。具体来说，有下列几点：

1. 缺乏有力的行政问责制度

没有约束的权力将导致权力被滥用，个别政府工作人员利用手中的权力搞钱权交易。针对公共危机事件的问责制度，是就政府工作者在处置危机事件中存在的过失而进行追究、问责的一种制度。最近几年，我国在生产劳动安全、卫生医疗等直接关系广大人民群众生命财产安全的领域制定了一些规章制度，坚决落实到底，取得不错效果。

问责机制的建立有利于加深群众对政府行政能力的了解，增强政府各部门人员的责任感，对地方政府起到警醒的作用，很大程度上预防以权谋私等腐败行为。但目前对公务人员过失的问责缺乏力度，问责机制亟待完善。

第一，行政问责的对象较为模糊。行政问责制在应用过程中，必须确定问责的客体，要弄清楚问责客体的所属单位。鉴于当前一些部门未能明确划分、配置好权责，导致行政问责对象模糊不清。由于行政问责客体的模糊，难以做到权责统一。

第二，行政问责制缺乏法律法规基础。明确并追究责任，是危机治理重要环节，一套完善的规章制度与法律体系是贯彻实施问责制度的基础。通过法律规范行政问责，有利于明确行政者的权责范围，有助于对政府权力形成约束。应以法律法规来推动行政问责机制建设、明确问责范围及改进问责方式，促进行政问责程序的规范化和科学化，为坚持依法问责、依法追责创造有利条件。政府应尽快建立健全与行政问责有关的法律法规体系，确保法律法规全覆盖。

第三，行政问责制度的运作机制与规则亟待完善。行政问责制在落实过程中，未能通过配套措施明确责任主体，没有一个标准问责流程可供遵循，甚至不知道由谁问责、对谁问责、怎么问责。由于流程欠缺规范，导致问责机制在启动、追责等环节都不同程度地存在缺陷。

2. 危机公关机制不完善

就目前情况来说，常常出现民众急需知晓信息，而政府能够公开的信息又相对单一。具体来说，出现这些问题的原因有：

首先，政务公开的信息有限。政府信息公开的落实客观上提高了公众从政府获取的信息总量；但从信息质量上来说，改善幅度有限。许多地方及基层职能部门政务处理过程仍然较为封闭；虽有原则性条文，却未能公开政府的具体工作情况；公众更多是扮演接收者角色，不能真正与政府展开互动，公众想要了解与自身相关的信息，依然存在许多困难。

其次是政务公开的方式过于单一，平台建设较为滞后。当前，我国七成以上的政务信息公开工作是通过宣传部门对外公布的，公布方式单一。公众无法根据自己的实际需求有针对性地开展信息收集工作。

最后，未能在政务信息公开层面建立救济机制。建设健全的信息公开救济机制，能够保证广大人民群众知情权得到充分实现。《中华人民共和国信息公开条例》虽规定知情权被侵犯的公众，有权提起国家行政诉讼，但具体实施过程较为模糊。

3. 危机事件处理机制不完善

危机治理是一项涉及面广，需要各类资源及各职能部门共同协调、共同合作的工作，只有在强大合力支持下，才能够开展好相关工作。要建成一个高效率的危机治理体系，就必须先建立健全一整套完善的、内容充实的、秩序井然的危机应急机制及建立在科学理论基础上的运作体制。然而，就目前情况来看，各级政府及职能部门依然缺乏一个完善的危机治理应急机制。具体来说：首先，在危机治理过程中，缺乏专职负责协调各部门工作的组织。困扰我国危机治理工作多年的部门工作不协调及条块分割问题，使危机治理工作陷入了财政资源耗费大、人力资源收效甚微的窘境，导致政府很难在危机出现第一时间开展治理工作，难以实现高效治理危机事件。其次，一些地方政府缺乏有效的危机风险评估及预警手段。危机风险评估及预警手段缺乏导致政府在面对危机时往往处于被动局面。再次，危机治理信息收集工作乏力，给危机治理的预警工作带来了很大的负面影响。最后，未能充分重视社会各方面力量，对社会组织作用的认识不够充分。诚然，政府在危机治理中始终处于最重要的主体地位。然而，公共危机治理是一项需要通过全社会共同努力才能够完成的工作，仅仅依靠政府的力量是不够的。所以，对于各级政府部门来说，建立健全一套完整高效的危机应急机制，是亟须解决的问题，也是改进政府危机治理工作的重要途径。

（三）转型期社会矛盾增多影响政府公信力

当前，我国正处社会转型的重要阶段，社会生产要素、分配制度、就业及社会资源配给等都呈现多元化发展态势；这一形势为促进我国社会经济发展提供了强大动力，但也出现了各种各样的新问题、新矛盾，这些问题和矛盾贯穿社会发展的方方面面。目前存在的城乡发展二元化问题，东西部经济社会发展失衡，医疗保险、教育、基础卫生服务等基本公共服务供给不到位，法律法规不完善等问题，使发生公共突发事件的概率上升。这些公共问题如处理不好就会影响公众对政府的信任，政府公信力受损。

三、网络环境下构建应对危机事件的机制提升政府公信力

危机也能转换成一种发展动力。政府要具备完善的机制体系、较高的行政管理能力，才能妥善处理危机事件，将危机作为调整部门结构、提高政府良好形象的重要推力。美国学者 L. 科赛认为，重大危机事件具有激活机制和制度创新功能，提高了民众参与程度，能最大程度地实现社会条件与社会关系同步改变，对社会紧张局势起到重要的缓解作用。

（一）预警与引导机制

1. 预警机制

由此而知，建立健全公共危机预警机制已成为各国亟待解决的一大问题，而预警应具备以下几个特点：具备时效性与真实性。预警机制要在第一时间对危机信息进行收集、筛选、辨别、分析与传播；要具备完整性与透明性。对外发布的

信息要全面、正确，以免出现因信息不畅而导致谣言滋生与蔓延的情况；要具备逻辑性与规范性。

要做好危机预警工作，就必须摒弃以往单纯靠政府的工作方式，要在全社会的共同努力下预防危机。政府开展危机管理的初衷是为了提高政府的危机预警能力及防治能力，在第一时间迅速做好危机治理工作，维护社会和谐、繁荣、稳定，提高政府的公信力。在构建危机预警机制的过程中，要在下列几点上下足功夫：一是要树立良好危机意识、警惕意识。政府要不断强化危机意识，通过走出去、请进来，开展演习活动，在全社会中树立良好的危机意识。二是要提前做好危机事件处理。无论是天灾还是人祸，都应该通过信息收集与信息分析来预防危机爆发，而对于不可避免的危机，则应及时做好准备工作，尽量减少危机造成的负面影响。除此之外，要有预见性地判断危机将会对社会造成的效应影响，使得政府能够随时根据变化开展治理工作。最后，要重视并利用好社会各方面力量。如上文所述，政府协调社会各界力量，共同治理危机、开展预警工作，是十分必要的。

不仅要健全危机预警机制，更要建设及时处理危机事件的危机应急机制。诚然，危机预警和危机防控能够有效预防危机事件发生，然而指望将一切危机“扼杀在摇篮当中”，显然是不现实的。一旦有超出危机预警防控能力范围的事件爆发，政府必须确保尽快减小危机带来的负面影响、减少危机造成的社会损失。做好上述工作，政府各职能部门就要统一协调、优化资源配置。以什么样的方式来完善危机治理过程中的组织协调工作，使得各地各级政府及职能部门能够在治理公共危机事件时通力合作，是我们提高政府危机治理能力需要解决的重要问题。应将更多的处置权力下放各地政府及职能部门，让相关部门在危机出现的第一时间组建统一的危机治理协调中心，加快信息流动速度，以简洁的组织形式将不同职能部门凝聚到一起，迅速形成危机治理合力。设置常备的、拥有较高权限且能够领导各职能部门及政府机构的综合协调机构。一个规模较小、权限较高的统一协调机构不但能够省下组建临时性机构需要耗费的人力物力，还能够在最短时间内优化配置各方资源、调整各部门工作手段，以最小的成本获得最高效的危机治理结果。

2. 引导机制

互联网舆情形成过程中，体现出很强的“蝴蝶效应”。

在互联网时代，传统大众媒体优势被极大削弱，公众有了信息发布与传播的权利。广大网民可任意表达自己的意见，而这些言论中的精彩部分，常常被主流媒体所转载。在互联网普及的大环境下，任何人都可能成为“自媒”，互联网平台成了网民们发声的“传话筒”，每个人都成了新闻发布者。

在互联网环境下，看起来微不足道的事情，都有可能因为混沌效应短时间内成为公共舆论的焦点。

要充分做好舆论导向工作。开展引导工作，首先是积极面对、正面表态、开展舆论导向工作。要实时监控互联网舆情的走向，按照回复量、转发量等量化指标，尽早找到公众关注的焦点在哪里；弄清楚事实真相，勇于直面矛盾最尖锐的地方，有针对性地安抚民众。建立良好的交流纽带，为疏导互联网舆论创造有利条件。

抓好第一时间的引导工作。要迅速查清事实真相，判断事件发生的本质、程度、可能出现的次生危机等；正面回应来自公众和媒体的疑问，迅速对外公布事实情况，对事发原因保持严谨的态度；先在传播快、影响大的互联网中公布信息，再在传统媒体中发布信息；在处理事件的同时做好舆论引导工作，把握舆论的主动权，控制谣言传播的空间和途径，安抚公众情绪、维护社会稳定。

（二）沟通与协商机制

1. 沟通机制

在公共危机发生的第一时间全面分析事件的来龙去脉，对外公布相关信息，落实相应的处理方案，这是获得民众认可、增强政府公信力的有效途径。相关部门应建立健全联动、统一、高效的信息传播系统，以坦诚、真挚的工作态度，提高民众对政府的信任度。①

在互联网环境下开展危机治理工作，应该充分运用好互联网危机舆情的周期性特点，在合适的时间点做出应对。各地方政府及宣传部门必须借助互联网发展趋势，结合本地本单位的实际情况，创设政府与民众对话机制。给互联网民意以充分的尊重，尤其是要重视互联网认证用户的重要性，以沟通和引导来治理舆情危机。

增强信息的公开性是政府获得公众认可的基础，也是打造政府良好形象的有效途径。要对互联网环境下可能引起的“晕轮效应”足够关注；建立完善的新闻发言人机制体系，从而达到加强政府与民众交流、提高政府公信力的目的。在互联网信息发布过程中，要遵循以下五个原则：

一是主动对外公布信息。有关部门应客观、全面地了解互联网发展的趋势与特点，积极与媒体、公众进行交流与协作。在网络快速发展、信息传播速度加快的新时期，政府工作人员应转变旧有观念，创新治理理念，把媒体作为传播信息、引导舆论、提高政府形象的重要工具。

二是及时澄清事件真相。在危机事件爆发时及时对外公布真实、正确信息，

---

① 乔楠. 我国政府危机管理中信息公开问题研究［D］. 河南大学，2012：23－24.

消除谣言，在社会舆论中占据主动地位。受互联网高效性、快捷性、复杂性等特性的影响，网络管理难度不断增加。因此，政府应转变管理理念，将决策制定与工作实践相结合，建立完善的信息公开机制。

三是善于沟通交流。为避免与群体交流过程中出现失语、失信、语言鸿沟的尴尬局面，政府应通过互联网、报纸杂志、广播电视等传播工具发布信息，也可以通过召开记者招待会、访谈会、信息发布会来增强社会公众对危机事件的了解。

四是保证信息的真实性。危机事件爆发时，个别地方政府部门怕影响自身"政绩"，引发公众不安，而采取捂盖信息来应付，这样只会导致公众对政府的信任度下降、公众不安情绪加剧。公众在没有确切信息之前，通常会先入为主地将谣言信为真相；若政府不能有效、及时地处理，谣言有进一步发展成舆论危机的风险。

五是在交流中注重技巧。各地方政府应全面认识互联网发展规律，掌握与民众交流技巧。出现失误时，要勇于承认错误、接受批评，加强与媒体协作沟通。

2. 协商机制

互联网时代，网络成为新的公共领域。政策制定者要将互联网作为了解民意的一种渠道，收集公众的意愿和建议，将决策条文逐渐调整到与民意相符。在互联网不断普及的背景下，虚拟公共领域正在不断扩大，政府职能部门需要将传统"制定—出台—实施"一体化的决策流程转变为"不断调查—不断研究—不断总结—不断听取各方意见"的阳光决策流程。

政府部门要处理好来自社会各阶层民众的利益诉求，使其合理利益诉求对决策产生积极影响。在这一流程下，公共决策呈现出高度透明度与民主化，是公众共同参与的结果。所谓大智兴邦，便是集思广益。如果在决策过程中不允许出现任何反对意见，决策者就难以做出客观的决策，缺乏民主性、公正性、科学性、可行性。①

近年来，微博已经成长为推动社会发展的重要力量，从某种意义上说，我们可以将微博视为推动民主化、依法行政、责任型和服务型政府建设，形成多元协作社会治理局面的重要工具。微博不但是公共信息平台，还是民众参与政治、评议政府的重要渠道，更是各地方政府贯彻落实党的群众路线，坚持依法行政、透明行政的展示窗口。通过互联网收集民众意愿，能够让广大民众参与到政策制定、政策内容调整及政策实践、政策评价等政策活动当中，政府和民众之间始终处于一种良性互动状态，交流趋于顺畅。

---

① 袁三军. 政府公信力视角下的危机管理［J］. 法制与社会，2009（1）：187－188.

制定公共决策时融合互联网民意，能够产生积极效果：首先，收集互联网民意能够平衡社会生产要素及生产成果分配。政策是各类利益主体通过博弈、妥协、商讨等方式共同确立起来的，是各方利益达成的共识。制定公共决策时积极融合互联网民意，能让利益主体有能力就公共政策制定发表观点，使政策制定者必须考虑社会各阶层民众的利益诉求。其次，制定公共决策时融合互联网民意能够巩固执政者的合法地位，形成一种稳定、向上、理性的政治环境。

（三）纠错与合成机制

1. 纠错机制

所谓的破窗效应，是指不道德的行为一旦出现，就会使更多的不道德行为出现。选择对不道德行为的漠视，相当于鼓励不道德行为。可使本来微不足道的“一点小事”演变成全社会都为之侧目的重大失德行为。① 从目前情况来看，转型阶段出现一些社会矛盾，这些矛盾容易在互联网语境下形成民众的一些非理性情绪。如果这种非理性的情绪在互联网中爆发开来，必然使政府面对较大的舆论压力，使得本来对某一事件或是某人的质疑，上升为对政府的质疑，甚至会导致群体性事件发生。因此，要建立完善的信息披露机制和舆情引导机制，增强公众对危机事件的了解，提高公众对危机事件处理方案的支持度。②

出现破窗时，第一时间修复破损的窗口，就能够阻止破窗效应发生。20 世纪 90 年代中期，美国纽约市的地铁成为犯罪温床，各类犯罪活动层出不穷，平均每 20 个逃票者中就有 3 个通缉犯和 1 个武器携带者。当时，纽约交通警察局长布拉顿决定先抓逃票者，逐渐控制住了犯罪率，让纽约地铁站秩序得以恢复。相关地区的治安得到了改善。

迅速弥补第一个“破窗”，同样是治理互联网舆论危机的重要途径。各地方政府切忌在没有确凿证据的情况下将合理合法的利益诉求定性为“意图不轨”，使得本身较为简单的利益问题变成更为复杂和敏感的社会问题，处理起来会更为棘手。各地方政府要详细研究矛盾焦点在哪里，探寻事件背后的利益诉求是什么，是哪些民众的诉求，各不同利益主体之间，尤其是政府与民众之间要心平气和地交流。在治理公共危机时，尽量避免“恶势力分子、极个别、恶意中伤”等贬义措辞，以防双方情绪失控。各地方政府务必在公共危机爆发后第一时间弥补受损的“玻璃”，使社会秩序趋于稳定，提高行政者的公信力与权威性。

---

① 李志宏. 基于网络媒介的突发性公共危机信息传播仿真和管理对策研究［J］. 公共管理学报，2010（1）：87－88.

② 龙晓涛. 社会转型期的公共危机管理创新［N］. 光明日报，2014－07－13（7）.

2. 合成机制

合成机制将内外部资源进行整合、利用，凝成强大的向心力，规范管理程序，建立完善的管理机制体系。

一是提高网络舆情治理工作效力。

在网络舆情的初期阶段，政府应以时效性、高效性、全面性等作为工作的基本原则，要时刻对信息进行预测、监督，做好搜集、研究及判断等相关工作；而在后期阶段，则要抓紧对机制体系进行完善，加大部门调整、法制体系建设、能力培训教育；考虑立法、新闻信息管理等部门的基本需要，设置相应的解决方案与工作程序。

以互联网为渠道了解民生百态、表达个人意愿、揭示社会现象、抨击社会不公的民众数量正呈几何级增长，党和政府应学会使用互联网监控公共舆论走向。要做好互联网舆论治理工作，就要先从互联网舆情的监控、信息收集、归纳、研究、预测等防治性工作做起，力求实现提前预判、提前准备、迅速化解。各地方必须要不断加强对互联网舆情的监控、信息收集、归纳、研究、预测等防治性工作，建设全天候、全领域覆盖的动态舆情监控网络，建立一套高效的信息整合系统，加快信息传递，为党和政府决策提供科学依据。

二是新闻主管部门发挥统筹作用。

首先要加大对新媒体信息传播规律的研究力度。对新媒体发展规律予以重视，详细分析媒体信息传播的方式与程序，最大限度地切断舆情风暴的源头。政府部门要充分利用新媒体资源，主动与媒体进行交流、协作，加强对网络的监测与管理。

其次要加强传统媒体与新兴媒体之间的合作，在合作中传播正能量。互联网信息辨识难度大，而新闻门户网站和微博的认证用户由于其本身的影响力，往往会在事件发生后第一时间成为公众获取事件信息的主要渠道。所以，必须要加强新闻门户网站与微博建设，杜绝一切单纯为了点击率而捏造“新闻”，通过翔实理性的新闻信息及客观态度获得公众信任，助力政府引导公共舆论。主流媒体要通过宣传主流价值观来培育公众的媒体素养，力求让公共舆论回归理性。

三是积极探索舆论应对的有效举措。

第一，增强政府工作人员应急处理能力与实践能力。地方政府缺乏对新媒体的足够了解，存在意识较差、能力不强、方式错误等问题，为增强危机管理的成效，首要工作就是提高政府工作人员的危机意识与应急处理能力。

第二，学会差别处理，形成奖惩分明的舆论氛围。针对互联网存在的舆论“混沌效应”，要在混沌现象刚刚出现之时，判断现象背后的本质。第一要主动疏导，充分发挥混沌效应良性的、积极向上的一面；第二及时遏制混沌现象，使混沌效应无法继续，压制不良舆论，消除混沌效应产生不利影响。

第三，建立健全网络新闻发言人机制，占据舆论主导权。这不仅有利于搭建政府与民众沟通交流的桥梁，体现政府积极、主动的态度，还有利于促进网络行政、网络施政的有序实行。

第四，寻求媒介引导舆情发展方向的创新形式。① 政府部门可以组建信息发布微博群，既能向公众宣传政府日常工作细节，又能在危机事件爆发的第一时间快速公布信息。微博应有专门的管理者，信息发布之前要经过信息部门的严格审核。

第五，建立一个由各地区网民构成的网民组织。网民包括社会各阶层的公众，既有普通民众，也有明星名人，要对这些网民的参与程度与文化水平进行深入的了解，在此基础上通过分散管理的方式来建立网民组织，并制定相应的规章制度来予以规范，以此来调动全体网民参与网络讨论的主动性。

（四）问责与心理救助机制

各地方政府应强化部门人员依法行政、服务于民的意识，对其进行思想政治教育，增强履职能力、提高工作积极性，强化对外部环境的适应能力。

1. 问责机制

外部控制是建立一整套由法律法规、公共舆论组成监督约束、控制乃至惩处政府工作人员不法行为的系统。政府问责制是指外部控制系统中，一种专门对政府、各级行政机关公务人员工作与言论行为进行追责、问责的机制，该机制的初衷是确保广大公务人员言行举止符合政府行政人员身份。在践行行政问责前，要做好以下工作。

第一要清晰界定问责主体，建立完整的问责标准。当前，我国行政问责主要局限于本系统内部，缺乏系统外单位参与的问责很可能使问责过轻甚至不需问责，这和落实问责制的初衷显然是相悖的。一个完善的成熟问责制度不但应该有上下级之间的问责，更需要来自于外界的问责。系统外的问责主体无疑更为高效，更能体现我国行政体系的民主性。

第二，要强化引咎辞职制度建设。引咎辞职制度，是为了促使公务员（尤其是领导干部）在工作中始终秉持对党和人民高度负责的态度，一切行为都要承担相应的责任，发挥对领导干部长效监督管理作用。要强化引咎辞职制度建设，首先界定什么样的领导需要引咎辞职；其次要界定什么样的责任需要引咎辞职。

第三，建立危机事件事后评估制度。危机事件事后评估制度，是危机事件发

① 莫按梅，刘健，杨胜斌. 自媒体时代与地方政府危机管理［J］. 信息工程，2013（10）：175－176.

生之后的总结与分析，为有关工作提供参考信息，促进工作的开展。对事件进行评估时，要认真、全面地对经验与教训进行整理与反思，为日后工作提供经验，进而改进危机事件处理工作，提升政府公信力。一是要注意建立权威性、综合性事后评估领导机构；二是要注意把事后评估工作纳入法治化轨道；三是抓紧制定重特大突发事件的事后评估工作规范；四是要注意加强事后评估的准备工作；五是注意吸纳曾参与一些重特大突发事件处置工作的高中级公务员，以及部分权威、公正的相关专家，建立事后评估专家库，确保评估工作的权威性、公正性和客观性。[①]

第四，构建完善、有序的责任问责制度。为明确各部门的权责义务，减少失责现象的发生，政府应建立一套完善、全面的责任问责机制来规范问责主体、问责环节，以及判断官员失责的具体原因，使问责制度走上规范、正常的发展道路。另外还要将问责制度应用于政府的日常工作中，增强政府工作人员的自觉意识与服务意识。

危机事件危害性大，它破坏社会稳定和谐，影响民众工作生活。政府对领导干部问责不仅是安抚公众情绪、挽回政府形象的一种方式，更是为了杜绝公务人员以权谋私、贪污受贿等腐败的发生，对领导干部起到警醒作用。政府公务人员应明确自身权责，做到不逾越权力、不推卸责任。

2. 心理救助机制

突发性公共事件后，民众普遍会出现焦虑、紧张、恐惧等心理问题。[②] 此时政府要迅速做出应对，尽快让事件地区重建生产生活秩序并加快改善基础条件，让广大群众重拾对未来的信心。[③] 重建不只是重新建设公共事件中受到破坏的物质设施，还包括帮助群众重拾信心和希望。公众事件后，人们在物质上遭受损失的同时，精神上也会受到打击，这种心理状态被心理学界称为“创伤后应激障碍”（PTSD），又被形象地称为“炮弹休克”（shell shock），这对社会稳定繁荣来说是潜在风险。

公共事件导致的精神问题不但影响广泛，而且程度深、持久。政府应采取相应措施帮助当事人走出心理阴影，重拾对未来的希冀与信心。这项工作不但关乎重建工作，更与政府形象有着紧密联系，做好这项工作，能够极大提升政府公信力。具体来说，要做好精神重建工作，必须从下列几点着手：首先，要加强事后心理的探索研究工作。其次，要建设一整套完善的事后心理问题援助机制，以法律法规的形式将心理援助列为政府救助的必要工作之一。

---

① 游志斌. 建立重特大突发事件事后评估制度［N］. 学习时报，2014－12－22（6）.

② 胡茂荣，李俐华，寻广磊，等. 灾后心理危机干预的个体化和动态性［J］. 医学与哲学（人文社会医学版），2009（6）：57－59.

③ 袁三军. 政府公信力视角下的危机管理［J］. 法制与社会，2009（1）：187－188.

第二十章　网络媒体应对危机事件研究

随着网络媒体的发展，危机事件的发生无不与其有直接或间接的关系。在新媒体的助推下，危机事件相关信息得到快速传播，形成强大的聚合力，导致危机事件发生发展。网络媒体成为众多网民获取危机事件相关信息的重要渠道，从而搭建起民众与政府部门交流的桥梁，媒体有责任在危机事件中对信息传播进行甄别处理，避免网络谣言大肆传播，把危害降到最低点，维护健康的网络舆论环境。

一、网络媒体传播危机事件信息存在的问题

（一）网络媒体扩散危机事件中的负面信息

互联网的广泛运用给人们带来了巨大的便捷，但是网络不是完美无缺的。互联网上的失实报道、论坛中攻击谩骂、微博谣言等，这些信息误导了广大民众。当舆论危机发生的时候，公众的非理性思考与政府的信息非透明性导致各类谣言，网络媒体在其中起了推波助澜的作用。这不仅降低了网络媒体在群众中的公信力，还使媒体长久塑造的公正、诚信的形象严重受损。

（二）网络媒体在危机事件中未控制好监督力度

网络媒体作为一种新型监督力量，是网民表达不满的有效渠道；同时，网络本身的开放性特点，以及参与主体素质的参差不齐成为网络谣言产生的摇篮。网民以理性的心态参与网络平台各大版块的讨论，诸如 MSN、QQ 群、论坛、微博、博客等各类信息交流平台，不仅有利于网络谣言的平息，而且会减少谣言产生；反之，非理性则会导致信息欺诈、网络谣言等问题，一定程度上助长了不法分子的气焰，破坏了社会的和谐稳定。网络集群中的集体理性行为，有助于推动社会问题的处理；反之则会对个人、社会造成伤害，甚至影响社会稳定。

（三）个别不良网络媒体扮演着危机事件的策划者角色

网络是网民沟通交流、表达情感的平台，具有共同兴趣爱好的网民汇集在一起，产生网络群体的集聚效应。由于网络的自由性、匿名性特征，网络管理机制的不健全，以及集聚群体的极端化、情绪化等是导致信息欺骗、网络暴力、网络谣言的主要原因，这些问题演化成现实矛盾，进而危害网络与社会的正常发展。

个别企业或个人为达到炒作或抹黑其他企业、个人的目的，招募大量网民在网络中有目的地炒作某一个话题，被称作“水军炒作”。他们以各种方式在不同的社交网络站点、论坛、微博中发布大量消息，甚至自己发帖自己回帖、顶帖，干扰网络民意的正常采集，成为网络舆情风暴的推手并从中牟利，对互联网舆论造成恶劣的影响。

（四）网络媒体在危机事件中缺乏正确的舆论导向

网络的快速发展使公众言论表达更加自由。网络给公众营造了一个自由开放的氛围，人们借此进行沟通交流、表达观点思想，从而汇聚成具有一定代表意义的网民意见。通常而言，网络并不是议事的最佳选择，公众往往在从众心理作用下产生非理智或过激的言论，致使议题呈非正常状态伸发，甚至演化成极端化结论。

部分网络媒体违反基本职业道德，歪曲事情真相以获取点击量。现实中由于缺乏相应的部门对网民予以及时、正确的引导，一些网民缺乏自我辨别能力，促成网民通过空间、微博、论坛等渠道“口口相传”散布虚假信息，造成社会舆论危机；导致人心不安，群体恐慌，事态恶化升级，影响社会的稳定。

（五）网络媒体危机事件中缺乏人道主义精神

公共危机事件中，尤其是自然灾害或重大事故中，现场环境往往惨不忍睹。那么，如何在保证新闻真实的同时，照顾公众的感受呢？这是值得传媒界、新闻从业者深思的问题。事实上，新闻媒体除了客观、真实地报道危机信息，还应注意报道的内容与方式方法，抚慰民众脆弱的心灵。但就目前情况来说，部分网络媒体缺乏基本的人道主义精神和伦理道德，为了把新闻的价值最大化，不顾受害者及其家属的感受，以惨烈的图片、视频不断刺激受害者的神经，使受害者饱受精神折磨。特别是在新媒体环境下，智能手机的普及使得人人都成了新闻报道源。为了提高关注度，一些网民常常以骇人听闻的标题和内容发布危机信息，对事件中的受害者而言，无疑是伤口上撒盐，有悖基本人文道德。

一些网络媒体在报道危机事件时，缺乏人文关怀，缺乏基本的职业道德操守，表达上带有理所当然的诱导性倾向，让受害者很难接受。[①] 诚然，有噱头的新闻标题可以让人们迅速了解事件的动态，但却以受害者遭受二次伤害为代价。

二、网络媒体应对危机事件的影响因素

（一）外界环境的影响

随着全球化进程的日益加快，社会中各利益主体之间的矛盾凸显，出现危机

① 赵书明．曹操墓质疑——一场有罪推定式舆论审判［J］．中国记者，2011（11）：53－55.

事件的风险上升。在社会问题与矛盾的刺激下，互联网成为民众发泄负面情绪的聚集地。此外，危机事件中民众难以了解危机事件的真相，给互联网虚假信息预留了生存空间。

（二）网络媒体属性的影响

互联网跨越地域、时间的特点，造就了“全民媒体”的新媒体格局。尤其是随着智能手机与高速移动网络的普及，任何人都可以随时随地在微博、社交网站、IM 中发表意见，和其他网友实时交流。同时，由于互联网的私密性，互联网上的行为都可以透过虚拟身份进行，政府对网民行为的约束力并不强。在这一背景下，缺乏社会责任感的互联网行为大量出现，尤其是被负面情绪驱使的冲动行为，使许多网民陷入狂热状态，导致事态的发展与原本的事实背道而驰，甚至带来难以预见的可怕后果。所以，互联网常常将一些不公正现象酝酿为危机舆情。

（三）媒体机构受商业化影响

为追求经济效益最大化，确保生存和发展，许多网络媒体将新闻报道“理性、真实、客观”的职业道德摆在一边，一味求快、求轰动、博眼球；擅自报道一些未经证实的消息，更有甚者凭空捏造新闻。

（四）网民素质水平的影响

网络平台上充斥着大量负面消息，很大程度是由于一些网民素质低下造成的。受教育程度的不同、文化素质的差异化决定不是所有的网民都能够理性看待问题，有的网民对自己网络上发表违背法律法规言论浑然不觉。网民素质与网络媒体的发展在步伐上无法一致，相互脱节。如何提高网民的道德水平与媒体素养，增强其对网络谣言的抵抗力，是治理危机舆情的重点。

（五）网络监管体系的影响

缺乏有效的互联网监管机制是导致网民的社会责任感逐日下降的主要因素。由于互联网具有高度自由性，在庞杂的信息面前，传统依靠人力审查的互联网审查机制已经难以适应新的形势需求。

缺乏及时、准确的监督是导致网络媒体责任感不强的重要因素。当公共事件发生时，由于信息不对称传播，加上民众恐慌情绪，给网络谣言预留了生存空间。在这一背景下，网民往往被裹挟于狂热、极端的情绪中，难以考虑自身行为对社会的危害性。

三、网络媒体应对危机事件的策略

（一）网民要不断提高综合素质水平

公众应对网络信息所具有的识别、理解、判断、创造、反馈等能力，即是媒介素养。媒介素养越高，表示公众在理解、研究、辨别与回应信息的能力越高，提高媒介素养的前提，是具备较高的认识与判断力。

互联网造就了“全民媒体”的新媒体格局。在这个格局下，每个人都拥有和传统媒体类似的话语权，但却缺乏传统媒体的专业判断力与社会责任感，不懂得如何约束自身行为。所以，当务之急是提高网民的媒介素养、构建完善的网络伦理道德体系与法律体系，增强网民的自我行为约束力。

一是提高网民的分辨能力。一方面危机事件发生后，庞大的事件信息令网民目不暇接，增加了网民辨别真伪的难度。目前很多网民缺乏求真求证的态度，易被极端负面情绪裹挟。身为社会的一分子，每一个人必须对自己的一言一行负责。面对或真或假的信息，第一时间要做的不是宣泄情绪，而是在求证中辨明信息的真伪，从自身做起，拒绝传播网络谣言。

二是改善网民的道德自律与法律意识。由于在网络上发表言论不需要身份验证，互联网舆论容易出现缺乏道德自律的相互攻击。针对这类问题，要严厉惩处网络谣言制造者，使网民明白即使在互联网中，言论同样需要负法律责任。其次，促使网民加强道德修养，不断提高责任意识，以违法乱纪为耻，以维护健康的网络环境为荣，以高尚的道德修养约束自身行为。

（二）网站需增强自律意识，不断完善现有机制

只有具有严厉的法律约束及互联网企业自我约束，才能做到网络媒体自律。因此，维护网络舆论环境不仅需要网民的道德自律，更需要网络媒体与互联网企业加强自律。那么，网络媒体应从哪些方面着手呢？

一是构建健全的网络机制，以提高网络媒体的自律意识，促进网络媒体的有序发展。首先，明确网络媒体自身承担的社会责任，建立大众评价机制。由行业同盟及相关部门对评价标准进行讨论、草拟、确定。其次，成立网络媒体社会责任的审计监督部门，专门负责社会责任履行情况的统计与整理工作，制订相应的工作表格，同步跟踪网络媒体的完成情况，督促网络媒体遵从职业操守。再次，建立网络媒体机构的考评机制，将社会责任感作为企业的评定考核因素之一。设定考核年限并在规定年限内，对其所属企业进行评定。对致力改善互联网舆论环境的企业，可以在贷款申请、税费缴纳及财政支持方面予以优惠支持，以鼓励具备高度社会责任感的网络媒体。同时，大力宣传为改善互联网舆论环境做出贡献的网络媒体，以鼓励其他网络媒体效仿，不断增强自身的社会责任感，为社会提供正能量。此外，对缺乏职业道德与社会责任感的网络媒体，要严厉批评，并在年度审批时酌情考虑。最后，构建全面、有效的社会责任监管制度。通过构建全面、有效的社会责任监督制度，督促相关监督机构落实相关职责，使网络媒体的社会责任感持续、长久地保持在高水平状态，使相关职能部门的监管工作在制度

下有序开展。

二是提高网络工作人员的素质水平，在任职资格、绩效评估、专业素养、社会责任等方面建立相应的管理制度。从业者的业务能力和道德水准是整个行业道德水准与社会责任感的体现。为了维持新闻媒体的业界形象，传媒业应依照我国法律规定，对新闻工作者进行有效约束，提高新闻工作者的思想政治水平。就目前情况而言，部分网络媒体的商业化运营脚步过快，其站务管理人员与新闻编撰者并未得到行业的专业培训，造成其新闻报道甚至是敏感度很强的报道屡屡出错。缺乏过硬的知识储备，缺乏专业的理论指导，是当前网络媒体从业者中普遍存在的硬伤，这不仅对网络媒体健康发展不利，还会打乱政府在危机事件处理的工作计划。

互联网业应构建严格的准入审查制度，以提高网络新闻工作者的思想政治水平与业务水平。第一，要制定严格的互联网新闻工作者执业标准，保证网络新闻工作者的整体业务能力与思想政治道德素质始终处于高水准。第二，以行业制度约束新闻工作者在报道中的行为规范，使之合乎媒体职业要求。第三，构建新闻真伪评判标准与问责机制，对于在危机事件中造谣传谣的新闻工作者及其单位，要予以严厉惩罚，以保障网络媒体能在健康有序的环境下报道新闻。作为大众媒体，网络媒体与传统媒体一样需要具备高度的社会责任感。即使在传媒产业逐渐商业化的今天，网络媒体也不能遗忘作为新闻报道者的原则：真实、理性、客观。以求真、求证的态度挖掘事件背后的真相。同时，网络媒体还需要具备坚定的政治立场，始终站在党和人民的立场上，切勿被境外反华势力与民族分裂者所利用。此外，网络媒体在开展新闻工作时，要注重人文关怀，切忌给事件受害者造成二次伤害。

（三）政府需加强舆情信息公开机制建设

危机事件信息获取渠道的不畅通，对信息澄清的不及时，以及网民缺乏对网络信息的全面掌握，公众的情绪化、狂热性等消极言论，都会导致网络谣言的产生和大面积扩散。真正打消公众困惑和疑虑的最佳方式是让危机事件信息保持高度透明，这是政府公信力获取的最佳途径。[①] 因此，政府应在危机事件发生的第一时间向公众公开信息，积极回应公众问题，建立健全信息发布机制，完善信息获取平台，全面保障公民的知情权利。

危机事件的发生是公众利益遭到损害的直接原因，而缺乏完善的利益诉求制度与顺畅的意见表达途径则是增加公众不满的主要原因，从而造成公众在网络言论中的情绪化与狂热性，促使网络舆论朝极端化发展，加剧危机事件的严重性与

---

① 李鹏. 公共危机事件的网络传播与舆情治理［J］. 东岳论丛，2012（9）：140－143.

不确定性。及时向公众传达真实有效的信息，提高群众查询信息的便捷性，政府应从信息的发布机制、互动平台、传播媒介等方面进行改善，具体如下：一是建立健全信息发布机制。在网络谣言产生初期，及时召开记者发布会澄清事情真相，主动回应公众问题，以消除疑问。二是开通官方微博，建设完善的网络工程。政府微博作为政府与民众进行沟通交流的新型平台，是政府发布时效新闻、民众获取事件信息的有效工具，有利于加强政府与群众之间的联系，消除网络谣言产生的根源，提高政府处理危机事件的积极性。三是建立信息预警发布机制。以广播、电视、报刊等传统媒体作为信息传播的媒介，在危机事件发生之前做好信息预警工作，之后及时传送澄清信息，防止小道消息的流传导致谣言的滋生，建立统一、完善的信息发布机制，确保信息的安全、可靠。

（四）健全网络法律、法规制度

遵纪守法是各类媒体开展工作的前提。无论是在现实社会中还是在互联网中，完全的自由都是不可能的。作为现实社会的延伸，网络社会并不是无政府主义者的自由天堂；相反，网络行为同样要受到法律约束。当恶性的网络言论破坏了健康的网络环境时，必须采取强制性措施阻止事态恶化，这看似与网络的开放、自由的属性相背离，实则不然。因为如不这样做就无法真正维护宏观上良好的网络自由环境。①

当前政府应加速网络立法工作，严格约束网络信息传播行为。互联网的虚假信息，对互联网环境与社会稳定造成很大的威胁。完善当前互联网相关法律成为改善网络传媒行为的当务之急。网络道德伦理需要刚性的法律法规作为保障，缺乏法律法规的震慑力，道德无法对互联网违法行为进行约束。缺乏法律法规的保障，网络媒体的发言权也无从谈起。制定相关法律条文时，既要注重约束网络媒体的行为，也要注重维护网络媒体在法律允许范围内的自由度。

（五）完善网络信息的监管体系

随着通信技术的突飞猛进，人类社会悄然走进了信息时代。多媒体信息与应用程序让人们在现实中做不到的事情可以在互联网中实现，这也是互联网的“自由、平等、分享”魅力所在。但要注意到的是，互联网虽然比起现实社会更为自由，却也不是完全的自由，而是在法律框架与社会伦理道德范围之内的自由，是与社会大众的基本利益不相抵触的自由。

诚然，网络媒体拥有高度的自由，但这并不意味着网络媒体可以罔顾社会伦理道德与法律法规随意开展工作。为确保网络媒体在发布、传播信息时的正当性，政府相关部门应加强技术人才队伍建设，以尖端技术作为网络媒体监管的有

---

① 刘毅. 网络舆情研究概论［M］. 天津：天津人民出版社，2007：404.

力工具。一是建立分级系统和数据库系统。分级系统的作用是过滤掉那些非法与不合乎道德的网络内容，确保供给网民阅览的信息都是积极向上的。信息过滤之后还需要通过数据库系统进行层级筛选，分门别类，把不良信息处理过滤后再发布，对部分恶意传播谣言、中伤他人的网民行为，要对其进行强制删除、销号等惩处。二是网络运营商应联合网络媒体加大对网络信息的管理力度。对网站管理者与公众进行有关网络知识的培训，说明网络谣言的危害，提高其对信息的辨别能力与自律意识，使其主动删除网络上传播的不实内容，积极举报网上的不良行为。同时要开设网上监察部门，经过确认、证实的信息才予以发布，对部分肆意传播不良信息的网站要强制封锁其 IP 地址，以示警告。

（六）网络媒体要化堵为疏，推进舆论导向机制建设

作为公众情绪宣泄、意见表达及评论的综合体，网络舆情可以很好地体现出民众对某一事件的态度。由于互联网的自由、开放特质，网民在互联网中对危机事件的热议必然会由于“沉默的螺旋效应”产生极端、负面的集体舆论，随着这些舆论不断蔓延，将会酿成影响力巨大的网络舆情风暴，给现实社会造成负面影响，动摇社会稳定。因此，加强互联网舆论导向工作，才能从源头上避免网络舆情风暴的出现。对于极端的、负面的网络舆论，要以及时准确的权威信息加以引导；对于积极详细的正面舆论，需要予以鼓励和宣传，充分利用好网络媒体的“大众媒体”影响力，促使网络媒体肩负起应有的社会责任。

第一，充分利用好网络媒体作为大众媒体的“议程设置”能力，引导网络舆论。新闻传播学家认为，媒体在放大来自外部的信息时，并不是毫无目的的，而是按照自身运营理念及对媒体职业道德的认识，做出取舍的判断。媒体常常在采编时选取自认为最关键的那部分现实信息，通过技术手段进行编辑后再发布给民众。无论是在传统媒体格局下还是在新媒体格局下，公众最主要的信息来源都是大众媒体，其区别只是不同类型的大众媒体而已。这就意味着，通过大众媒体反映到公众眼前的信息，无论其真伪都会改变公众对事件的看法。作为新媒体格局下最有影响力的大众媒体，网络媒体在议程设置中能够起到极大的作用，如就某一事件通过多媒体方式进行报道，集合各方意见及专家学者的看法，对该事件开展理性、冷静的探讨，使大众更为客观地观察事件进程。

第二，充分利用互联网中认证用户的舆论引导能力。大众心理，通俗说就是只要不是孤立于社会的人，不论身份高低都会依附于某个领域内领头人的领导。[①] 无论是在社交网络、微博、IM 工具还是论坛中，总有一些受教育程度高，对事件有独到的看法，分析比较透彻，对所在平台的用户具有很强影响力的人。因

---

① 勒庞. 乌合之众——大众心理研究［M］. 桂林：广西师范大学出版社，2007：96.

此，通过在网络平台中扶持一批政治立场坚定、理性的舆论引导者，将网络舆论引向客观、冷静的方向，这对稳定网络舆情，为政府提供良好的危机事件处置环境很有必要。

第二十一章　我国公共危机管理中政府与媒体良性互动研究

公共危机管理是社会管理的重要组成部分。媒体作为信息传播的重要载体，在公共危机事件处理中的作用不容忽视。政府必须积极发挥媒体在公共危机事件中正向作用，从客观实际出发，促进与媒体之间的良性互动。媒体要加强自律，与政府部门一道，积极营造攻坚克难的良好氛围，激发公众共同参与应对公共危机事件。政府与媒体之间要加强理解与沟通，努力构建社会主义和谐社会，在改善民生和创新管理中加强社会建设。① 互动存在于个人与个人、个人与群体、群体与群体、组织与组织之间，在公共危机事件中，政府、媒体的互动对于公共危机事件的处理有重要影响。媒体可以让公众更加了解政府，从而有效促进二者的良性互动。但是，现实生活中，影响双方良性互动的因素依然存在，有必要对其进行研究。

一、公共危机管理中政府与媒体互动存在的问题

（一）对危机信息的管理不到位

一是危机事件信息掌握不准、不全。行政区划及上下级管理模式决定了政府间传递信息方式较单一，受滞后效应的影响，准确性大打折扣。

二是政府内部各部门缺乏信息共享。政府角色的转换和资源的获得是走出舆论危机的关键。② 政府正渐渐由管理者成为服务者，取得了可喜成绩，但也出现了一些问题。如不同部门有着相同的责任划分，各自为政，难以对各部门掌握的信息资源进行统筹，进行及时的信息交流。

三是封锁、操控信息的情况依然存在。要防止流言大范围扩展，最有效的途径就是利用大众对政府的公信力，由政府出面将危机事件的来龙去脉向公众做一个详细的解释。如果政府以消极的心理对待危机事件，放任社会舆论蔓延，则会引发各种恐慌，降低政府的公信力，使危机事件朝恶性方向发展。

---

① 胡锦涛. 坚定不移沿着中国特色社会主义道路前进　为全面建成小康社会而奋斗［J］. 北京：人民出版社，2012：34.

② 喻国明. 关于完善我国新闻发言人制度“顶层设计”的若干断想［J］. 现代传播，2012（1）：51－53.

（二）政府在同媒体沟通时相对消极

一是隐瞒事实真相。近年来，一些地方政府存在回避、歪曲危机事件的情况。尤其是个别基层政府，处理危机事件时对相关信息进行全面封锁。而当真相被披露后，给予公众的说辞又不恰当。不仅没有办法解决问题，反而会降低政府的可信度与权威性。

二是逃避媒体。一些政府部门及人员常常不愿正面面对媒体，不愿意配合媒体的工作，但这样的冷处理手段并不能真正使事态得到平息。其实，若是能够以良好的态度面对媒体，让媒体感受到政府解决事件的决心，传递政府的权威信息，反而有利于问题的解决。

三是互相推诿。在一些责任重大的公共事件处理中，在最需要政府部门出面为事件澄清的时候，部分领导第一反应却是推卸责任。严重影响政府的形象，损害了政府公信力。

（三）媒体存在消极作用

以下几点是媒体对公共危机管理造成的困扰：

一是公共危机管理过程中，媒体的报道失真。一些媒体工作者在思维方式上以吸引公众注意力为基准，只报道公共危机事件易引起反响的部分，追求新闻的独特性。在这种思路指导下，媒体在新闻采编过程中有可能做出指向性的报道或舆论引导，以吸引大众的注意力。其实媒体获取信息量极其有限，并不能成为全局事件的参考；而不同媒体侧重点不同，则会造成各媒体之间报道的信息不一致。媒体可以对危机事件进行广泛、深入的报道，但也容易导致信息失去真实性。个别媒体为了吸引大众眼球，在事情真相未确认时就抢先发布，误导公众对事件的认识，增加有关部门处理危机事件的难度。

二是公共危机管理过程中媒体的自律性不强。传媒通常会挟持大众来左右政府的救援行动。以传媒为代表的社会公众舆论在很大程度上可对政府制定的救援方案产生影响，舆论倾向选择的救援方案在很多时候并没有考虑到实际环境的制约。来自媒体方面的压力，很有可能使政府的救援工作前后不一，影响救援效果。

综上所述，虽然媒体在公共危机事件中拥有不可替代的作用，但媒体必须把握好采编重心。为了提高关注度而违背职业操守，可能对公共危机事件处理带来负面影响。

二、公共危机管理中影响政府与媒体良性互动的因素

（一）存在思想误区

一是政府方面的思想误区。很长一段时间，政府及有关部门在应对公共危机

事件时对于媒体的工作理解偏颇。常常堵住消息源，对媒体冷处理，相互推卸责任或是不配合，想以这样的手段将事件影响降低。但往往事与愿违，反而使事态扩大化。一些地方政府对于媒体存有下列误区：（1）由于部分政府官员在处理公共危机事件时十分避讳媒体的负面评论，容不得一点批评，认为让政府的政绩受到巨大影响。因此，对外公布事件信息时，要么想方设法封锁消息，要么敷衍了事，对真实信息避而不谈，这样的操作对公共危机事件处理十分不利。（2）部分政府部门及工作人员觉得，在与传媒接触时尽量不要说得太多，说多错多。“少说少错，不说不错”的观念在一部分人的思想中根深蒂固。在与传媒接触的过程里，政府工作人员要意识到政府的权威性，不可以胡说，但也不能不说或是敷衍。（3）过于保守。极度发达的通信技术环境下，公众获取信息的速度异常迅捷，若不能及时做出反应，只能在舆论战中处于被动。

二是媒体方面的思想误区。媒体与政府是相互制约相互影响的关系；与公众之间，媒体则是公众舆论的引导者与提供者。同时，经过一系列改革后媒体商业性质更强化，从而决定了媒体过度重视新闻热点，容易导致片面报道，误导公众认知，影响政府决策。

（二）体制弊端影响危机信息的公开

体制弊端在公共危机事件中突出表现就是过于保守，错失处置公共危机事件的最佳时机。

（三）与公共危机管理相关的制度与法律仍有不足

现阶段，仍缺乏健全完善的危机事件管理制度。虽然近年来颁布了不少条文法规，但这些法律法规非常零散，不成体系。《中华人民共和国突发事件应对法》还需要辅以细则，完善配套法律体系①。够否尽快、高效率地解决危机事件，需要有充足的法理支撑。

三、公共危机管理中政府与媒体良性互动关系的构建

（一）政府和媒体要互相支持理解

一些政府工作人员对媒体存在误区，他们认为媒体报道危机事件只是为了博眼球，是“唱衰”政府，因此对媒体进行冷处理。事实上，绝大部分新闻工作者有其职业操守，政府应积极配合新闻工作者，不能一味逃、防、敷衍。媒体对政府部门也存有误区。新闻工作者应理解政府，对政府有信心，双方通力合作，一道为处理公共危机事件做贡献。

政府为避免谣言的滋生，应该正本清源，站出来澄清事实，同时统筹好部门

---

① 刘霞. 公共危机治理：理论建构与战略重点［J］. 中国行政管理，2012（3）：116－120.

间的信息沟通工作，使各部门相互沟通，联合工作。为了增进双方的理解，政府应加强与媒体的联系，建立互动交流平台。

公共事件爆发初期，公众对事件了解较少，媒体报道基本上决定了公众舆论的走向，会影响政府处理危机事件。所以，传媒一定要把握好尺度，全面客观地报道危机事件；要全局考量采编新闻的影响，切忌为了关注度扭曲事实或是故意报道负面消息。

（二）完善政府信息公开制度

近年来，政府放宽了信息公开范围，凡是没有禁止的内容都可以对外公布。但还满足不了公众的需求，建立健全信息公开制度已成为趋势。首先，政府要培育信息公开意识。政府职能正逐步转向公共服务，满足民众知情权成了政府的义务。所以，各地方政府部门需要改变传统思维，提高信息公开意识。其次，加强问责制度建设。目前，部分地方政府依然有瞒报漏报信息行为，积弊唯有雷厉风行的惩治方能转变。唯有严格的信息处理制度方能转变一些地方的不正之风，树立政府权威形象。再次，主动接受媒体及社会大众的监督。公众与媒体的监督能引导政府制定出科学可行的解决公共危机的措施，防止隐瞒事实的情况发生，提高政府工作效率。

（三）完善新闻发言人制度

新闻发言人制度是公众参与社会管理、政府信息透明的重要环节①，政府新闻发言人制度在很大程度上促进了媒体与政府沟通。在公共危机事件中，政府通过新闻发言人告之公众危机爆发的原因、造成的损失及目前政府的处理进度，等等，有效避免了负面情绪的蔓延，获得了民众的理解。无论是现在还是将来，这一制度都是传媒与政府合作解决危机事件的必要措施。当然，该制度的施行尚处于探索阶段，建议加强相关法律建设。目前有关新闻发言人方面的法律法规尚属空白，发言人发布消息的范畴及具体流程、负责人、发言人本身的权责分配等缺乏法律规定。在法律建设上首先要确定公众信息获得范围，对互联网信息进行规范。此外，新闻发布的具体流程也要加快构建。增强新闻发言人的主动意识。在危机事件的萌芽时期，有关部门要在第一时间澄清事实。不及时遏制流言的传播就会在公众中引发大范围的社会不安，进而影响社会稳定。因此，政府应主动掌握危机事件的话语权，安抚大众情绪，引导公众与政府携手面对困难。强化新闻发言人的职业化建设。微博、网络等新媒体的出现，给新闻发言人提出了挑战，

---

① 焦德武. 构建新闻发言人制度评价机制的环境分析［J］. 西南民族大学学报（人文社科版），2012（10）：174－177.

提高新闻发言人新媒体语境中舆论应对能力和引导能力迫在眉睫①。建议从新闻工作者中筛选新闻发言人，担任发言人期间不得同时任职其他岗位，要拥有专业背景。加强政府与媒体的互动。由于目前新闻发言人的权责分配尚不明确，亦没有相应的制度保障，新闻发言人在完成新闻发言人工作后还要履行自身的本职工作，急需建立起对新闻发言人的监管体系及权责分配制度。

另外，还要加强公共危机管理的相关制度与法律建设，根据政府与媒体互动的实际需要，规范性与灵活性相结合，逐步完善政府与媒体互动制度，促进各级政府部门处理公共危机的能力提升。

① 丁柏铨，夏雨禾. 新媒体语境中重大公共危机事件与舆论关系研究［J］. 当代传播，2012（2）：10－14.

第二十二章　网络环境下地方政府公共危机公关研究

在我国互联网逐渐普及、网民数量多达6亿的新媒体环境下，政府在公共危机公关中暴露的任何问题，如同被放在显微镜下审视，导致政府公信力、权威性受损。因此，针对网络环境下政府公共危机公关存在问题及其成因研究，便成了一项极具现实意义的重要工作。截至2015年6月，我国网民达6.68亿，互联网普及率为48.8%，其中手机网民达5.94亿，微博客户端用户为2.04亿①。网络的迅速发展，加大了政府危机公关的难度。如何开展网络环境下的危机公关，是摆在各地方政府面前一道急迫的现实问题。

一、网络环境下地方政府公共危机公关存在的问题

（一）媒体素养不高

互联网时代，即使公众无法从政府方面获得想要的信息，仍可以从其他方面获取；一些政府工作人员往往选择通过封锁消息，这种危机应对方式显然是不合适的。这体现了政府工作人员的危机理念、公关意识的落后，不能从客观的角度看待问题。互联网舆论是无法忽视的重要力量，是公共舆论的重要组成部分，必须面对事实，接受公众监督。

（二）缺乏科学合理的危机应对手段

目前大多数地方政府都建立了针对紧急事态的危机处置部门，但却没有良好的预警与舆情监管能力。一旦公共危机事件爆发，往往应对不及，手足无措。

（三）公共权力不适当运用

信息时代，互联网已成为公众表达利益诉求、就公共问题发表意见看法的重要渠道。为了让公众有一个正常、合理的舆论窗口，也为了维护社会和谐稳定，政府应建立健全针对互联网的舆情应对及危机公关机制，以便发生公共危机时迅速回应公众疑问，开展危机公关。在各种类型的公共危机事件当中，由党政机关

---

① CNNIC发布第36次《中国互联网络发展状况统计报告》[EB/OL].[2015-7-23].http://www.cnnic.cn/gywm/xwzx/rdxw/2015/201507/t20150723_52626.htm.

领导干部违法乱纪、不恰当运用公共权力引发的舆情危机令人警醒。

（四）信息流通不畅

由于互联网的存在，人们能够更高效的沟通。在互联网信息技术高速发展背景下，公众的思想开始悄悄转变，这使得政府的信息管理变得愈发困难。

如果信息透明度不高则会影响信息传播的实效性。随着互联网技术的迅猛发展，网民数量的不断增加，网络舆论与传统媒体在传播特征与传播模式上有着较大的差异。有关研究显示，当权威信息缺失时，就给小道消息传播提供了机会①。给政府管理带来了更大的挑战。这要求政府在舆论危机爆发的第一时间，及时向公众公布事件的真实信息，分析导致问题的原因，实施合理、可行的处理方案，加强对公众的舆论引导，安抚网民情绪，从而保障公众权益，维护社会安定和谐。

二、导致网络环境下地方政府公共危机公关问题的因素

（一）危机公关机构不健全

要建立完善的公共危机管理部门，优化与健全信息发布体系，增强信息的公开性，为民众传播与了解信息提供开放、平等的平台。为加快网络技术的发展，将政府决策落到实处，各级政府要将网络应用于各部门工作中，例如建立官方微博、构建诉求平台等。但一些地方政府由于人才资源不足、媒介素养低，导致地方政府对新媒体利用率不高；与民众的交流不频繁，无法及时、正确地应对公共危机，从而导致政府公信力下降、公众权益受到侵犯等问题。

（二）危机管理体制不完善

在互联网快速发展的形势下，危机事件发生后，地方政府应积极开展危机公关应对工作，及时与媒体加强互动交流；而不是畏惧、逃避和推脱责任，加剧危机事件的危害性。但相关部门在调查、分析、政策制定过程中，由于危机管理体制的不完善，出现反应缓慢等情况，难以把握应对危机事件的最佳时间。

（三）危机公关能力和责任心欠缺

地方政府及工作人员，需要对危机保有高度警惕；充分认识作为一名公职人员，肩上担负的责任；要知道一次失误，不管程度如何，都有可能带来极其严重的后果。一些政府工作人员缺乏责任感和警惕性。责任感和警惕意识是防范危机的重要保障。

---

① 包钢．工会维权不应网络“失语”［J］．中国职工教育，2011（3）：54－56.

（四）地方政府职能定位不精确

当前，虽然加强了对危机事件的监督管理，但在应对危机的过程中，仍然存在不足，如不了解危机的本质，管理模式过于落后，对过程缺乏指导、不重视危机相关事件，等等。出现这些问题的原因，在于当地政府部门程序烦琐、管理不到位、角色定位不清晰。

（五）部分地方政府缺乏有效的处置手段

公共危机往往有较为明显的前兆，但由于一些地方政府信息收集及回应能力较弱，丧失了最佳处置时机。在互联网普及率越来越高的今天，对危机事件信息不合理处置，很容易在短时间内导致舆情风暴；如果相关部门在互联网时代不能快速回应公众，必然导致公信力下降。

三、网络环境下地方政府公共危机公关对策

对于地方政府而言，在互联网高覆盖的今天应对危机事态，较从前更为困难，故地方政府应努力提高自身危机应对能力，提高地方政府在新媒体环境下的危机公关能力。不仅如此，地方政府还应该按照本地方的现实环境，建设满足网络环境需求的危机应对制度。

（一）地方政府应以“善治”为前提提升公共危机公关能力

善治，即为良好的治理，起源于 20 世纪 90 年代，欧美国家借助“新公共管理运动”获得了较大成效。善治的理念，是指在公共管理中，以实现公共利益最大化为目的的一种新型管理方式。为发扬善治理念，提升地方政府应对公众危机，建议如下：

1. 要提高基层政府的危机管理能力

可以说，基层政府的危机管理能力很大程度上决定了公共危机走向。如果仍以封锁消息的手段去处理负面新闻，必然会面临更大的公共舆论压力。所以基层政府人员，应在机制上、理念上做好万全应对预案，改善自身危机应对能力。

要改善政府与公务员的互联网应用水平。社区以上层级的基层政府，都应开通官方政务微博。微博作为当代新媒体的标杆，已经深入到了公共生活的方方面面，从根本上改变了民众的生活方式与思想意识。时至今日，大部分地方政府都开通了政务微博，各政务微博应加强页面与内容建设。地方政府的政务微博应充分体现本地的人文风情与民俗特点，及时发布当地的新闻热点信息，定期发布本地政策调整信息；任何层级的政务微博账号，都应向运营商申请官方认证，提高微博的可信度；所有层级的政务微博都应由专业人员进行运营，负责运营政务微博的工作人员不但要具备坚定的政治立场与敏锐的政治嗅觉，还应拥有良好的现代信息传播专业水平；政务微博应具备较高的活跃度，通过专题活动来培养和拉

近微博用户的关系，通过互动来把握民众舆论动态和方向。不仅如此，政务微博还可以组织线下活动，让微博用户前往政府部门参观，了解政务工作流程，同时按照合法程序表达自身诉求。影响力是新媒体战略成败的关键，微博的内容必须要有传播价值，政务微博必须懂得通过多媒体聚合方式制作微博内容。对于微博的监控者来说，应关注本辖区的微博用户是否存在负面情绪，并将这种监控与微博热点新闻、热点话题联系在一起。

2. 加强公共部门与公众的沟通

舆论中体现出的矛盾，皆因利益出现冲突、价值观存在差异①。目前，我国尚不具备完全满足各阶层主体利益需求的能力。要针对各利益主体，构建完善的心理补偿机制，促进社会主义和谐社会的建设。此外，政府行政工作要符合民众诉求，符合法律法规的要求。通常而言，符合公众主流思想与法律法规要求的政治行为，社会舆论压力往往较小。反之，如果行政行为不符合公众愿望，舆论压力将会扩大。因此，在政策制定过程中，要以民众诉求与法律法规作为考虑基础。

政府应按照 2008 年实行的《中华人民共和国政府信息公开条例》公开组织信息。该条例的核心精神在于：只要不是国家、党组织的机密信息，都应该面向公众开放，优化配置政府行政过程中的信息资源。要建立合乎信息时代要求的信息理念，通过构建信息资源协调制度，在短期内将各地区、各政府部门的信息公开及回应能力提高一个台阶，满足公众的诉求。

3. 要打造有实效性的互联网公共信息领域

打造和谐共赢的互联网舆论氛围，政府需要构建合乎时代要求的互联网理念，不能简单将互联网舆论等同于公共舆论。以微博这一新媒体标杆为例，截至 2015 年 6 月，微博的用户总数为 4.58 亿，其中 1.7 亿为常用用户，活跃用户为 8000 万左右，最具公信力、信息准确度高的无疑是机构或个人认证用户。为规范民众网络行为，应加快互联网立法工作进程，使互联网舆论真正成为完善公共决策的有力臂助。此外，政府公务人员必须不断提高自身互联网认识及应用水平，对互联网没有一定了解的公务人员，很难做好互联网舆情工作。

（二）地方政府要建立科学机制应对公共危机各阶段形势

1. 危机萌芽阶段建立舆情预警机制

互联网舆论发展迅猛，且不可预测，政府应加强对网络舆论的重视与引导。如果各级政府都能全面掌握网络舆情信息，及时实施有效政策引导舆情，快速发布真实信息，一般而言都能及时将舆情控制在最小范围内，提高政府执政能力与

① 杜涛. 网络舆论的演变特征分析［J］. 新闻爱好者，2005（1）：35－37.

政府公共形象①。目前大部分地方政府都建立了网络舆情办公室，各地方政府应深入分析舆论根本，建立信息制度，建立满足地区舆情发展情况的评价指标体能，弥补舆论工作中存在的不足，提高服务水平。

2. 危机出现时构建公开信息制度

公共媒体对互联网乃至公共舆论的走向影响深刻。引导公共媒体报道危机事件的实情，报道政府应对危机做出的努力。构建完善信息公开制度，以法律形式明确政府公开危机信息的责任。目前，我国政府部门大多将信息公开工作放在新闻发言人身上，这不仅让新闻发言人压力过大，而且弱化了公共媒体、新媒体的传播作用。因此，不仅需要加强新闻发言人队伍建设，还应该针对新媒体、公共媒体建立信息公开交流机制，以求实现多途径政务信息公开的目的。

3. 危机爆发时的舆情引导机制

互联网形势下，危机事件发生后，如果仍通过封锁信息的方式来应付危机事件，不仅不能有效应对公共危机，还会导致舆情恶化。如果不能及时处理与控制网络舆情，就会导致网络舆论恶化，造成不良后果。因此，应加强危机回应机制的建设与完善。

微博等新兴互联网新媒体已经成为公共舆论中不可忽视的重要力量；而政府能否利用微博及时回应危机，将决定公共舆论的发展方向。今天，政府应通过随时随地对公众回应，与公众建立良好的互动关系，以求在危机发生时顺利发布权威信息。

互联网时代，尤其是新媒体出现后，政府的正式回应是必要的也是必需的，但这并不意味着正式回应之前，政府就不需要通过新媒体进行先行回应。如果政府不重视先行回应，政府就不得不面对充斥着谣言与虚假信息的舆论场。所以，政府应充分意识到不同回应方式应该什么时候使用，应通过新媒体舆论监控、当地社区观察等方式，提高自身回应速度。不仅如此，政府还应提高危机决策的民主性，通过回应收集更多的危机信息，并将信息整合后运用到危机应对当中。

要发挥舆论引导者的正面作用。舆论引导者能够影响互联网中的舆论方向。以微博为例，所有人都可以成为舆论引导者，不管是从业多年的媒体人，还是白手起家的富商；无论是文体界的明星，还是普通的公众，都有可能在某一事件中变成为舆论引导者。舆论引导者的跟随者众多，要把握好舆论引导者群体的构成，利用好舆论引导者的正面作用，以便在危机过程中把握好舆论走向，甚至是在日常舆论监控中利用舆论引导者来把握社会动态。具体来说，基层政府及职能部门可以和舆论引导者进行互动，并将其转化为政府与民众沟通的一个桥梁。

---

① 刘焕成，杨彩云. 政府网站化解网络舆情事件的能力研究［J］. 情报知识，2012（1）：125－128.

4. 危机善后阶段更要重视公共舆论引导

首先，应按照法律规定，明确危机的责任人或责任单位，对外发布处理情况。当公共危机爆发后，政府不仅要应对危机引发的舆论，更应及时处理好危机事件。危机事件的处置情况，直接影响危机舆情的走向与引导效果；没有得到妥善处理的危机，任何舆情引导都没有效果。责任认定惩罚，是危机管理过程中，尤其是善后过程中非常重要的工作。只有在相关的责任主体被追责后，公众的不满情绪才会得到一定的释放。同时，在善后过程中要保持坦诚理性的态度，澄清公共舆论中的虚假信息，追究造谣者的法律责任。

结语

政府应加强政府信息公开制度的构建与健全，创新地方政府公共危机管理理念，建立完善、客观的危机应对制度。其中，创新政府公共危机理念是主要内容。要提高地方政府对现代公共危机公关理念的认识，提高政府部门人员在实际工作中的主动性，增强自身公共危机公关能力，提高政府公关应对水平，将公共危机的危害性降到最低，以推进社会的安定、有序发展。

参考文献

［1］惠特利. 领导学与新科学［M］. 简学，译. 北京：中国人民大学出版社，2008.

［2］H. 乔治·费雷德里克森. 公共行政的精神［M］. 张成福，等，译. 北京：中国人民大学出版社，2003.

［3］库泽斯，波斯纳. 领导力［M］. 李丽林，张震，杨振东，译. 北京：电子工业出版社，2009.

［4］弗兰西斯·福山. 信任——社会道德与繁荣的创造［M］. 李宛蓉，译. 呼和浩特：远方出版社，1998.

［5］威尔伯·施拉姆，威廉·波特. 传播学概论［M］. 何道宽，译. 北京：中国人民大学出版社，2010.

［6］哈耶克. 致命的自负［M］. 北京：中国社会科学出版社，2000.

［7］哈贝马斯. 文化与公共性［M］. 上海：生活·读书·新知三联书店，1998.

［8］哈贝马斯. 公共领域的结构转型［M］. 北京：学林出版社，1990.

［9］哈贝马斯. 公共领域的结构转型［M］. 曹卫东，等，译. 上海：学林出版社，1999.

［10］格罗·弗斯塔林. 公共部门管理［M］. 上海：上海译文出版社，2003.

［11］迈克尔·海姆. 从界面到网络空间——虚拟实在的形而上学［M］. 上海：上海科技教育出版社，2000.

［12］罗伯特·希斯. 危机管理［M］. 北京：中信出版社，2004.

［13］曼纽尔·卡斯特. 网络社会的崛起［M］. 夏铸九，王志宏，等，译. 北京：社会科学文献出版社，2003.

［14］胡锦涛. 坚定不移沿着中国特色社会主义道路前进为全面建设小康社会而奋斗——中国共产党第十八次全国代表大会上的报告［M］. 北京：人民出版社，2012.

［15］朱丽峰. 网络民意与政府回应问题研究［M］. 北京：中国社会科学出版社，2013.

［16］谢明. 公共政策导论［M］. 北京：中国人民大学出版社，2004.

［17］顾建光，王树文. 公共政策分析概论［M］. 上海：上海人民出版社，2007.

［18］刘莘. 诚信政府研究［M］. 北京：北京大学出版社，2007.

［19］何显明. 信用政府的逻辑［M］. 上海：学林出版社，2007.

［20］徐伟新. 国家与政府的危机管理［M］. 南昌：江西人民出版社，2003.

［21］刘小燕. 中国政府形象传播［M］. 西安：陕西人民出版社，2005.

［22］傅思明. 突发事件应对与政府危机管理［M］. 北京：知识产权出版社，2008.

［23］马克·斯劳卡. 大冲突——空间和高科技对现实的威胁［M］. 南昌：江西教育出版社，1999.

［24］卢梭. 社会契约论［M］. 何兆武译. 北京：商务印书馆，2010.

［25］李光炎，王介明. 领导科学的回忆与概念［M］. 北京：中央民族大学出版社，2005.

［26］刘玉瑛. 领导者公信力［M］. 北京：新华出版社，2010.

［27］杜柏林. 领导力：精要版［M］. 王垒，译. 北京：中国市场出版社，2007.

［28］傅思明，钱刚. 诚信政府与领导干部公信力提升［M］. 北京：东方出版社，2013.

［29］王海明. 新伦理学［M］. 北京：商务印书馆，2001.

［30］高敬. 领导者核心能力提升［M］. 北京：中共党史出版社，2009.

［31］周叶中. 宪法［M］. 北京：高等教育出版社，2001.

［32］谢明. 公共政策导论［M］. 北京：中国人民大学出版社，2004.

［33］汪波. 中国网络监督与政府治理创新（1994—2012）［M］. 北京：北京师范大学出版社，2013.

［34］彭怀恩. 政治传播与沟通［M］. 台北：风云论坛出版社，2002.

［35］朱丽峰. 网络民意与政府回应问题研究［M］. 北京：中国社会科学出版社，2013.

［36］吴江. 公共危机管理能力［M］. 北京：国家行政学院出版社，2005.

［37］杨静娴. 公共危机治理中政府公信力的缺失与重塑［J］. 郑州大学学报，2011（5）：5-7.

［38］张亚明，李苗，刘海鸥. 中国网络反腐体系构建与路径选择［J］. 理论探讨，2011（1）：126-130.

［39］蔡娟. 廉政文化建设研究综述［J］. 山东社会科学，2010（4）：166

-169.

[40] 吴锋，关桂峰. 法治政府建设没有旁观者 [J]. 半月谈，2014 (9)：26-28.

[41] 庞坤. 完善权力监督机制 [J]. 党政干部学刊，2012 (3)：26-27.

[42] 董彦君. 网络舆情视角下社会化媒体的公共性 [J]. 新闻爱好者，2012 (9)：15-16.

[43] 朱丽峰. 论网络民意对政府管理的影响和挑战 [J]. 云南行政学院学报，2012 (3)：79-80.

[44] 刘晨，叶战备. 虚拟社会的属性及其治理路径探析 [J]. 四川理工学院学报，2013 (6)：22-23.

[45] 杨军. 网络问政：缘起、优势、问题及成因与对策 [J]. 中共天津市委党校学报，2013 (5).

[46] 杨军. 危机传播中意见领袖与政府博弈研究 [J]. 理论导刊，2013 (5).

[47] 杨军. 精英在微博时代政策议程设置中的作用研究 [J]. 信阳师范学院学报，2013 (4).

[48] 陶建平，杨军. 领导干部法、情、理的融会艺术 [J]. 领导科学，2014 (5).

[49] 杨军，陶建平. "限权"背景下领导者运权的"无限"艺术 [J]. 领导科学，2013 (12).

[50] 杨军. 网络环境下地方政府公共危机公关研究 [J]. 学术论坛，2015 (1).

[51] 杨军. 创新地方政府电子政务建设提升行政效率的对策探究 [J]. 社科纵横，2015 (5).

[52] 杨军. 政府信息公开与政府公信力提升探究 [J]. 渭南师范学院学报，2015 (9).

[53] 杨军. 网络反腐的困境与对策研究 [J]. 广西大学学报（哲学社会科学版），2013 (3).

[54] 杨军. 政府公信力提升视角下微博问政对策探究 [J]. 广西社会主义学院学报，2014 (1).

[55] 乔楠. 我国政府危机管理中信息公开问题研究 [D]. 河南大学硕士学位论文，2012：14-15.

[56] 张扬. 网络舆论监督视阈下的廉政建设研究 [D]. 海南大学硕士学位论文，2012：20.

[57] 中共中央关于全面推进依法治国若干重大问题的决定［N］. 人民日报，2014-10-29（3）.

[58] 杨畅. 现代公信政府的衡量标准［N］. 光明日报，2014-09-03.

[59] 游志斌. 建立重特大突发事件事后评估制度［N］. 学习时报，2014-12-22（6）.

[60] 胡建华，杨军. 突发事件中的舆论引导［N］. 学习时报，2014-06-23（15）.

重要术语索引表